달러스왑
핀테크만으로
800%
수익 난다!

(5大 자산시장 순환투자공식)

펜타곤 투자법

달러스왑 핀테크만으로 800% 수익 난다!(5大 자산시장 순환투자공식)
펜타곤 투자법

초판 1쇄 발행 2024년 4월 15일

지은이 손대식
펴낸이 장길수
펴낸곳 지식과감성#
출판등록 제2012-000081호

교정 정은솔
디자인 이현
편집 이현
검수 한장희
마케팅 김윤길, 정은혜

주소 서울시 금천구 벚꽃로298 대륭포스트타워6차 1212호
전화 070-4651-3730~4
팩스 070-4325-7006
이메일 ksbookup@naver.com
홈페이지 www.knsbookup.com

ISBN 979-11-392-1769-8(03320)
값 36,000원

• 이 책의 판권은 지은이에게 있습니다.
• 이 책 내용의 전부 또는 일부를 재사용하려면 반드시 지은이의 서면 동의를 받아야 합니다.
• 잘못된 책은 구입하신 곳에서 바꾸어 드립니다.

지식과감성#
홈페이지 바로가기

프롤로그

재테크 전문가들은 주식과 아파트에 장기투자하면 누구나 다 부자가 된다고 말한다.
그러나 장기투자해서 망한 자가 99%다.
장기투자하면 오히려 더 망한다.
그럼, 장기투자로 성공했다는 워런 버핏이 거짓말을 했단 말인가?
아니다!
그는 미국인이다!
우리들은 非미국인이고.
이들은 투자 방법이 서로 달라야 한다.

전 세계의 투자자들은 워런 버핏처럼 우량주에 장기투자를 하기만 하면, 무조건 다 성공하는 줄 알고 장기투자하는 바람에 오히려 누구나 다 망한 것이다.

이제 미국 밖에 거주하는 사람들은 주식이나 아파트에 투자 시에는 非미국식으로 해야 한다. 750만 해외교포들도 마찬가지다. 미국식과 비미국식은 수익이 최대 800%까지 기적처럼 달라지기 때문이다. 즉 Dollar Swapping만으로 8배를 간단히 더 벌 수 있다.

여러분들이 주식이나 아파트에 장기투자했는데도 무조건 망하는 이유는 꼭 필요한 Dollar Swapping(달러와 교체투자)을 안 하기 때문이다. 주식과 아파트는 반드시 Dollar Swapping을 한 차례씩 해 줘야 한다. 물론 미국 거주자들은 Dollar Swapping이 불가능하다. 따라서 돈도 8배를 못 번다.

반면에 미국 非거주자는 누구나 Dollar Swapping만 한 차례 하면 이것 하나만으로 간단히 미국 거주자들보다 8배를 더 벌 수 있다. 10년에 한 번 오는 기회다.

왜 해야 되느냐?
언제 해야 되느냐?
어떻게 하면 8배나 남느냐?
맞는 말이냐?에 관해서는 본문에서 차차 설명한다.
FRED 증거와 함께 Pentagon 투자법으로 이해할 수 있다.

그러므로 거주지에 따라 주식과 아파트의 투자 방법이 완전히 달라져야 한다. 미국에 살지 않는다면 주식이나 아파트에 2~3년 이상 장기투자하면 절대로 안 된다. 즉 미국 거주자인 워런 버핏은 우량주 장기투자로 항상 성공했고, 똑같이 우량주에 장기투자한 우리는 항상 망해 왔다.

미국 非거주자는 재테크 대상 자산인 주식, 아파트, 달러, 예금, 국채의 5대 자산 마켓 중에서 주식과 아파트의 꼭대기에서 바닥시세의 달러와 서로 교체 매매를 해야 大성공하는데 우리들은 이걸 몰랐다.

미국에 거주하지도 않으면서 주식과 아파트를 Dollar Swapping을 하지 않으면 대세하락 때 혹은 경제위기 때마다 주식과 아파트의 투자수익률은 보통 올랐던 가격에서 50~90%까지 폭락해 수익은 대폭 상쇄된다.

대신에 미국에 거주하지 않는 투자자는 Dollar Swapping만으로 무려 800%의 수익률을 올릴 수 있다. 그러나 전 세계의 투자자들은 워런 버핏처럼 우량주에 장기투자를 하기만 하면 무조건 성공하는 줄 알고 우량주식에 장기투자하는 바람에 오히려 누구나 다 망한 것이다.

참 아이러니하다. 하지만, 이제 최초의 마켓 사이클 순환투자 패턴을 적용한 마켓 사이클 순환투자공식, 펜타곤 투자법을 시작으로 장기투자로 성공했다는 워런 버핏의 허상 깨기에 동참해야 할 때가 되었다.

워런 버핏이 생필품 주식이나 저pbr 주식 등 가치주에 장기투자하여 성공했다는 것은 허상 즉 잘못된 해석과 정보에 불과하다. 따라서 장기투자하면 성공한다는 이 허상에서 깨어나 이제 실상을 깨우쳐야 한다. 즉 워런 버핏은 장기투자를 하는 바람에 오히려 수익을 대폭 줄이는 결과를 초래했을 뿐이다.

워런 버핏이 장기투자로 투자 수익이 대폭 늘어난 것으로 오해한 것에 불과하다고 본다. 이제 우리 모두 전부 장기투자만하면 성공한다는 허상에서 깨어나야 한다. 본 저서를 통해서 책 부제목 그대로 **주식이나 아파트에 장기투자하면 누구나 다 망한다는 사실을 항상 기억해야 한다.**

워런 버핏의 생각, 행동과는 달리 돈은 수익을 좇아서 즉 이익동기에 따라서 주식·아파트·달러·예금·국채를 순서대로 항상 돌고 돈다. 한 번 도는 기간을 One Business Cycle(한 번의 경기순환)이라고 하며 보통 10년이 걸린다. 물론 더 짧은 경우도 있지만 크게 신경 쓸 필요는 없다. 그냥 순번에 따라 투자해 가면 되기 때문이다.

무역의존도에 따라 각 나라마다 경기가 호전되는 기간이 조금씩은 다르겠지만 한국의 경우, 1년 전 연간 국제수지가 흑자(미국은 적자 확대)이면, 그 후 곧바로 주식 시장이 서서히 용트림을 시작한다.

그 후 6개월이 지나면 이번에는 아파트가 오름세를 시작하며 이후 3~4년간 주식과 아파트는 꾸준히 오른다. 그러던 어느 날, 과열된 경기를 진정시키기 위한 정부 당국의 금리 인상 혹은 아무도 모르던 경제위기 등으로 주가가 돌연 폭락을 시작한다.

이에 맞춰서 바닥시세이던 달러는 돌연 폭등을 시작하고 정부는 과열된 경기를 더 진정시키려고 예금금리를 지속적으로 몇 차례 더 올리게 된다. 이에 맞춰 달러는 더 오르고 주가는 폭락한다. 주가가 폭락한 지 6개월이 지나면 아파트도 폭락을 시작한다.

이건 한국에서는 30년 이상 매 경기순환 시마다 반복되는 재테크 대상 5대 자산 마켓의 대세하락기의 순환투자 사이클 패턴이며 항상 같은 움직임이다. 즉 규칙성이 있다. 따라서 이 규칙적인 순환투자 사이클 패턴은 公式化가 가능한 것이다. 주가가 폭락을 시작할 때 주식을 팔고 달러를 사는 것이다.

달러 가격이 내리기 시작하면 이젠 달러를 팔고 몇 차례 오른 이자율로 정기예금에 가입한다. 이자율을 계속 올렸으므로 곧 불경기가 도래한다. 2~3년 후 이제는 고통스러운 불경기를 끝내기 위해 즉 경기진작을 위해 정부는 이자율을 내리기 시작한다. 2회 정도 지속적으로 내리면, 이때 정기예금에서 국채로 자산을 옮긴다. 이리하여 펜타곤 투자법 5단계가 마무리된다.

펜타곤(Pentagon) 투자법이란 주식·아파트·달러·예금·국채의 5가지 재테크 대상 자산의 순환투자 순서대로 투자해야 성공한다는 투자법칙이다. 돈이 이익을 쫓아다니다 보니까, 돈이 돌고 도는 길이 생겨났고 이것이 자산 시장 즉 마켓의 사이클 패턴이 된 것이다.

저자가 이것을 최초로 마켓 사이클 순환투자공식으로 정리한 것이다. 투자 순환도가 펜타곤 즉 5각형을 닮아 펜타곤(Pentagon) 투자법이라고 저자가 명명한 새로운 재테크 투자이론이다.

이 길을 따라서 돈은 매 10년마다 같은 자산들을 약 2년씩 같은 순서를 따라 돌고 돈다. 이렇게 일정한 규칙성과 항상 반복되는 5대 재테크 대상 자산 간의 순환투자 사이클 패턴이 생겨나는 것이다.

이를 공식화 즉 공식으로 만들어 내면 최고의 재테크 공식이 된다. 매번 같은 순서로 돌기 때문에 돈이 재테크 대상 자산을 도는 순서와 돈의 진입, 퇴진 시점까지 다 알려 주게 된다.

이 규칙성과 반복되는 사이클 패턴을 공식으로 만든 것이 바로 재테크 시장의 최초의 순환투자 사이클 패턴 Dollar Swapping 재테크 公式인 펜타곤(Pentagon) 투자법이다.

재테크를 할 때 일정한 투자공식만 있다면 돈을 불려 가는 것은 너무나 쉬운 일이 된다. 공식을 따라서 투자하기만 하면 되기 때문이다. 투자공식을 만들려면 일정한 규칙성을 가진 사이클 패턴을 찾아서 공식으로 만들면 즉 공식화하면 된다.

그러면 부자가 되는 일은 누구에게나 너무 간단한 일이 된다. 돈을 잃는 자는 아무도 없고 누구나 다 부자가 될 것이다. 그야말로 세상은 부자들만 사는 천국이 된다.

'마켓 사이클의 법칙'의 대가라는 **Howard Marks도** 개별 주가에서는 마켓 사이클을 찾지 못해서 주식 매매 공식을 만들지 못했다. 그는 변하는 모든 것들에서 특히 주가에서 사이클 패턴을 찾고자 했다.

워런 버핏도 레이 달리오도 항상 신뢰한다는 하워드 막스지만, 개별 주가는 규칙적으로 변하는 것이 아니므로 주식시장에서 그가 규칙적인 사이클 패턴을 찾을 수 없는 것은 너무나 당연하다고 하겠다. 개구리 뛰는 방향을 알 수 없듯이 주가의 움직임에 규칙성이나 사이클 패턴이 있을 수 없음은 당연하기 때문이다.

그러나 50년간 주식과 아파트에 투자하고 30년간 연구하며 투자해 온 전직 KBS 시사교양 전문 PD 출신인 저자는 하워드 막스와는 달리 매크로(Macro)적으로 재테크 시장에 접근해서 놀라운 결과를 도출해 냈다.

전문가들의 말과는 달리 주식이나 아파트에 장기투자를 하기만 하면 누구나 다 망하는 이유를 알기 위해서 재테크 대상 5대 자산인 주식·아파트·달러·예금·국채의 5가지 자산 마켓 간의 순환투자 사이클 패턴과정을 연구하던 중이었다.

어느 나라나 다 마찬가지로 주식이나 아파트의 가격이 최고일 때 그 나라의 달러 환율은 최저치가 된다. 따라서 이때에 주식이나 아파트를 팔고 Dollar와 Swapping 거래를 하면 투자수익이 극대화된다.

주식이나 아파트와 달러는 반대 방향으로 움직이기 때문이다. 이것이 저자가 정리한 다이아몬드 달러 투자법의 기본원리이기도 하다.

Dollar Swapping만 하면 약 800%의 수익이 발생한다. 그러나, 장기 투자자들은 그동안 아무도 여기에 맞춰 Dollar Swapping을 하지 않았기 때문에 단순히 장기투자만 하면 누구나 다 망해 왔다는 사실을 저자가 세계 최초로 알아냈다.

주식이 최고 가격을 기록하던 어느 날, 갑자기 대세하락이 시작되면서 달러는 100% 가까이 급등하고 주식은 50~90% 이하로 급락해 왔다. 아파트는 항상 주식과 6개월의 시차를 두고 오르거나 내리거나 반등세를 유지해 왔다.

그러니까 주식이나 아파트를 장기보유하면 올랐던 가격이 대세하락을 지나면서 결국에는 거의 제자리로 되돌아가는 것을 항상 반복하는데도 이에 대한 대처를 투자자들 아무도 못 해 온 것이다.

게다가, 재테크 대상 5대 자산인 주식·아파트·달러·예금·국채 간에 순환매매를 할 때에는 자산별로 순환투자 순서에 따라야 수익이 극대화된다는 것도 또한 자산 간 순환 매매 타이밍도 환율, 금리 등의 변화에 맞춰 투자해야만 수익이 극대화된다는 것도 투자자들은 몰랐다.

즉 투자순서에 맞춰 재테크 대상 5대 자산 마켓에서 순환투자를 안 했다. 특히 단기간에 큰 수익이 발생하는 주식과 아파트와 Dollar Swapping 거래를 하지 않았을 뿐만 아니라 자산 간 순환투자 시에도 상황변화에 따른 타이밍에 맞춘 투자도 전혀 하지도 않았다. 그래서 장기투자를 하면 할수록 누구나 다 망한 것이다. 이것이야말로 놀라운 발견이었다.

즉 '돈은 (이익을 좇아서) 항상 돌고 돈다'라는 옛 우리나라 속담의 숨은 뜻과

이 속담에는 '돈은 항상 같은 길을 돌고 돈다'는 뜻도 포함되어 있다는 옛 어른들의 숨은 뜻을 찾아낸 것이다.

매 10년마다 찾아오는 경기순환마다 이익을 극대화하기 위해 돈이 돌고 도는 이 길과 순서를 따라 투자해야 한다는 것을 공식으로 만들어 낸 것이 바로 펜타곤(Pentagon) 투자법이다. 하워드 막스는 마이크로(Micro)적 접근법으로 주가의 반복성이나 규칙성을 찾아 헤맨 결과 주식시장의 주가에서 일정한 사이클 패턴을 찾지 못했다.

저자는 매크로(Macro)적으로 접근해 재테크 대상 5대 자산 시장에는 일정한 투자순서와 타이밍에는 규칙성과 사이클 패턴이 있음을 확인한 것이다.

그 결과 저자가 만든 펜타곤 투자법은 세계 최초로 만들어진 5대 투자 대상 자산 마켓 간의 순환 재테크 공식이 된 것이다. 그래서 자산 마켓의 新 사이클 법칙인 펜타곤(Pentagon) 투자법이 바로 마켓 사이클 순환투자 公式이 되었다.

장기투자만 하면 오히려 누구나 다 망하는 이유를 연구하던 중 우연히 주식·아파트·달러·예금·국채의 5대 투자대상 자산 마켓에 존재하는 반복적인 재테크 사이클 패턴과 타이밍 패턴을 찾아낸 것이다. 찾고 보니 선조들의 속담인 '돈은 돌고 돈다'라는 속담에 이중으로 숨겨진 뜻이 있음도 알게 되었다.

즉, 재테크 시에 항상 반복되는 이 재테크 대상 5대 자산 시장(Market) 간의 규칙적인 '사이클 패턴'을 밝혀내서 이론화·공식화한 것이 바로 펜타곤(Pentagon) 투자법이다.

그래서
이제는 이 책을 읽은 독자들은 펜타곤 투자법으로 10년 만에 투자금을 2~8배로 불리는 것은 너무나 쉬운 일이 되었다. 재테크는 그야말로 이제 누워서 떡 먹기가 되었다.

저자가 만든 펜타곤 투자법에 따라 투자자들은 그냥 이 공식에 맞춰 타이밍에 맞춰 순환투자를 해 나가기만 하면 누구나 다 부자가 되기 때문이다. 국채와 Dollar Swapping까지 포함한다면 최대 16배의 투자수익도 가능하다.

1년 정도 지속된 국제수지의 흑자 후 바로 시작되는 주식투자부터 경기순환에 따라 투자자산이 바뀌는 순서 등에 관한 자세한 원리는 [챕터 9]에서 설명한다. 이 펜타곤 투자법은 어느 나라, 누구나, 어느 시대에도 적용 가능하다. 각국의 무역의존도에 따라 나라별로 경기순환 시기나 순환투자 사이클 패턴 속도가 조금씩 다를 것만 반영하면 되는 것이다.

본 저서만이 주식·아파트·달러·예금·국채의 투자에 관한 순서와 시기등 모든 답을 제시한다고 자부한다. 결론은 주식이나 아파트에 장기투자하면 절대로 안 된다는 사실이다. 그 이유들을 하나하나 자세히 설명한다.

우선 첫째로,
본 저서를 통해서 미국 거주자와 미국 비거주자는 왜 투자법이 달라야 하는지 즉 미국식 주식투자와 비미국식 주식투자가 왜 달라야 하는지를 철저히 검토하고 새로운 투자법을 찾아내어 모든 투자자가 성공하는 길을 찾아낼 것이다.

미국에서는 장기투자를 하기만 하면 성공하는 반면에 미국 밖에 거주하는 사람들은 장기투자만 하면 망하는 이런 기이한 현상의 중심에는 달러가 있다. 한마디로 달러 때문이다.

둘째로,
각국은 무역의존도에 따라서 즉 무역액의 증감에 따라서 국내 경기가 좌지우지된다. 그래서 투자의 출발은 국제수지 즉 경상수지의 흑자와 적자에서 비롯된다.

그러나 즉각적으로 영향을 끼치기보다는 약 1년 정도 지속되어야 이 돈들이 돌고 돌아 자산시장에 큰 영향을 끼치게 된다. 이 무역흑자나 무역적자에 따라 국내 통화량이 달라지고 이 돈들은 은행의 신용창조 과정을 거쳐 약 9배의 통화량을 증감시키면서 직접적인 영향을 끼치게 된다.

이 돈들이 결국 주식 시장과 아파트 시장으로 더 많은 돈을 벌기 위해 흘러드는 것이다. 본 저서의 투자자들도 이 기회를 활용하여 재산을 늘려 가야 하는 것이다.

셋째,
사실 세상의 모든 책은 미국인의 시각으로 쓰였다. 자본주의가 본격 꽃피워진 것은 미국이고 자본주의의 꽃은 누가 뭐래도 주식이고 그다음은 아파트 등 부동산이다.

자본주의가 가장 먼저 미국에서 발전했고, 세상의 재테크 관련 책들은 미국인들이 먼저 쓰기 시작했다. 사람들은 이를 단순히 번역하거나 준용해서 쓰기 시작했으므로 결국 모든 재테크 책은 미국인 시각으로 쓰인 것이다.

즉, 미국 밖에서는 달러가 투자자산 중 가장 중요한 자산인데 미국인의 입장에서 보면 달러는 그냥 현금이므로 교체투자를 할 필요도 없고, 할 수도 없는 시각에서 재테크 책들은 쓰인 것이다. 그래서 워런 버핏과 다른 나라 투자자들의 투자 결과에 이런 큰 차이가 생겨난 것이다.

시중에는 수백 가지의 재테크 서적들이 있다. 미국인의 시각에서 쓴 책에서 조금 벗어나려면 결국 중국인이나 일본인들처럼 에세이식 재테크 책으로 쓸 수밖에 없다. 즉 알맹이가 없는 책들이 된다.

따라서 부제가 『(일본의 눈물) 주식이나 아파트에 장기투자하면 누구나 다 망한다』라는 본 저서는 非미국인 시각에서 세상의 재테크 기법들을 제대로 분석해 새로운 투자의 기본을 정리한 최초의 책이 된다.

기존에 우리들이 해 오던 방법대로 투자를 하면 주식과 아파트가 올랐다가 폭락해서 마지막 투자 결과는 늘 50~90%가 줄어드는 대참패였다. 그러다 보니 재테크 전문가들을 포함한 투자자들 모두 장기투자로 성공한 워런 버핏을 신봉하게 되었고 성공하겠다고 그를 따라 장기투자하니까 또 매번 망한 것이다.

이는 그 이유와 대책을 제대로 분석해 내지 못한 재테크 전문가들의 책임이다. 저자가 이를 최초로 이를 바로잡는다고 보면 맞다.

이제 미국인은 4단계 펜타곤 투자법에 따라서, 비미국인은 5단계 펜타곤 투자법에 따라서 투자해야 성공할 수 있음을 이번에 처음 설명한다. 미국 거주자가 투자하는 방법과 미국 非거주자가 투자하는 방법은 달러가 중간에 개입되어 있으므로 큰 차이가 나야만 된다.

이것이 바로 미국식 주식투자법과 비미국식 주식투자법의 차이가 된다. 어느 나라 어느 시대 투자자들이든 현명한 투자자라면 이를 잊어서는 절대로 안 된다. 특히 경기의 대세하락이나 금융위기, 경제위기 등이 도래했을 경우에는 특히 더 큰 차이가 남을 잊지 말아야 한다. 참고로 이 책에서 소개하는 기법은 저자만의 독창적인 것이다.

넷째,
50년 정도 투자해 온 한 사람의 투자자로서, 30여 년 재테크를 자세히 연구한 연구자로서 그동안 제대로 된 재테크 이론서 하나 없이 투자에 나서야 했던 것이 저자는 늘 불만이었다.

그래서 내 자식들에게도, 다른 투자자들에게도 시중의 수백 가지의 재테크 책들을 뛰어넘는 제대로 된 재테크 이론을 매크로(Macro)적인 시각으로 정리해 주고 싶었다. 이 작업은 그동안 단편적으로 떠돌던 재테크 관련 지식이나 각종 연구 리포트들을 총정리하여 누구나 투자로 성공할 수 있는 방법을 만들어 내는 것이다.

누군가가 해야 할 일이라면 30년간 KBS 시사 문제 교양문제 등의 전문 PD로 근무하고 정년퇴직한 저자가 적임자라고 생각하고 정리하게 된 것이다. 원래 방송국 PD라는 직업은 남들보다 많이 알고 더 똑똑할 필요는 없다고 생각해 왔다.

많은 것을 아는 분야별 전문가를 많이 알고 필요할 때에 그분들을 모셔 의견을 종합하여 좋은 결론을 내게 하면 되는 직업이라고 저자는 늘 생각해 왔기 때문이다.

국내에도 훌륭한 이코노미스트나 애널리스트 주식 관련 연구소나 투자자문사 등이 많아 연구 리포트가 수시로 나온다. 이 중 국제수지와 주식 아파트의 33년간의 연관 관계를 시차를 적용해 분석해 낸 세일러의 중요한 연구 자료가 그의 저서에 자세히 설명되어 있다.

다음으로는 한국의 주도주를 30년간 분석해 낸 당시 KB투자증권의 김현진 박사의 주도주 관련 리포트가 있는데, 이 내용들은 본 저서를 저술하는 데 큰 도움이 되었다. 또한, 미국 윌리엄 오닐의 미국의 과거의 주도주가 다시 주도주가 될 확률 계산 연구도 도움이 되었음은 물론이다.

그런데 이들 이코노미스트나 연구소 등은 연구 리포트 내용을 서로 병합연구를 더 하거나 하나로 조합해서 새로운 투자론을 만들어 내지는 않는다. 그러니 모든 연구는 단편 연구에 불과해진다. 종합적 사고가 생겨나지 않는 것이다. 저자는 이것이 항상 궁금했다. 왜 생각의 폭을 넓혀 확장연구를 하지 않는가? 서로의 자존심 때문일까?

그래서 저자에게 새로운 이론을 만들고 총 정리할 기회가 온 것이다. 이 3가지의 주요 연구 결과에 FRED의 40년 이상의 초장기 한국과 일본의 국가별 국내 달러 가격이나 금리의 변동 그래프와 주식과 아파트의 관계를 분석해 내면 재테크 주요자산과의 관계가 확실하게 정리되고 증명된다.

우선은 FRED에서 발표된 일본의 엔·달러 환율, 니케이 지수, 주택지수 등의 자료를 활용하되 같은 일자로 비교할 수 있도록 FRED의 그래프들의 비교 대상 기간과 그래프들의 간격을 조정하는 것에서부터 출발해야 한다. 역시 자료가 제법 많고 접근하기 쉬운 한국의 관련 자료들인 원·달러 환율과 코스피지수, 주택지수를 FRED에서 인용하여 각 데이터 간의 관계를 분석하면 된다.

그 후 한국과 일본 간의 결과치들을 다시 비교·검토하면 훌륭한 자료가 된다. 저자의 결과물들은 전부 이런 한국과 일본 간의 데이터 결과를 서로 비교·검증 과정을 거쳤다고 봐도 무방하다. 아쉬운 점은 한국과 일본 전부 주택 관련 자료는 절대적으로 부족하다는 점이다.

어쨌든 이런 것들이 가장 강력한 증거이자 이론의 밑바탕이 된다. 이걸 하나로 묶어 내고 기존의 이론들을 조금 더 보태서 새로운 이론을 만들어 낼 사람은 방송사 시사교양전문 PD로 30년간 융합된, 때로는 다학제적인 좋은 결과들을 도출하기 위해 다지고 다져 가며 일했던 본인에게 딱 맞는 일이었다.

이 사항들을 하나로 묶어 내고 정리하고, 규칙화, 이론화할 때에는, 50년간 주식과 아파트에 투자해 왔고 30년간 꼼꼼히 기록하고 정리한 저자의 경험도 큰 도움이 된 것 또한 사실이다.

'왜 전문가들이 말하는 방법으로 투자하는데 생각하는 것처럼 성공하지 못하는가?'를 늘 생각하며 투자해 온 것이 큰 도움이 되었음은 물론이다.

이제 이 저서를 몇 차례 읽고 투자하면 모든 투자자는 경기변동이나 경기순환과 관계없이 재테크로 항상 성공할 수 있다고 판단한다. 세계 최초의 5大 자산시장 순환투자공식인 펜타곤(Pentagon) 투자법은 단편적인 재테크 지식이 아니다. 종합적인 재테크 기법으로 완성한 것이다. 주식·아파트·달러·예금·국채의 재테크 대상 5대 자산 마켓의 순환투자 순서와 투자시기 및 회수시기까지 동시에 설명한다.

어린이도 노인도 아무 때나 투자해도 성공하며, 성공 가능성은 항상 95% 이상이 된다고 본다. [특별부록 2]의 달러 평균법(Dollar average method)에 따라 ETF로 투자하면 수익률은 다소 낮을 것이지만 성공은 더 확실해진다.

2017.5월에 시작된 이번의 경기순환은 2021.6월에 주식 시장의 대세하락을 시작으로, 6개월 후인 2021.12월에는 아파트가 대세하락을 시작한다고 예측했는데, 이 시점들을 100% 정확히 맞춘 것이다.

그동안 30년간의 통계에 나타난 일정한 규칙성과 순환투자 사이클 패턴을 결합해 저자가 이를 공식으로 만들어 낸 결과이기 때문이다.

이렇게 만들어 낸 세계 최초의 5大 자산시장 순환투자공식, 펜타곤(Pentagon) 투자법에 대입해서 검증해 본 첫 결과인데 100% 적중한 것이다.

저자도 놀랐다.
연, 월, 일자까지 경기순환 사이클을 다 맞춘 것이다.
이것이 바로 통계의 힘이고, 公式의 힘이다.

이제 저자의 펜타곤투자법과 함께하면 하워드 막스(Howard Marks)도 만들어 내지도, 맞추지도 못한다는 경기순환 패턴인 순환투자 사이클 패턴을 매 경기순환마다 정확히 맞출 수 있다.

앞으로 이 공식으로 아파트의 상승 폭락 반등 반락 시기와 변동률까지 90% 이상 정확히 맞출 수 있을 것으로 판단한다. 공식이니까….

저자의 펜타곤(Pentagon) 투자법은 자산 시장의 순환투자 사이클을 간단히 맞출 수 있다. 이제 공식에 대입해서 나온 답대로 투자하면 누구나 성공하는 시대다.

최초의 5大 자산시장 순환투자 재테크 公式, 펜타곤 투자법에 따라 투자하기만 하면 어느 시대 어느 나라에 살든, **한국인들은 재테크도 세계에서 제일 잘 하는 시대가 열린 것이다.**

우선 각국의 무역의존도에 따른 경기순환이 주식 시장에 영향을 끼치는 시기를 나라별로 파악하면 된다. 그 후 아파트 등 부동산이 움직이는 시기를 알아내면 어느 나라에서나 펜타곤 투자법에 따른 투자가 시작되는 것이다.

다섯째,
非미국인도 미국인도 전부 매 경기순환 마지막에서 국채 투자만으로도 2~3배 정도의 투자수익을 또 올릴 수 있다. 미국 거주자는 4단계의 국채 투자 과정에서 금리가 급락할 때 막대한 매매차익을 거둘 수 있다.

주식의 장기투자로 성공한다는 워런 버핏이 이 국채로의 순환투자를 하는지 안 하는지는 참 궁금하다. 생필품주 등에 장기투자하는 것으로 봐서는 이마

저도 안 할 것 같다.

이 책은 한마디로 정의하면, 현재의 주식이나 아파트 양도소득세 세제하에서 미국 非거주자를 위한 주식이나 아파트와 Dollar Swapping에 관한 일반적인 투자이론이다. Dollar Swapping만으로도 재산을 2~8배 불려 가는 달러 투자 기본서이다.

더 나아가서는 세계 최초의 5大 자산시장 순환투자공식이자, 펜타곤 투자법을 자세히 설명한 책이다. 더불어 달러 투자 기법 및 달러 관리와 관련된 사항 등 달러에 관한 모든 것을 정리한 최초의 이론서이다.

2024.1.4.
판교 우거에서

목차

프롤로그		3
알려 드립니다.		22
챕터 1)	주식이나 아파트에 장기투자하면 누구나 다 망한다.	26
챕터 2)	결국 달러가 전부다. 달러 대체재가 없기 때문이다.	47
챕터 3)	달러 환율이 변하면 당신의 부가 변한다.	60
챕터 4)	Dollar Swapping은 순환투자 필수과정: 달러가 오르면 주식이나 부동산이 폭락하기 때문이다.	79
챕터 5)	달러는 항상 안전자산인가?	85
챕터 6)	달러는 괴물자산이자 대박자산	90
챕터 7)	달러가 괴물로 변하는 순간을 포착하라!	95
챕터 8)	롱텀 디플레이션 시에는 달러를 보유하면 안 된다, 절호의 공매도 기회로 활용하라!	104
챕터 9)	5大 자산시장의 순환투자 재테크 공식, 펜타곤 투자법의 탄생	107
챕터10)	부자가 되려면, 주도주에 몰빵 투자하라	128
챕터 11)	어느 미국인: 1985.9.22. 아침에 일어나니 난 망해 있었다. 난 아무것에도 투자하지 않았는데도 말이다.	132
챕터 12)	Diamond 달러 투자법	146
챕터 13)	달러스왑 핀테크만으로, 단기간에 재산 2~8배 불리는 비법	159
챕터 14)	Diamond 재산 이분법	167
챕터 15)	엔·캐리 트레이드의 비극, 일본인들의 30년간 눈물이 되다.	172
챕터 16)	유령 달러(Ghost Dollar)의 정체	184
챕터 17)	달러의 급등 시기와 급락 시기 판단법	189

챕터 18)	국가별·위기별 환율 변동의 차이	195
챕터 19)	국가별·위기별 달러 가격의 회복 기간	207
챕터 20)	해외 투자는 허들(Huddle) 경기	215
챕터 21)	달러핀테크(FinTech), 8배 대박 투자법과 대박 사례 분석 (외환은행 매매 차익 3조 2,800억, 환차익 2,400억 사례 분석)	224
챕터 22)	달러재테크의 결정판, 국채투자로 2배 추가하여 16배 가능하다.	233
챕터 23)	달걀 이론은 이제 폐기 처분해야 한다.	246
챕터 24)	고환율 정책과 저환율 정책	248
챕터 25)	달러 가치는 미국이 관리하지 않나?	254
챕터 26)	미국의 리쇼어링(Reshoring) 정책, 숨은 의도 있나? 트리핀의 딜레마는?	258
챕터 27)	달러 ATM국가 한국의 외환 보유고는 적당한가?	263
챕터 28)	달러 최고가, 최저가 장기 예측	271
챕터 29)	장기적인 달러 확보 방법	283
챕터 30)	달러 보유의 생존학	287
챕터 31)	달러 대신 Bit Coin을 보유한다?	291
챕터 32)	그 후	296
챕터 33)	아베노믹스 대성공, 이제 일본을 사야 할 때다!	307

특.별.부.록　　　　　　　　　　　　　　　　　　　324

부록 1)	달러 환율조작국 지정 시의 재테크	325
부록 2)	자녀를 평생 주식부자로 키워 주는 달러 평균법(Dollar Average Method)	335

에필로그　　　　　　　　　　　　　　　　　　　　344

알려 드립니다.

저자의 약력처럼 저자는 증권회사나 경제연구소 소속의 이코노미스트나 애널리스트 혹은 연구소 등의 전문 연구원 출신이 아니다. 경제학과 등 관련 학과의 교수도 물론 아니다.

저자는 한국의 가장 어려웠던 시절인 한국전쟁의 막바지에 태어났다. 한국전쟁의 휴전일이 1953.7.27일이고 저자는 1952.11.1일 (양력) 탄생이다. 전쟁둥이다.

그러니까 경제학자가 아니라 한 사람의 한국인으로 경제생활을 해야 하는 평범한 시민으로 한국의 어려웠던 시절부터 한국이 3050 선진국 클럽에 가입한 후 지금까지, 가난했던 한국이 정치·경제·역사·문화의 변화과정을 밟아 선진국까지 된 과정들을 구경도 하고 함께도 했다.

또한 KBS 텔레비전 부문 시사교양 전문 프로듀서로서 30년 세월을 방송·제작·연출을 하다가 2011.9.30일에 정년퇴직을 했으니까 적어도 같은 세월을 살아온 남들만큼은 보았거나 더 많이 보고 더 많이 들었을 가능성이 많다.

그리고 집안 사정으로 남들보다 먼저 험난한 재테크 시장에 나서게 되어 50년간이나 주식이나 아파트에 투자해 왔다. 초반에는 항상 돈을 잃다가 약 30년간은 정신을 차려 재테크 공부도 하고 전문 관련 책도 읽고 증권사 리포트들도 수집 분석도 했다.

그 결과 잘못됐거나 잘못 알려진 재테크 내용들 때문에 저자를 포함한 투자자들이 망한다는 것을 알게 되었다. 이를 언론인 출신으로서 제대로 알리고 싶었다. 그래서 책을 낸 것이다.

그런데 저자의 시도에는 한 가지 문제가 있다. 앞에서도 얘기했지만 저자는 관련분야 전문가도 아니고 관련업계 전문 투자자도 아니다. 단지 전문 투자자이다. 물론 30년 정도는 전문적으로 연구하고 원인과 결과도 분석하면서 투자해 온 것은 사실이다.

해외의 워런 버핏이나 레오 달리오, 하워드 막스라든가 더 이전의 앙드레 코스톨라니 등 이름을 날렸던 전문 투자자들도 많다. 이분들의 이론이나 투자론을 뛰어넘는 글이 아니면 책을 내기 힘들다.

그 책이 그 책일 수밖에 없거나 그 분들의 이론을 변형하거나 답습할 것이 뻔하기 때문이다. 더구나 저자는 투자자들이 볼 때 그냥 낙서꾼에 불과해 보일 것이기 때문이다.

그러나 저자는 그들의 이론과 완전히 다른 이론들을 몇 가지 만들어 낼 수 있었다.

가장 중요한 것이 다이아몬드(Diamond) 달러 투자법을 응용 발전시킨 펜타곤(Pentagon) 투자법이다. 모든 투자는 달러를 기준으로 생각하고 투자하고 회수해야 한다는 이론이 다이아몬드 달러 투자법의 Fact다. 저자가 주창하는 거의 모든 투자이론은 여기에서부터 출발한다.

이 다이아몬드 달러 투자법에서 주식·아파트·달러의 스와핑(Swapping) 투자법의 이유와 방법을 설명한다. 다름으로 완벽하게 재산을 지켜 주는 다이아몬드 재산 이분법과 재산을 최대 16배까지 늘려 주는 펜타곤(Pentagon) 투자법이 탄생한다. 심지어 롱텀 디플레이션(LTD)의 진단법과 퇴치법까지 여기에서 다 나온다.

이 다이아몬드 달러 투자법은 미국달러를 일상의 화폐로 쓰는 미국인들은 비록 그가 노벨 경제학상 수상자라 하더라도 모르기도 하거니와 몰라도 되는 투자법이었다.

그러나 이제는 모르면 반쪽짜리 경제학자가 되는 이론이다, 즉 미국인이건 비미국인이건 모두에게 너무나 중요한 투자기초 이론이다.

예전에 한국의 박정희 대통령이 우리는 '한국식 민주주의'를 해야 한다고 주장한 적이 있다. 이제 투자 즉 재테크야말로 미국식 투자와 비미국식 투자로 나눠서 달리해야 성공한다는 사실을 이 책을 통해서 알려 줄 것이다.

저자의 이 한 가지 문제 즉 저자의 말이 신뢰할 만한가? 를 해결하기 위해 도입한 것이 실험·실증 경제학이다. 저자의 주장은 거의 100% 전부 여러 나라의 FRED의 초장기 그래프들을 통해 저자가 주장하는 모든 사실을 검증한다. 즉 100% 신뢰해도 된다.

마지막으로 저자가 그래도 의심이 간다면 귀하의 자산의 10% 정도만 저자가 주창한 펜타곤 투자법에 따라서 투자해서 스스로도 재테크 현장에서 실험적으로 검증해 보길 권한다.

미국인은 4단계 펜타곤투자법을 준수하며 투자하고, 비미국인은 5단계 펜타곤 투자법을 준수해서 투자하면 된다.

다만 한 가지 감안하여야 할 것은 본 저서의 내용은 현재 한국과 미 연준의 금리나 특유의 제도나 기타 수치가 적용되어 있다는 점에 유의하여야 한다. 그러나 독자들은 각국 현지에 맞춰 수치 등을 적용·생각해 보고 핀테크에 나서면 나라별로나 시기적으로도 즉 어느 때에나 별문제가 되진 않을 것으로 본다.

챕터 1) 주식이나 아파트에 장기투자하면 누구나 다 망한다.

누구나 다 부자가 되고 싶을 것이다.
그러나 월급 등 벌어들인 돈을 자본으로 은행이 신용창조로 예금액의 9배나 대출해서 떼돈을 벌 듯이 부를 창조해서 성공하는 사람은 극소수에 불과하다.

대학교수도 경제학박사. 경영학박사도 재테크 기법을 별도로 공부하지 않으면 절대로 부자가 되지 못한다. 그들도 일반인과 꼭 같다. 재테크는 학문과 또 다른 분야이며 별도로 공부하지 않으면 안 되기 때문이다. 그러나 이제는 본 저서를 읽는 순간 누구나 부자가 될 수 있다.

그동안 몰랐거나 거꾸로 알고 있던 재테크 기법. 즉 아무도 알려 주지 않았던 Hidden Story들을 제대로 이해하고, 주식·아파트·달러·예금·국채에 순서대로 순환투자를 하지 않았다면 누구나 다 망했을 것이다.

주식이나 아파트를 Dollar Swapping을 하지 않고 장기투자만 하면 다음 자산 마켓으로 순환매가 넘어간 이후에는 올랐던 주식이나 아파트 가격이 매번 절반 이하로 폭락하기 때문에 누구나 다 망하게 된다.

미국식 주식투자법과 비미국식 주식투자법

달러는 미국인에게는 항상 현금에 불과하니까 워런 버핏 등 미국 거주자들은 Dollar Swapping을 할 수도, 할 이유도 없다. 따라서 미국인들은 4단계 순환투자 사이클 패턴인 **미국식 주식투자법을 따라야 하고,** 비미국인은 5단계 순환투자 즉 주식과 아파트를 달러와 한 차례씩 교체투자하는 **비미국식 주식투자법으로 투자**해야 한다.

미국 안에 거주하지 않는 사람들, 즉 非미국 거주자들은 부자가 되고 싶다면 저자가 주장하는 최초의 마켓 사이클 순환투자공식인 Pentagon식 5단계 투자법에 맞춰 투자해야 한다. 미국이 아닌 나라에서 달러는 경우에 따라서 가격이 급변동하므로 즉 제일 중요한 재산 중의 하나여서 주식과 아파트는 반드시 Dollar Swapping 과정을 거쳐야 하는 것이다.

그 이유들을 차례대로 설명한다.
우선 달러 가격이 변하면 주식과 아파트 가격이 어떻게 변하는지 살펴보자. 원·달러 환율이 오를 때, 원·달러 환율이 내릴 때의 변화를 실제 상황으로 살펴보자.

[그림 1]은 FRB에서 인용한 42년간(1981~2023)의 한국의 달러, 코스피지수, 실질 주택지수와의 관계를 나타낸 그래프로 맨 위의 원·달러 환율 시작 일자와 가운데 그래프인 코스피지수의 그래프는 첫 시작일이 1981.1.1일로 인위적으로 맞추어져 있다.

반면에 맨 밑의 주택지수는 이보다 6개월 늦은 1981.7.1일로 시작 일자를 맞춰 놓은 것이다. 보통 한국의 주택지수는 원·달러 환율과 코스피지수가 움직인 지 6개월이 지나야 움직이기 시작하기 때문이다.

따라서 [그림 1]의 어느 곳에나 수직점선을 그으면 그날의 원·달러 환율에 대응하는 코스피지수와 주택 지수 즉 해당일의 주식과 아파트 가격을 알 수 있도록 만들어 놓은 것이다. 이 중에서 주택지수는 6개월의 시차가 나지만 같은 연월일로 인식하여야 한다.

원·달러 환율이 오를 때

다음 챕터의 [그림 1]의 수직점선⑧부터 수직점선①에 도달하는 동안 달러가 급등하는 동안 주식과 아파트가 폭락하는 현상을 그래프를 통해 확인할 수 있다.

[그림 1]의 수직점선⑧의 맨 위의 원·달러 환율 그래프가 최고치일 때 가운데 그림의 코스피지수와 맨 아래 쪽의 주택지수가 거의 최저가격임을 볼 수 있다.

수직점선①은 우리나라가 IMF상황에 처했을 때인 1997.12월이다. 주택가격 상황을 알려 주는 맨 밑그림에 수직점선①이 닿는 곳은 1998.6월경임을 잊지 말자! 6개월이 앞당겨져 있다.

원·달러 환율이 내릴 때

1997,12월, 수직점선①의 원·달러 환율 최고점에서 최저점인 수직점선⑤에 도달하는 기간 동안 즉 올랐던 달러가 제자리를 찾아가는 동안 주식과 아파트가 폭등하는 것도 확인해 볼 수 있다.

이런 기회가 달러와 주식과 아파트를 교체투자 즉 달러 스와핑(Dollar Swapping)을 하기에 적합한 시기들이다. 환율이 오를 때에는 주식과 아파트를 팔고 달러를 사야 하며, 환율이 내릴 때에는 달러를 팔고 주식과 아파트를 사면 대박이 나는 것을 뚜렷이 볼 수 있다.

그동안 이런 기회를 제대로 활용한 애널리스트나 증권회사, 투자회사 등등이 있었다면 이미 큰 부자가 되어 있을 것이지만 이를 활용한 투자자는 거의 없다고 볼 수 있다. 전 세계적으로 이런 현상은 똑같이 나타난다. 본 저서를 이를 활용하여 큰 부자가 되는 길을 안내한다.

이 과정에서 달러 융자제도까지 활용하면 최대 800%의 수익을 간단히 달성할 수 있음을 [챕터 21]에서 자세히 설명한다. 수직점선③은 2008년 서브프라임 당시의 원·달러 환율, 코스피지수, 주택지수를 나타내고 있다.

워런 버핏은 미국인이니까 달러는 그에게 그냥 현금이다. 따라서 그는 Dollar Swapping을 할 수도 없고 할 이유도 없다. 그는 주식에 장기투자를 해서 성공했다고 하니까 아마도 4단계 국채와의 교체투자 순환매매도 안 했을 것으로 보인다.

그래서 수익에서 손해를 보기는 하겠지만 그래도 장기투자로 자주 절반의 성공을 했다고 보인다. 주식 가격의 폭등과 폭락을 생활필수품 주식을 장기간 보유함으로써 커버했을 것으로 보인다.

가장 큰 수익률의 차이를 나타내는 8배의 수익 획득 과정은 Dollar Swapping 과정을 반드시 거쳐야 가능한 것이니까 미국 거주자인 워런 버핏은 해당되지도 않기 때문에 당연히 못 했을 것이다.

非미국인인 우리들은 Dollar Swapping 과정을 몰랐기도 했거니와 하지도 않고 워런 버핏을 보고 장기투자만 하면 성공하는 것으로 간접적으로 배워서 우량주식이나 아파트에 계속 장기투자를 해 왔으니까 당연히 올랐던 재산가격의 절반은 항상 망해 온 것이다.

Dollar Swapping 과정에서 잃거나 얻는 수익이 800% 정도 되므로, 나머지 4가지 자산을 순환투자를 하느냐 안 하느냐의 수익금을 다 합친 것보다도 훨씬 더 크기 때문에 항상 망하는 투자를 해 온 셈이다. 이 Dollar Swapping 여부에서 무려 8배 정도의 수익률 차이가 날 수 있기 때문이다.

대세하락과 함께 주도주 거의 매번 바뀌어

달러 가격이 괴물달러 시세에서 안전달러 시세를 회복하면, 일반적으로 종합주가 지수는 제자리를 찾아가지만 종목별 주가는 보통 제자리를 찾아가지 못한다. 특히 주도주는 거의 불가능하다. 대세하락 이후에는 대개의 경우 주도주가 바뀌기 때문이다.

즉, 한때 주도주였던 개별 주식들은 대세하락전의 최고가격을 거의 찾아가지 못한다. 찾아갈 확률은 윌리엄 오닐이 미국의 다우건 나스닥이건 강세장을 이끌었던 주도종목군을 1953년부터 2007년까지 55년간 분석해 본 결과 불과 1/8, 즉 12.5%에 불과하다.

주도주는 대개 3~4년간 오른다. 최대 4~ 20배까지 오르며 조정기에는 평균적으로 50%에서 최대 90% 정도까지 폭락한다. 이 사실은 한국의 주도주를 약 30년간 분석한 결과이다. 주도주가 포함된 테마형 ETF일 것으로 판단되는 테마형 ETF는 성적이 어떨까? 테마형 ETF 중 주도주나 주도산업이 속해 있는 테마형이다.

"'테마형 ETF' 투자 12년… 개미들 평균 17% 손해 봤다."라는 2023.10.10일 조선일보 경제면 기사다.

주도주에 속하는 산업의 테마주 ETF만으로 구성된 ETF이므로 이전의 한국의 주도주 연구 리포트 결과와 비교해 보면, 2~3배 정도까지는 오르고 이에 비례해서 내릴 수 있다고 본다. 그런데도 장기 12년간의 보유 성적은 마이너스 17%다.

그래서 주식은 '장기보유 하지 마라.'가 답이다. ETF는 2002에야 생겨났으므로 테마형 ETF를 주도주 연구 범주에 넣고 분석한 자료는 아직은 없지만 결과는 이렇다.

저자는 주식의 경우에는 생필품주나 신약주, 초전도체주 등에만 투자하는 조건으로 장기투자를 용서(?)할 수 있을 것 같다. 그러나 순환투자를 안 하므로 수익은 기대 이하일 것이다.

같은 이유로 미국 거주자는 아파트에도 장기투자하는 것을 용서는 할 수 있을 것 같다. 결론적으로 미국 거주자가 아파트 투자를 장기간 하더라도 순환매매를 안 하기에 수익은 미미할 것이지만….

그러나 주도주가 못 되는 생필품 관련 주식들은 다시 호경기가 찾아오면 제자리 혹은 제자리 가까이를 찾아가는 경우가 많다. 이것이 워런 버핏이 그 시대의 주도주 즉 대개의 경우 성장주 투자를 멀리하고 코카콜라, 크래프트, 하인즈 등 생필품 주식과 BofA, 쉐브론 등 저pbr주 등 주로 가치주에 장기투자하는 이유이고 그동안 망하지 않은 이유도 된다.

그동안은 우량 생필품 주식 등으로 장기투자하고 예금이나 국채 등 다른 자산으로 교체투자를 하지 않고도 망하지는 않았다. 즉, 비록 수익은 절반 이하로 줄어들었겠지만 그래도 망하지는 않은 이유가 된다.

그러나 현재는 워런 버핏도 이전과 달리 주도주이자 성장주이며 생필품적인 애플에 무려 51%나 투자하고 있다. 워런 버핏이 최근에 단기 국채를 사 모으고 있다는 기사가 수시로 나온다.

단기국채는 현금이나 예금과 같다. 저자는 그의 현금 확보 행위가 저자가 2016년에 전 세계에 이미 도래해 있다고 주장하는 롱텀 디플레이션에 그도 본격적으로 대비하고 있는 것으로 보고 있다.

여태까지 기사를 보면 워런 버핏은 현금이나 예금을 장기국채로 순환투자는 하지 않는다. 이것이 미국거주자들에게는 꼭 필요한 4단계 펜타곤투자법의 마지막 순환투자 단계인데도 말이다.

어쨌든 워런 버핏은 현금, 예금에서 장기국채로의 순환투자는 하지 않고 있어 2배짜리의 큰 수익을 창출할 기회를 항상 놓치고 있다. 그는 2023.10월 말 현재 현금을 200조 정도를 보유하고 있다고 한다.

한국의 주도주를 분석한 30년간의 결과는 미국에서도 비슷하다고 봐야 한다. IT버블 붕괴의 상징 미국의 시스코 시스템은 2000년 당시 나스닥 시가총액 1위였다. 그 후 IT버블 붕괴로 주가는 90% 이상 폭락했다. 이것이 주도주의 화려함이요, 꺾인 주도주의 무서움이다.

즉 주도주는 오를 때에는 3~4년간, 4~20배까지 오르며 대세 하락장에서는 평균적으로 50~90%까지 폭락한다. 즉 주도주이자 성장주인 애플에 51% 정도를 투자하고 있는 이상, 워런 버핏은 미국에서 투자하고 있으므로 4단계 펜타곤투자법을 따라야 한다.

워런 버핏도 주도주 등 모든 주식이 꺾이는 대세하락장에서는 애플 등 보유 주식을 전부 팔고 예금에 일정기간 가입해야 한다. 그 후 금리가 내리면 펜타곤 투자법에 따라 예금 전부를 국채로 Swapping을 하지 않으면 그도 주도주의 폭락 영향을 그대로 받을 수밖에 없다. 전 세계는 지금 대세 하락장의 시작이자, 롱텀 디플레이션 중이므로 지켜보면 알게 될 것이다.

그는 애플에 51%나 투자한 것처럼 그동안 한두 종목에 이만큼 집중투자한 적도 없었을 것이다. 또한 워런 버핏은 미국에 거주하므로 Dollar Swapping을 할 수도 없었고, 하지 않아도 수익이 크게 줄지도 않은 것이다.

대개 성장주인 주도주를 멀리하고 생필품 주식 위주로 포트폴리오를 구성했으므로 주도주가 완전히 추락하는 대세 하락장에서도 보통 주도주가 50~90% 폭락하는 하락 영향을 피해 올 수 있었던 것이다. 요즘은 과거와 달리 애플 같은 주도주이자 성장주에 51% 정도를 투자하므로 이제 투자성과는 예전과 달라질 것으로 본다. 그러나 그는 우수한 투자자임에는 틀림없다.

미국에서는 Dollar Swapping을 할 필요도 할 수도 없다. 그래서 그동안 주식에의 단순한 장기투자 방법도 미국에서는 제법 성공할 수 있는 투자전략이었다. 하지만 그의 장기적인 주식투자 방법은 수익이 대폭 줄어든 상태에서의 성공이었다. 즉 절반의 성공이었다.

그러나 이제는 펜타곤 투자법을 안 이상 미국에서든 미국 밖에서든 아무리 좋은 우량주라 하드라도 단순한 장기적인 증권 투자는 반드시 피해야 하며 이는 재앙적 투자 방법이라는 것을 알아야 한다.
따라서 저자의 생각은 워런 버핏과 당연히 다르다.

주식은 분산투자가 아니라 주도주에 집중투자해야 한다
주식은 당연히 그 시대의 성장주인 주도주에 집중적으로 투자해서 3~4년에 4~20배의 수익을 즐겨야 한다. 여태까지 여러분이 알던 분산투자가 제일 좋은 것이 아니다. 분산투자가 아니라 대세상승장에서는 주도주에 집중투자해야 한다.

단 주식시장이 대세하락장으로 변하면, 자산시장의 사이클 패턴에 따라서 순환투자를 시작해야 한다. 순환투자하면서, 자산별로 상승하는 수익을 전부 챙기는 것이다.

순환투자는 주식시장의 자율반락, 정부의 이자율 인상, 환율 급등 등으로 인한 주가의 폭락 때문에 반드시 해야 한다. 이 순환투자 순서를 명쾌하게 정리한 것이 바로 펜타곤(Pentagon) 투자법이다. 주식 → 아파트 → 달러 → 예금 → 국채의 순서에 맞춰 자산 간에 순환투자하는 투자방법이다.

핀테크 즉 최초의 자산시장 순환투자공식인 펜타곤 투자법에 따라 순환투자 사이클 패턴 단계별로 투자를 하되 Dollar Swapping(달러로의 교체투자)을 통해서 수익을 8배 정도 올려 수익률을 즐기는 투자법이다. 채권투자 시에서도 2~3배 정도의 수익을 더 챙겨야 한다.

핀테크란 Finance와 Technology의 합성어로 보통 '재무 관리'라고 번역한다. 금융과 IT의 융합을 통한 금융 서비스 및 산업의 변화 등을 통칭한다. 'FinTech'라고 약칭하기도 한다. 통상 MBA 과정의 재무 관리 기법을 말한다. 만약 워런 버핏이 대세하락기에 그가 보유한 우량주를 다 팔고 4단계 펜타곤 투자법으로 투자했다고 생각해 보자!

즉 보유한 주식을 다 팔고 정기예금을 거쳐, 장기 국채투자에 매 Business Cycle마다 투자했다고 치자. 그리고 금리 하락기에는 국채를 팔고 다시 보유했던 생필품 우량주식을 되사기만을 오랜 세월에 걸쳐, 수십 번 되풀이했다면 지금 재산보다 100배 이상 더 벌었을 것이다. 그는 나이가 많으므로 투자 횟수가 일반인들보다 훨씬 더 많았을 것이기 때문이다.

20~30년 정도의 장기채 위주의 투자가 시세 차익 획득에는 만기가 짧은 국채보다 훨씬 더 유리함은 이제 누구나 다 안다. 워런 버핏은 요즘 단기국채를 사서 현금과 같은 현금등가물에 투자하고 있다.

그도 전 세계에 숏텀 디플레이션이나 롱텀 디플레이션이 왔음을 인지하고 현금 보유에 최선을 다하는 것 같다, 지금은 롱텀 디플레이션이 진행 중에 잠시 찾아온 인플레이션에 불과하기 때문에 앞으로는 장기국채 위주의 국채투자가 훨씬 더 좋다고 본다. 다만 아직 장기국채에 투자할 시기는 아니다. 지금은 정기예금에 파킹하고 있어야 할 타임이다.

금리 최고점과 고금리 기간이 끝날 때 즉 Higher for Longer가 끝난 후 국채투자로 전환해야 하기 때문이다.

아파트는 주도주 개념이 없어 주식보다 다소 유리

그러나 아파트는 주도 아파트 등 주도주 개념이 거의 없으므로 다음 상승기까지 즉 대세하락 후 약 8~10년 정도 지나면 대개 제 가격까지 오른다.

이것이 바로 아파트 투자가 주식투자보다 다소는 유리한 점이라고 볼 수 있다. 하지만 그 사이에 새로운 인기 있는 지역에 아파트 단지가 조성된다면 지난 상승을 주도했던 지역의 아파트는 또 달라질 수 있다.

이런 사실들 즉 한번 주도주는 제자리를 거의 못 찾아가며, 아파트는 세월이 지나면 과거 최고 가격을 회복한다는 사실은 주식에 장기투자할 때에는 ETF 투자가 개별 종목 투자보다는 좀 더 유리함을 나타내는 방증이기도 하다.

따라서 삼성전자 등 개별 종목보다는 KODEX200 ETF나 KODEX 200TR ETF, TIGER 미국S&P500 ETF 등에 관심을 가지는 것이 장기투자 시에는 더 현명하다고 판단된다.

또, 2016.1월부터는 전 세계에 롱텀 디플레이션이 진행 중이다. 이제 곧 일본의 잃어버린 30년처럼 장기간에 걸쳐 국내 달러 가격이 폭락한다.

롱텀 디플레이션 시에는 달러와 반비례하던 주식 아파트 및 금도 달러와 정비례 관계로 변한다. 기존의 움직임과는 정반대의 움직임을 보인다. 즉 전 세계의 모든 재산은 전부 폭락이 예상되므로 아파트와 주식과 달러와 미국 주식인 TIGER 미국S&P 500 ETF와 금은 등은 전부 폭락할 것으로 예상된다.

미국인이 아니라면 각자 자국의 무역의존도에 따라 투자를 시작하거나 투자

자금을 순환시켜야 하는 타임이 조금씩 다를 뿐 누구나 언제나 어느 나라에서나 꼭 순환투자를 해야 하며 순서는 非미국인이라면 어느 나라에서나 같다.

무역 흑자나 적자에 따른 통화량 증감이 은행의 신용창조 기능을 통해 9배의 통화량 증감효과가 생겨나기 때문에 무역의존도에 따른 국내 경기 영향을 투자 시에 꼭 감안하여야 하는 것이다.

지금까지 미국 거주자는 미국식 투자법으로 미국 비거주자는 비미국식으로 완전히 달리 투자해야 함을 설명하였다. Dollar Swapping을 미국 거주자는 할 수도 없지만, 미국 비거주자는 Dollar Swapping을 반드시 해야 한다.

다시 강조하지만 순환투자 사이클 패턴 순서가 지난 자산은 오른 가격의 절반 정도 이상까지 순차가 지나면 매번 급락하고, 위기 시마다, 대세하락 시마다 항상 달러 가격은 치솟고 주식과 아파트는 50~90%까지 폭락하므로 순환투자는 꼭 해야 한다.

미국 거주자는 4단계, 미국 비거주자는 5단계로 순환투자를 꼭 하여야 한다. 비미국인이 Dollar Swapping을 하지 않고 주식이나 아파트에 장기투자하면 누구나 다 망하는 것은 너무 당연하다고 이미 자세히 설명하였다.

[그림 1]을 보면 달러 가격 즉 원·달러 환율과 주식 아파트의 반비례 관계를 명백히 알 수 있다. 미국 거주자를 제외한 어느 나라 어느 누구나 투자금을 Pentagon식으로 5단계로 순환투자를 해야 10년에 10배 이상씩 재산을 늘려 갈 수 있다.

롱텀 디플레이션 중 잠깐 찾아온 인플레이션

지금 전 세계는 앞으로 있을 기나 긴 롱텀 디플레이션 중 잠깐 찾아온 인플레이션 시기이다. 즉 이제 2~3년 후 쯤에는 펜타곤 투자법의 마지막 투자자산인 5단계 투자자산 즉 국채로의 투자 과정을 남겨 둔 시점이다.

재테크, 정확히는 핀테크에 관한 투자이론은 세월이 가도 거의 변하지 않는다. 누구나 다 부자가 되고 싶은 마음은 같고 즉 인간들의 욕심이 그대로 자본시장에 투영되는 의사결정 과정과 그 결과는 과거나 현재나 미래나 항상 같기 때문이다.

다만 최초의 마켓 사이클 순환투자의 법칙과 펜타곤(Pentagon) 투자법은 누구나 받아들이고 난 후의 이야기다.

달걀 이론은 무효, 이제 펜타곤(Pentagon) 투자법으로

유념할 것은 한동안 투자자들을 사로잡았던 앙드레 코스톨라니의 달걀 이론은 펜타곤(Pentagon) 투자법의 탄생으로 이제 완전 무효가 되었다는 사실이다.

앙드레 코스톨라니의 달걀 이론이 탄생할 때에는 폐쇄경제 시대였고, 지금은 무역의존도와 수출입액이 각국의 경기에 가장 중요한 영향을 끼치는 개방경제 시대여서 그가 주장한 달걀 이론의 투자이론은 현실에 맞지 않기 때문이다. 특히 그는 Dollar Swapping을 생각지도 못했다. 달걀 이론의 결정적 오류가 바로 이것이다.

주식에 장기투자하면 오히려 더 망해

달러를 일상의 화폐로 쓰지 않는 미국 비거주자가 투자에 성공하려면 주식과 아파트는 펜타곤(Pentagon) 투자법 3단계에서 Dollar Swapping을 반드시 해야 된다는 것을 상상도 못 했을 것이다.

워런 버핏을 비롯한 미국 거주자들은 Dollar Swapping을 하지 않고 장기투자를 하면 수익이 줄어들기는 해도 투자에 성공은 하는 것이다. 대신에 인기 있는 성장주들인 주도주에의 투자는 피하고 가격변동이 아주 약한 생필품류의 우량주식에 주로 투자해야 하는 것이다.

한편 비미국인들은 주식이나 아파트를 Dollar Swapping을 하지 않고 단순히 한 섹터에서 장기투자만 했으므로 주도주로 대박이 났다가도, 심한 경우 수익이 90% 정도까지 줄어 누구나 다 망하는 것이다.

이것이 워런 버핏은 장기투자로 성공하고 비미국인들은 장기투자로 항상 실패하는 이유이다. 워런 버핏 등 미국인들이 구사하는 재테크 방법은 미국식 주식투자법이고 여태까지 우리가 해 왔던 투자법은 비미국식 주식투자법이다.

이제부터는 미국에 거주하지 않는 투자자는 항상 펜타곤(Pentagon) 투자법의 3단계에서 주식과 아파트를 Dollar Swapping을 해야 한다!

달러는 이처럼 평상시에는 안전한 안전달러였다가 괴물달러로 변해서 대박달러가 되었다가 다시 안전달러가 되기도 하면서 주식과 아파트, 금, 원유 등의 가격을 급등락시킨다. 미국 밖에 사는 사람들은 이때에 주식과 아파트를 Dollar Swapping을 하기만 해도 재산을 최대 800% 즉 8배까지 늘릴 수 있다.

다시 정리해 보자.
A) 달러가 급등하면 주식과 아파트는 항상 폭락한다!
B) 급등했던 달러가 제자리를 찾아가는 동안 주식과 아파트는 계속 오른다.

이런 현상은 미국을 제외한 전 세계 어느 나라 어느 시대에도 똑같이 발생한다. 따라서 이 팩트(Facts)를 법칙화할 수 있다. 그래서 저자가 처음으로 만든 최초의 마켓 사이클 순환투자 Dollar Swapping 재테크公式이 펜타곤(Pentagon) 투자법이다. 국채투자는 미국 거주자이든 미국 비거주자이든 누구나 다 해야 하는 마지막 단계의 순환투자 과정이다.

국채는 불경기나 경제위기가 완화되면서 금리가 서서히 내리기 시작하면 가격이 오른다. 따라서 금리가 내릴 때에는 정기예금에 들어 두었던 예금을 해약하여 국채를 사면 된다.

국채에 투자하고 있던 중 경제위기 등이 닥쳐 외국인들이 국채를 투매하면 국채는 폭락하고 달러는 급등한다. 이때에는 국채를 팔고 달러를 사야 한다. 위기가 진정되기 시작하면 내리는 달러를 팔고 국채를 다시 사면 된다. 그 후 시중금리는 계속 내린다.

여기에서도 약 2~3배 이상의 막대한 단기차익이 발생함은 물론이다. 이러한 현상들을 제대로 정리하기만 해도 새로운 투자법인 최초의 순환투자 사이클 패턴 Dollar Swapping 재테크 公式을 저절로 도출해 낼 수 있어 펜타곤 투자법이 새로 탄생한 것이다.

결론적으로 미국 비거주자이면서 주식과 아파트를 Dollar Swapping도 하지 않고 우량주에 장기투자하면 누구나 다 망한다는 사실을 반드시 기억해야 한다.

따라서 비미국인은 그동안 했던 투자 방법과는 완전히 달리 주식이나 아파트에 3년 이상은 장기투자하지 말고 주식과 아파트를 펜타곤 투자법 3단계에서 반드시 달러 스와핑(Dollar Swapping, 달러와 교체투자)을 적어도 10년에 한 차례씩 해야 한다.

이것만이 주식이나 아파트 투자에서 성공하는 길임을 알아야 한다. 그 후 투자금은 정기예금을 거쳐야 한다. 그 후 대개의 경우 국채와의 달러 스왑 과정을 또 한 차례 거친 후에야 다시 주식에 투자를 시작해야 하는 과정이 도래한다.

Dollar Swapping(달러 스와핑) 과정이 이만큼 중요하다. 결국 미국 비거주자 입장에서는 달러가 항상 전부인 셈이다. 투자 과정에서 가장 큰 수익에 영향을 끼칠 적어도 8배의 수익에 직접적인 영향을 끼치기 때문이다.

지나간 순환투자 사이클 패턴 순서는 8년 지나야 되돌아와

그리고 어떤 투자자가 이미 순환투자 사이클 패턴 과정이 지나간 주식이나 아파트 달러 예금 국채로 다시 순환투자 사이클 패턴 과정을 시작해야 하는 기간은 개략적으로 순환투자 후 8년가량이 지나야 다음 순환투자 사이클 패턴 순서가 된다는 것도 잊지 말자!

한 번의 경기순환 기간(One Business Cycle)은 보통 10년 정도나 걸리기 때문에 다른 자산들의 기나긴 순환투자 과정 10년을 다 거치고 나서야 다시 해당 자산 즉 주식이나 아파트에 순환투자에 훈기가 돌게 되므로 평균적으로 8년 정도나 지나야 다시 주식이나 아파트로의 순환투자 순서가 되는 것이다.

이 기나긴 기간을 참고 기다릴 투자자는 기관투자가 외에는 거의 없다. 또 설령 이 8년 정도의 긴 기간을 이겨 냈다고 하더라도 이때쯤에는 8년 전 주도주였던 주식은 이미 완전히 무너져 평균적으로 50~90%가 폭락해 있을 것이고 이제는 새로운 산업이 태동기를 맞고 있을 것이다.

한번 지나간 주도산업의 주도주에 미련을 둬서는 절대로 안 되는 것이다. 한 번 지나간 주도주에 다시 매기가 돌아오는 것은 약 12.5%의 확률밖에 없다는 것은 미국의 주도종목군을 55년간 분석한 결과이다.

주도했던 아파트 단지도 새로운 지역이 부상하고 있을 가능성도 있다. 하지만 학군이나 교통 공기 전망 새 아파트 여부 등 주로 지리적 여건 때문에 생겨난 주도지역의 주도 아파트는 그대로일 경우가 더 많은 것은 사실이다.

새 술은 새 부대에 담아야 한다는 격언: 아파트에도 통해

이것이 "새 술은 새 부대에 담아야 한다."라는 증시격언이 생겨난 이유라고 본다. 1980년대 증권주의 화려했던 시세 이후에 한 번도 증권주는 주도주로 떠오른 적이 없는 것을 저자는 알고 있다.

한때 주도주였던 건설주, 조선주, 철강주 등이 다시 주도주로 떠오른 때가 딱 한 번 정도 있었다. 2001년 중국의 WTO 가입 이후로 지나간 주도주가 2003~2007년 사이 약 5년간 딱 한 번 정도 주도주로 환생한 적이 있지만 그 이외에는 있을 수 없는 일이다. 시장은 항상 새로운 산업과 새로운 성장주를 원한다.

그러니 보유한 주식이 펜타곤(Pentagon) 투자법에 의한 순환투자 순서가 지났다면 이미 주도주로 역할은 끝난 것이다. 약간의 미진이 있을지언정. 이때 이후에 주도주식이나 주도했던 지역의 아파트는 이미 대세하락 중일 것이므로 전혀 미련을 둬서는 안 된다.

결국 개인투자자가 기관투자가들이나 금융회사나 전문 투자자들을 이기는 방법은 매수·매도 시기의 정확한 예측이고 장기 보유를 절대 하지 않는 것이다.

주식은 주도주 위주로 사되 한번 사면 3~4년 정도 그대로 보유하면서 4~20배 이득을 취하고 있다가, 이게 아니라면 주도주가 속해 있는 테마형 ETF에 투자하고 있다가, 어느 날 달러가 오르기 시작하면 주식이나 테마형 ETF를 팔고 Dollar Swapping을 하면서 주식과 아파트를 전부 팔고 달러로 자산을 교체매매해야 하는 것이다.

아파트는 주식보다 항상 6개월 더 늦게 움직이므로 주식을 교체매매한 지 6개월 후에 Dollar Swapping을 하면 된다. 주식이나 아파트에 장기투자하면 누구나 다 망한다니까 단타쟁이들이 좋아라 하고 반길 것 같은데 단타매매를 하면 장기투자자보다 더 빨리, 더 크게 망한다는 것도 같이 알아 두기 바란다.

이제 미국인이 아니라면 저자가 창안한 非미국식 투자법 즉 4단계 펜타곤투자법을 누구나 따라야 한다. 미국 밖에서는 주식·아파트·달러·예금·국채의 5대 재테크 자산 마켓에는 반드시 찾아오는 강력한 순환매가 있다. 대세하락 시마다 각종 위기 시마다 달러 가격은 항상 50~90% 가까이 치솟는다. 이에 맞춰 주식과 아파트는 그냥 들고만 있어도 올랐던 가격의 50~90%까지 폭락한다.

그래서 주식이나 주도주가 속해 있는 테마형 ETF나 아파트에 단순히 장기투자하면 무조건 다 망하는 것이다. 주식이나 아파트에 장기투자를 하고도 안 망하는 방법은 펜타곤(Pentagon) 투자법을 따르되, 미국인은 4단계 투자법으로, 비미국인은 5단계 투자법에 따른 펜타곤투자법을 준수하는 길뿐이다.

또 하나 있다면 Dollar Swapping보다도 수익률 면에서 비교조차 못할 정도로 훨씬 못하지만 [특별 부록 2]에서 자세히 소개한 달러 평균법(dollar average method)에 따른 장기투자 방법이 있긴 하다.

참고로 국채와의 교체투자도 하지 않을 것 같은 워런 버핏의 생필품 주식 등의 장기투자법은 달러 평균법보다도 훨씬 못하다고 판단되어 추천할 방법도 못 된다.

다시 강조하지만 주도주였던 주식이나 주도주가 속해있는 테마형 ETF나 인기 있는 주도 지역의 아파트에 장기투자하면 누구나 다 망한다는 사실을 잊어서는 안 된다.

기관이나 개인이나 대개 불황의 끝자락까지 참고 참다가 자금이 필요하게 되므로 완전 바닥시세인 때에 거의 동시에 주식을 팔게 된다. 그래서 장기투자하면 망하는 경우가 훨씬 더 많은 것이다.

달러평균법이 아닌 방법으로 장기투자를 하면 대개 불황의 끝에서 누구나 거의 동시에 바닥시세로 매도하게 되므로 결국에는 완전히 망하게 되는 것이다.

위기가 닥치면 누구나 돈이 필요하게 된다. 그러다 보니 기관이나 개인 전부가 가장 싼 가격에 팔게 되는 경우가 허다하게 된다. 대개의 경우 기관의 로스컷(Loss Cut)을 보고 일반투자자들이 겁에 질려 매도를 하게 되어 완전 바닥가격은 개인투자자들이 주로 만들게 된다.

게다가 호경기 때 몇 번 작게 성공한 투자자는 대개의 경우 최고 호황기 때 신용매수로 즉 레버리지를 일으켜 풀베팅을 하고 나서 불황을 맞는 경우가 많다.

그 후 불경기 끝자락에서 담보부족으로 강제적인 반대매매를 당하게 되면 거의가 다 깡통 계좌가 되기 때문에 주식투자로 완전히 망하는 경우가 허다하게 많다. 즉 불황의 끝에서 완전히 망하게 되는 경우가 된다.

적당한 때에 주식과 아파트를 달러와 Swapping을 하지 않고 장기투자만을 고집한다면 결국에는 이 책의 부제목처럼 '(일본의 눈물) 주식이나 아파트에 장기투자하면 누구나 다 망한다'는 결론에 도달하게 된다는 것을 명심하여야 한다.

결론적으로, 모든 미국거주자는 항상 펜타곤 4단계 투자법을 준수하여 투자하여야 한다. 또한, 미국 非거주자가 5단계 펜타곤 투자법을 따라야 한다.

또 하나의 결론은 부자가 되려면, 5대 자산시장인 주식·아파트·달러·예금·국채에 항상 몰빵식으로 순환투자하는 것이다. 몰빵 투자하되, 자산시장의 순환투자 순서를 준수하라가 부자가 되는 길의 정답이다.

여태까지 여러분이 알던 투자법과는 완전히 다르다. 독자들은 이 챕터를 읽고, 다음으로 [챕터 10]을 읽으면 이 책의 여러 가지 이야기들은 군더더기에 불과한 글들임을 알게 된다. 책 읽을 시간이 없는 독자들은 [챕터 1]과 [챕터 10]을 이해하면 이 책을 다 읽은 것과 같다.

챕터 2) 결국 달러가 전부다.
달러 대체재가 없기 때문이다.

달러 기축 통화제하에서는 달러가 전부다. 따라서 달러를 다룰 줄 알아야 한다. 달러에 투자하여 위험에 대비하고 막대한 투자수익을 거둘 수도 있다. 흔히 사람들은 일본이나 인도, 중국 등의 나라의 주식이나 ETF에 투자하고서도 "난 달러에 투자한 게 없어."라고 말한다.

그러면서 달러가 내리거나 오르거나 내 자산과는 아무런 관련이 없다고 생각하기 쉽다. 그러나 해외에 돈을 투자했다면 전부 달러에 투자한 것이 된다. 달러로 환전하여 다시 현지화로 환전한 후 주식이나 부동산에 투자하고 회수해야 하기 때문이다.

한국을 기준으로 한다면 엔화는 조금 다르다고 생각하기 쉽지만 엔화도 외환 시장이 없으므로 결국 달러와 엔화 가치를 기준으로 하여 엔화의 원화 환율을 결정하므로 결국은 마찬가지가 된다.

이를 재정 환율이라고 한다. 우리나라 외환 시장의 경우 미국 달러화와 중국 위안화만 직접 거래되고 있다. 따라서 나머지 국가들의 환율은 전부 재정 환율을 사용하고 있다.

달러 투자 기법:
전통적인 투자 기법들은 보통 편도 2.5%의 막대한 환전 수수료를 부담해야 하므로 그 수익률이 극히 낮으며 달러 선물 거래 등은 지극히 위험하기도 하다.

또한, 달러는 평상시에는 가격 변동도 거의 없어 투자 대상으로 적합하지도 않으므로 일반 투자자들은 투자 대상으로 삼지 않는 것이 좋다. 따라서 달러 투자 기법은 전통적인 투자 기법과 저자만의 초대박달러 투자 기법인 다이아몬드 달러 투자법으로 나눠서 설명한다.

1) 전통적 달러 투자 기법

A) 달러 현찰매입

단순하게 달러를 환전하여 은행 밖에 보유하는 것이다. 가장 고전적인 Dollar Swapping 재테크 투자법이라고 할 수 있다. 환전 수수료가 비싸므로 이를 감안하여야 하며 일정 금액 이상 즉 5만 달러 이상 환전할 경우 국세청에 통보된다.

비상시를 대비하여 약간의 달러 현찰 보유는 항상 권할 만하다. 단, 거래 은행 밖에 보관해야 위험 대비용 달러가 될 것이다. 그 이유는 진정하게 달러가 필요할 경우 달러 인출이 정지될 가능성이 많기 때문이다.

B) 달러 예금

외화 정기 예금과 외화 보통예금으로 나뉘며 5천만 원 한도 내에서 예금자 보호도 된다. 이자를 노리기보다는 주로 환차익을 목표로 하여 가입한다.

C) 달러 보험

달러로 보험에 가입하는 것이다. 보험료 불입 시에도 만기환급 시에도 달러로 거래하며 5천만 원 이내에서 예금자 보호도 되며 시세 차익과 10년 이상 가입할 경우 비과세 처리된다.

D) 달러 RP

환매 조건부 달러 표시 채권을 말한다. 당연히 이자 수입도 약 1% 정도 발생한다. 최근에 미국 국채 금리가 인상되어 미국 국채 투자수익률이 3~4%나 나오기도 한다.

E) 달러 ETF

달러에 투자하는 ETF이며 레버리지형 ETF와 인버스형 ETF도 있다.

F) 미국 주식투자

미국 주식에 직접 투자하는 방법이다.
투자자들이 오해하지 말아야 할 것은 미국, 일본, 영국, 중국 등에 해외에 투자하는 것은 전부 달러에 투자하는 것과 같다는 점이다.

모든 해외 투자는 편도 2.5% 정도의 환전 수수료를 내고 달러로 환전한 후에 또다시 2.5% 정도의 현지화 환전 수수료를 내고 현지화로 바꿔서 현지 자산에 투자하는 것이다.

돈을 국내로 들여올 때는 반대의 과정을 그대로 거쳐야 한다. 이것만 해도 환전 수수료가 약 5~7%나 되며 환전 수수료가 두 번 들어가는 것이다. 결국 모든 해외 투자는 달러와 현지화를 각각 한 차례씩 사고파는 것이다.

환전 수수료와 환차손익을 전부 부담하고도 현지 자산의 상승까지 맞춰야 하는 어려운 게임이다. 따라서 저자는 해외 투자는 권하지 않는다.

G) 기타 달러 선물에의 투자와 ELS 투자법 등

이런 방법도 있으나 이는 극히 위험하므로 투자하지 않는 것이 좋다. 그러나 저자는 독창적인 달러 투자 기법을 정리하여 이를 소개한다.

해외에 투자하는 것이 아니라 국내에서 달러와 재테크 대상 5대 자산인 주식·아파트·달러·예금·국채의 교체투자를 할 때 매크로(Macro)식의 접근을 하는 새롭고 독창적인 핀테크(FinTech) 달러 투자 기법이다.

2) 새로운 Dollar Swapping 재테크, 달러 Fintech 기법 다이아몬드(Diamond) 달러 투자법

위에서 살펴본 달러 투자법들은 전통적인 방법들이다. 이 책에서는 독창적이고 획기적이며 단기간에 2~8배의 수익을 창출할 수 있는 방법으로 새로운 Dollar Swapping 재테크, 달러 핀테크 기법으로 다이아몬드 달러 투자법을 소개한다.

본 저서는 저자가 창안한 새로운 핀테크 기법인 다이아몬드 달러 투자법을 설명하기 위해 쓰는 것이나 마찬가지일 정도로 이 Dollar Swapping 재테크 기법은 본 저서를 통해서 완전 독점 공개되는 달러 투자 기법이다.

달러는 평상시에는 안전달러, 위기 시에는 가격이 급등하는 괴물달러가 된다. 즉 위기 시에는 투기자산인 괴물자산이 된다. 달러의 이런 특징을 활용하여 저자는 단기간에 대박이 가능한 투자 기법을 최초로 정리하여 안내한다.

달러는 평소에는 안전달러였다가 위기 시에는 괴물달러인 투기자산이 되기도 하지만 미국 내에서의 지위와 미국 밖에서의 지위가 다름은 너무 당연하다고 하겠다.

미국 내에서는 그냥 현금이며 미국 밖에서는 평소에는 현금적인 성격이 강한 안전자산이며 위기 시에는 중요한 자산, 즉 재산으로서의 기능을 추가로 갖는다. 그러하니 재테크로 크게 성공하려면 누구나 상황에 맞춰 달러 투자를 자유자재로 할 줄 알아야 한다.

그동안 매 10년마다 전 세계에는 금융위기나 경제위기가 매번 발생해 왔다. 이때 달러 투자에 나서면 단기간에 재산을 2~8배 정도로 불릴 수 있다.

특히 대한민국은 위기 시마다 달러 ATM 국가가 되어 왔다. 한국에서는 외환 자유화로 그만큼 달러 유출입이 자유로워 달러 ATM 국가라는 별칭이 생긴 것이다.

이에 따라 대한민국은 잦은 달러 유출입으로 인해서 실제보다 더 큰 위기를 매번 겪어 왔다. 풍부한 달러 유동성이 확보되어 있고 외환 자유화로 자금의 입출금이 자유로운 것이 그 원인이다.

평소에 투자할 주식 시장이나 국채 시장도 잘 발전되어 있어 순간적으로 큰 금액을 사고팔아 달러를 확보할 수 있다. 이에 따라서 국제적으로 위기가 도래하면 한국에 도래한 위기가 아니어도 한국에서 가장 먼저 돈을 빼내 가는 국가가 된 것이다.

결국, 달러 ATM 국가로서 손색이 없는 셈이다. 숏텀 디플레이션 시, 즉 평상시에도 경제위기가 닥치면 달러 가격은 갑자기 치솟고 국내 자산은 폭락을 하는 현상을 저자는 수차례 경험했다.

'왜 그럴까? 가격 변동이 큰 이런 기회를 활용하여 큰돈을 벌 방법이 없을까?'
를 고민해 왔다.

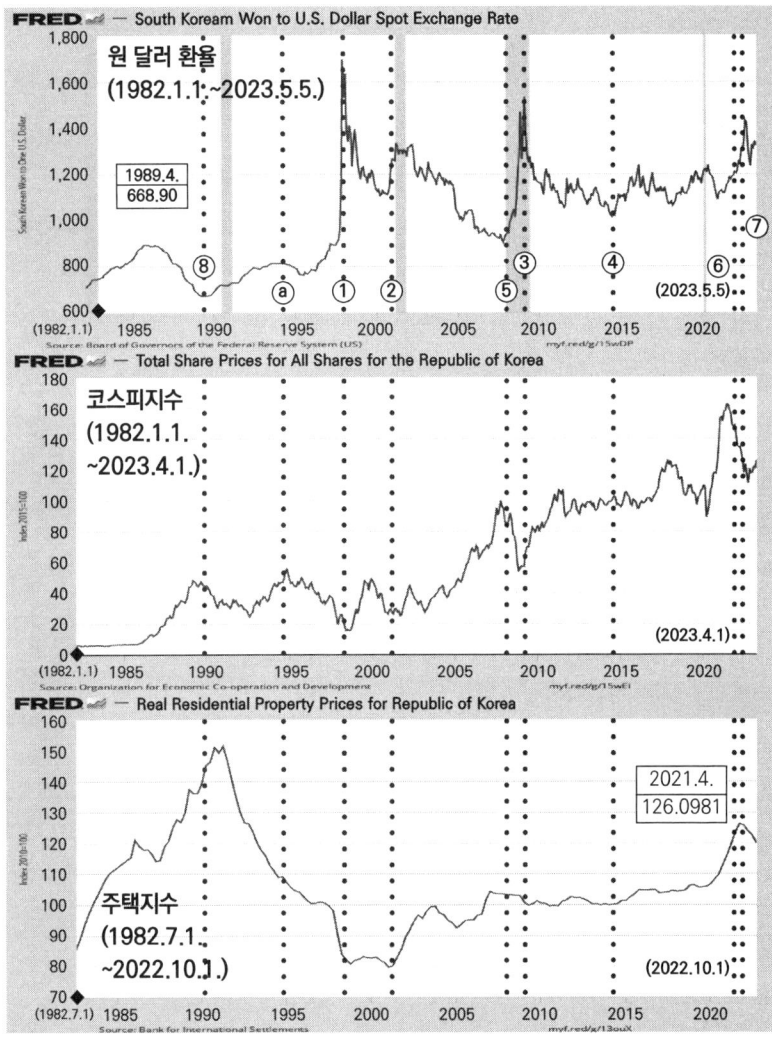

[그림 1] 42년간(1982~2023) 한국의 달러, 코스피지수, 실질 주택지수

저자는 약 50년간의 주식·아파트·달러 투자에 관한 경험을 쌓았으며 약 30년간은 이를 이론화하거나 정리하면서 투자를 해 왔다. 몇 년 전부터는 재테크에 관련된 저서를 출간한 바 있다.

살펴본바 한국의 경제위기나 정치적 위기 시에 달러의 급등락과 달러와 국내 자산 간의 이런 반비례 현상을 이용해서 외국인들은 단기간에 큰 이득을 챙겨 나가는 것을 보아 왔다. 그 후 위기의 순간이 지나면 그들은 다시 달러를 국내로 들여와 국내 자산 시장을 장악하여 자산 가격의 상승을 즐기곤 했다.

외국인들의 자금이 우리나라 국경을 자유롭게 드나드는 것을 보면서 실제보다 더 큰 충격이 우리나라에 주어지는 게 늘 불만이었고 '이들처럼 내국인들도 수익을 취할 방법이 있을까?'가 늘 궁금한 일이었다.

수차례의 경험과 데이터를 분석해 본 결과, 내국인들은 이들보다 더 큰 수익을 취할 수 있는 방법이 있다는 것을 알고 이를 정리한 것이 바로 다이아몬드(Diamond)형 달러 투자법이다.

즉, 국내 달러와 국내 자산 즉 주식이나 아파트 등과는 달러 가격은 항상 반비례 관계라는 사실이다. 이에 따라서 국내 코스피지수가 최고치일 때 국내 달러 가격은 최저가 된다.

구체적으로 이를 살펴보면 [그림 1]의 수직점선⑧을 보면 그 당시 코스피지수는 최고치를 조금 지났을 때였고 달러 가격은 최저치였음을 볼 수 있다. 주택지수 또한 최고치에 조금 미치지 못할 때였음을 맨 아래의 그 당시 주택지수 그래프를 보면 간단히 확인할 수 있다.

다음으로는 수직점선①을 살펴보자. 이때가 바로 한국의 IMF 상황 당시인데 그때의 상황을 한눈에 볼 수 있다. 달러 가격이 최고치로 치솟았으며 이와 반대로 주가 지수와 주택지수는 바닥세였음으로 한눈에 볼 수 있다. 이런 크고 약간은 긴 기회들을 활용하여 주식과 아파트를 Dollar Swapping을 하여야 큰돈을 만들 수 있는 것이다.

저자는 내국인들도 외국인들의 투자 기법을 활용하여 간단하게 재산을 2~8배 이상까지 단기간에 돈을 벌 수 있음을 알게 된 것이다.

이것이 바로 새로운 시각으로 찾아낸 달러 스왑 재테크, 달러 핀테크 FinTech (Financial Technology, 재무 관리) 기법으로 이를 저자는 다이아몬드 달러 투자법이라고 명명한다.

한국의 IMF, 2008년 금융위기, 코로나 사태 및 영국의 브렉시트 및 일본처럼 전 세계에서 유일하게 30년 이상 롱텀 디플레이션을 겪은 나라의 국내 자산 가격과 주식 시장 아파트 시장의 관계를 분석하여 새로운 결과를 도출 분석해 정리한 이론이 바로 다이아몬드 달러 투자법이다.

이러한 숏텀 디플레이션, 즉 짧은 기간의 디플레이션과는 달리 장기간 나타나는 롱텀 디플레이션이 닥치면 미국 달러와 일본 내의 주가와 주택 가격은 반비례 관계에서 정비례 관계로 변한다는 놀라운 사실도 파악하게 되었다.

수직점선⑤는 IMF 상황이 마무리된 후 달러 가격이 고점인 ①에서 저점인 ⑤로 자리를 찾아가면서 오르는 코스피지수를 가운데 그래프로 확인해 볼 수 있다.

같은 기간의 주택지수의 회복 또한 맨 밑의 주택지수 그래프로 확인해 볼 수 있다. 맨 밑의 주택지수의 시작일은 원·달러 환율 등보다 6개월이 더 늦게 조정되어 있음을 잊지 말자.

다음으로는 수직점선③의 서브프라임 사태 당시의 달러 급등 현상에 따른 주가 지수와 주택지수의 급락 현상 이후에 서브프라임 사태가 진정되면서 나타난 수직점선③과 ④사이의 구간을 동시에 살펴보면 같은 기간 달러 가격은 급락하고 주가 지수와 주택지수는 급등했음을 코스피지수와 주택지수를 통해 볼 수 있다.

이러한 팩트들이 바로 다이이몬드 달러 투자법의 기초 이론이 되며 최초의 롱텀 디플레이션의 발발 시기와 탈출 시기를 판별해 내는 기초 이론도 된다.

[그림 20]처럼 이러한 롱텀 디플레이션의 현상들은 48년간의 일본의 국내 달러와 주식과 아파트 등의 자산 시장의 관계를 분석해서 저자가 최초로 분석하여 알게 된 것이다.

일본인들은 30년 이상 국내외 투자로 피눈물을 흘렸다. 어느 곳에도 투자하여 성공할 수 없었다. 그러나 일본은 이제 롱텀 디플레이션에서 2020.12월에 탈출했다.

정확히 32년이 걸렸다. 바로 아베노믹스의 대성공으로 판단된다. 이에 관해서는 [챕터 33]에서 자세히 설명한다.

이제 '일본의 롱텀 디플레이션은'의 시대는 끝났다!
반면에 이제 2016.1월부터 일본을 제외한 '전 세계의 눈물'이 시작되었다.

아직도 일본인들의 대다수는 왜 그들이 투자하는 것마다 왜 그렇게 망했었는지 모른다. 그들은 다이아몬드 달러 투자법을 모르고 무작정 투자에 나섰기 때문이다.

달러 가격이 최대 78.6%까지 폭락했었으므로 그들의 해외 투자 결과는 해외 투자 자산의 성공 여부를 불문하고 달러 가격 하락만으로도 이미 폭락 수준을 넘어선 것이다.

그들의 부가 30년 이상 몰락 수준을 겪어 왔던 것은 너무나 당연했다. 계속해서 일본 국내 자산 가격이 약세였기 때문이다.
그들은 일본이 30년 이상 롱텀 디플레이션 중이라는 것도 몰랐고 롱텀 디플레이션 때에는 모든 자산 가격의 폭락이 꼭 나타나는 경제 현상 이라는 것도 몰랐다.

하지만 저자는 일본의 잃어버린 30년을 분석해서 각종 경제 지표들의 관계를 분석해 냈다. 바로 달러 가격과 주식, 아파트 등 자산 시장이 같이 몰락하는 현상은 예상된 일이었다는 것이다.

그래서 롱텀 디플레이션이 진행 중이었던 당시의 일본을 분석해 내면 전 세계에 앞으로 나타날 현상들을 미리 알 수 있는 것이다.

지금 현재 전 세계는 2008년 금융위기와 2020년 코로나 사태로 풀린 돈으로 인플레와의 전쟁 중이니까 많은 사람들은 '웬 디플레이션 이야기를 하나?' 하고 의아해할 것이다.

그러나 금리 인상과 QT(양적 긴축)와 과다한 부채의 상환에서 기인한 신용 축소로 인해, 인플레가 제법 정리되면 전 세계는 짧은 고금리, 고인플레 후에는, 기나긴 롱텀 디플레이션에 접어들 가능성이 더 크다.

따라서 한국은 극심한 초장기의 롱텀 디플레이션에 직면하게 된다. 뒤에서 자세히 설명할 것이지만 한국의 경우에는 2029년이 지나야 지금의 일본처럼 정상적인 경제로 회귀할 것으로 본다.

그 과정에서 한국은 일본의 잃어버린 30년 과정을 일정 기간은 고스란히 밟아야 한다. 따라서 다이아몬드 달러 투자법의 기본 원리와 일본의 지나온 30년의 롱텀 디플레이션 결과와 경험을 응용하면 단기간만 달러에 투자해도 자산을 2~8배 이상까지도 늘려 갈 수 있는 투자법을 도출하게 된다.

롱텀 디플레이션 시의 투자 방법은 평상시 불황기 때의 투자법과 완전히 다르다. 일본은 30년 이상, 정확히 32년간 그들의 롱텀 디플레이션의 과정을 다 밟아 왔고, 그 상처의 기록들을 고스란히 결과로 남겼다.

여러 가지 이유로 한국을 비롯해 전 세계는 2016.1월부터 이미 롱텀 디플레이션이 진행 중이다. 저자는 32년간 일본이 겪어 온 롱텀 디플레이션을 자세히 분석했다.

투자자들은 본 저서의 기법에 따라 전 세계에 닥친 롱텀 디플레이션 시대에 일본이 30년 이상 겪어 온 데이터와 경험들을 각 나라에 대입하면 각종 자산들의 미래를 미리 알 수 있고 큰 부를 거머쥘 수 있다.

한마디로 롱텀 디플레이션 시에는 아무 곳에도 투자하면 안 된다. 미리 투자했던 것에서 탈출하여 현금 및 현금 등가물로 기나긴 투자를 해야 한다.

그러나 숏텀 디플레이션이 작동되는, 즉 평상시에는 누구나 달러를 이용한 투자 기법 한 가지만으로도 단기간에 재산을 2~8배 이상으로 늘려 갈 수 있다. 이것이 바로 새로운 차원에서 분석하고 정리한 Dollar Swapping 재테크 기법이다.

이 달러 스왑 재테크 기법은 평상적인 경제 시대에서는 어느 시대 어느 나라에서나 다 통하는 투자 기법이며 주식이나 아파트를 Dollar Swapping을 해야 크게 성공한다는 점이다.

따라서 [그림 1]을 통해 설명한 이러한 현상, 즉 달러와 주식 아파트 등 부동산이 반대로 움직이는 현상은 달러 기축 통화제하에서는 어느 나라 국민이든 750만 해외 교포든 거주하는 나라에서 달러와 주식, 아파트 간의 교체투자로 큰돈을 벌 수 있는 것이다. 단, 그 당시 롱텀 디플레이션 상태하에 있다면 이 다이아몬드 달러 투자 기법은 쓸 수 없다.

그리고 이 교체투자 기법은 미국 내에서는 쓸 수 없는 투자 기법임을 알아야 한다. 달러는 미국에서는 항상 현금으로 절대적 안전자산이다.

하지만 미국 밖에서는 평상시에는 현금 성격이 더 강한 안전자산이 되고 위기 시에는 가격이 급등하는 투기자산인 괴물자산이 되는 특징을 가졌기 때문에 이 다이아몬드 달러 투자 기법이 통하는 것임을 잊지 말아야 한다. 따라서 달러에 관한 공부, 즉 다이아몬드 달러 투자법에 관한 공부는 별도로 해야 하는 것이다.

이를 위해 『달러스왑 핀테크만으로 800% 수익 난다! (5大 자산시장 순환투자공식) 펜타곤 투자법 부제: (일본의 눈물) 주식이나 아파트에 장기투자하면 누구나 다 망한다』라는 긴 제목으로 투자 기법을 최초로 정리하게 된 것이다.

사실 달러는 평상시에는 투자 대상도 되지 못한다. 가격이 거의 변동치 않으므로 평상시에는 거의 현금성 자산이기 때문이다.

본 저서를 통해 얻는 투자 기법으로 안전달러였던 달러가 괴물달러, 즉 투기 자산으로 변했다가 대박달러로 변했다가 하는 특징을 활용하여 달러와 주식 아파트를 교체투자하여 단기간에 대박 투자수익률을 올리길 빌어 마지않는다.

이 다이아몬드 달러 투자법은 기본적으로 달러에의 투자 기간이 1~2년 이상이 소요되는 달러 투자 기법이다. 그동안 다른 달러 투자 기법처럼 몇 개월 혹은 며칠 이내에 끝내는 투자법이 아니다. 이 투자 기법을 설명하기 위해 달러에 관한 모든 것을 정리한다.

달러는 안전자산이자 괴물자산이지만 달러 기축 통화제하에서는 항상 달러가 전부이다. 그만큼 중요하다. 달러가 움직이면, 즉 환율이 변하면 귀하의 재산은 저절로 변하는 것이다.

챕터 3) 달러 환율이 변하면 당신의 부가 변한다.

일본은 32년이 지난 2020.12월에 롱텀 디플레이션에서 탈출하였지만 한국을 비롯한 전 세계는 2016.1월부터 이미 롱텀 디플레이션 상태로 진입하였다.

따라서 앞으로 부의 이동은 가파른 속도로 일어나며, 사회적인 혼란도 당연히 더욱 많아진다. 부의 이동은 주로 통화의 증발이나 환율 폭등, 환율 폭락 시에 생겨난다. 이 중 심각할 정도의 부의 급격한 이동은 역시 하이퍼인플레이션과 롱텀 디플레이션 시에 생겨난다.

달러를 일상의 화폐로 쓰지 않는 나라에 존재하는 모든 물건, 즉 부동산, 주식 등의 가격은 달러 가격 즉 환율이 그 가격을 결정 혹은 변동시켜 준다. 따라서 환율이 변하면 당신의 부는 이에 맞춰 변한다. 환율, 즉 일본 내 자산 가격이 끊임없이 내려서 망했던 나라가 바로 일본이다.

달러 가격에는 국제 가격과 국내 가격이 존재한다. 달러의 국제 가격은 바로 달러 인덱스(DXY: Dollar Index) 가격을 말한다. 6개국 통화와 미국 달러화와의 평균적 가치를 대비한 수치가 바로 달러 인덱스이다.

6개국 통화 비중은, 유로 57.6%, 엔 13.6%, 파운드 11.9%, 캐나다 달러 9.1%, 크로네(스웨덴) 4.2%, 프랑(스위스) 3.6%이다.

달러 환율은 국가마다 다르기 때문에 달러 가치가 절대적으로 올랐는지 내렸는지를 판단하려면 달러 인덱스로 판단하는 것이 정확하다고 할 수 있다. 달러 인덱스 가격은 1973년 3월을 기준점(100)으로 보고 FRB에서 작성하여 발표한다.

따라서 달러의 국제 가격과 국내 가격은 100% 관계가 있는 것은 아니며 달러 인덱스 중 일본 엔화의 비중은 13.6%이므로 엔화 가격도 국제 달러 가격과 100%는 관계가 없다고 할 수 있다.

[그림 2] 달러의 국제 가격: 달러 인덱스(2006.1.1.~2023.12.1.)

유로화가 비중이 절반이 넘으므로 유로화가 달러 인덱스에는 가장 큰 영향을 끼친다고 할 수 있다. 한국의 원화는 6개국 통화에도 들지 못하므로 달러 인덱스와의 관계가 미미하다고 할 수 있다.

[그림 2]와 [그림 3]을 통해서 달러의 국제 가격과 국내 가격을 살펴보자.

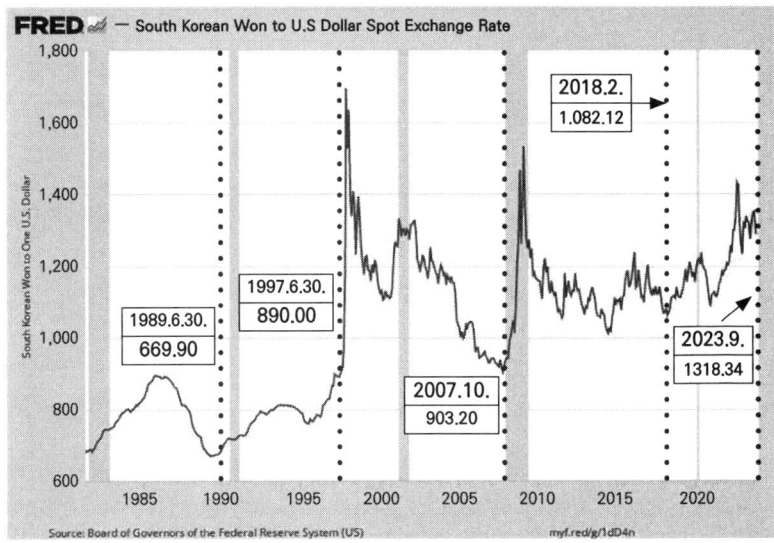

[그림 3] 달러의 한국 내 가격(1981.4.13.~2023.12.29.)

환율 예측은 쉽지 않다. [그림 2]를 보면 달러 인덱스가 꾸준히 오른 것으로 보인다. 하지만 앞으로의 달러 국제 가격의 추세 변동을 판단하는 기준으로는 [그림 5]의 달러 인덱스 장기 그래프를 보고 판단하는 것이 옳다.

이를 보면 달러의 국제 시세는 거의 지속적으로 하락해 왔음을 알 수 있다. 앞으로도 달러는 장기적으로는 하락 추세일 것으로 예측한다.

하루 1.5% 정도의 큰 변동을 환율 추세 방향의 변곡점으로 쓰면 맞는다고 저자는 경험적으로 알고 있다. 롱텀 디플레이션(디플레이션이 3년 이상 30년 정도 지속되는 디플레이션)이 진행되는 동안 해당 국가의 달러 가격은 끊임없이 하락하며 결국에는 대폭락시세를 형성한다는 것을 일본을 통해서 알 수 있다.

2016.1월부터 한국을 비롯한 전 세계는 이미 롱텀 디플레이션이 진행 중에 있다. 이에 따라 저자도 원화의 급등과 한국 국내 달러의 하락을 예상하고 있다.

[그림 4] 53년간(1971.1.4.~2023.12.29.) 엔·달러

[그림 4]의 엔·달러의 약 53년간(1971.1.4.~2023.12.29.) 환율 변동을 살펴보자. 1971년에 357.72엔 즉 거의 360엔대였다. 이렇게 비싸던 일본 국내 자산 가격이 2012.1월에 76.34엔을 찍을 때까지 거의 매년 지속적으로 내렸다.

특히 1985.9.22. 플라자 합의 때에는 일본 국내 미국 달러는 하루아침에 260엔대에서 140엔대로 폭락했다. 플라자 합의에 이르기까지에는 기나긴 기간이 소요되었으므로 그 이전 1970년대에는 360엔대에서 서서히 내려오고 있던 달러 가격이었다.

그 후 2012.12월에 취임한 아베의 아베노믹스를 계기로 일본의 엔·달러 환율은 2023.11월 초에 150엔 대를 기록한 바 있다. 이처럼 Abenomics는 성공했다고 본다! 이제 정상적인 경제로 진전했다고 보지만 조금 더 지켜볼 필요는 있다.

30년 이상 지속되었던 롱텀 디플레이션 경제에서 이제 경제면이 정상적인 국가로 변환되었다. 전 세계는 이 기나긴 32년(1989.12.~2020.12.)간 엔·달러 환율과 일본 내의 주식·아파트·국채 등과 기타 일본 내의 원유 가격, 금 가격, 은 가격, 구리 가격 등은 어떻게 변동되었는가를 알면 엄청난 자료를 얻는 것이 된다.

왜냐하면, 2016.1월부터 한국을 비롯한 전 세계는 이미 롱텀 디플레이션이 진행 중이기 때문이다. 전 세계는 이제 일본의 롱텀 디플레이션 퇴치 방법과 결과에 따르면 롱텀 디플레이션에서 탈출할 수 있음을 알게 되기 때문이다.

미국이 전 세계 경제의 약 25%를 담당한다. 미국의 달러 가격도 전보다 힘이 더 약해질 가능성이 크다. 언론들의 보도를 통해서 보면 달러 가격 하락을 예측하는 기사들은 많다.

1) 2020년 6월 19일 자 『BUSINESS plus』의 "달러 '특권시대' 끝났다"라는 제목의 기사를 보면, 달러값 35% 추락은 불가피함을 알 수 있다.

2) 『한국경제』의 2020년 9월 2일 자 "추락하는 美 달러값… '앞으로 40%

더 떨어질 것' 관측도"라는 기사를 보면, 달러 값은 2024년까지 유로화 대비 40% 더 떨어질 것으로 예측할 수 있다.

[그림 5] 장기간 달러 인덱스(1975.1.1.~2019.12.31.)

3) 『조선일보』 2020년 8월 20일 자 "달러 가치 10% 빠지고 금값 35% 뛰었다"란 제목의 기사를 보면, 서브 프라임 코로나 등으로 인해 달러 가치가 떨어지면서 달러 패권이 흔들리고 있음을 파악할 수 있다.

이처럼 많은 전문가들이 달러의 가격 하락을 예측한다.
[그림 5]처럼 실제로 달러 인덱스 그래프를 따로 떼어서 봐도 달러값이 장기적으로 하락 추세임은 분명하다. 달러 가치가 하락한다는 뜻은 각국의 화폐 가치는 오른다는 것을 의미한다.

게다가 영국의 BP(British Petroleum)는 2020.7월 초 중국에 이라크산 원유 300만 배럴을 인도하면서 중국 통화인 '위안화'를 받았다. 세계 주요 석유 회사 중 원유를 '달러화'가 아닌 위안으로 거래한 첫 사례다.

"중국, 예상보다 5년 더 빨리 미국 제치고 세계 1위 경제대국 된다"란 제목의 2020년 12월 26일자 『뉴스1』 기사를 보면, 영국 싱크탱크 경제경영연구소(CEBR)는 연례 전망 보고서를 통해 중국이 예상보다 5년 더 빠른 2028년 미국을 제치고 세계 1위의 경제 대국이 될 것이라고 전망했다.

그리고 IMF에 따르면 2022년 기준 각국 중앙은행들의 외환 보유액 중 위안화 비중은 2.9%로 늘었다. 달러 58%, 유로화 20.0%, 엔화 5.1%, 파운드 4.4%로 위안화는 제일 꼴찌이다.

한편, 중국 중앙은행인 인민은행은 세계 처음으로 '디지털 화폐'를 발행했다. 디지털 위안화는 미국의 달러 패권에 대한 중국의 도전장으로 보인다. 그러나 지금은 미국의 금융 시스템을 벗어나서는 달러를 이용한 금융 거래는 불편하기 그지없다.

미국의 SWITF(국제은행 간 통신협회) CODE를 활용한 송금 시스템에 대응해서 중국의 CHIPS에는 러시아 사우디 브라질 등이 포함되어 있으나 아직은 아니다. 일부 균열이 발생하고는 있으나 몇 나라가 달러 시스템을 흔들 수는 없다고 본다.

한마디로 중국의 도전은 아직은 아니다.
하지만 장기적으로 중국의 디지털 화폐 기술이 확산되면, 중국과 거래하는 나라와 기업은 미국 금융 시스템을 이용하지 않아도 되어 달러 시스템이 약해지게 되므로 미국도 금명간 디지털 화폐, 즉 디지털 달러를 발행해야만 할 것으로 보인다.

미국에서는 달러의 거래와 교환이 자유로우며 환율과 금리를 조작하거나 달러의 처분을 절대로 규제하지 않는다. 그래서 세계인들이 달러를 믿고 투자하는 것이다.

반대로 중국 위안화는 중국이 G2 국가이지만 기축 통화는커녕 투자 대상으로도 꺼림칙하다. 힘들게 모은 전 재산인 위안화가 중국 정부의 예측 안 되는 규제로 하루아침에 사라질 수도 있기 때문이다.

월가에선 달러 가치가 지금보다 더 떨어질 것이라는 데 이견을 다는 전문가가 별로 없다. [그림 6]은 국제 달러 가격에 5개월 래깅(Lagging)시킨 국제 금 가격을 나타낸다. 이 그래프를 보면 앞으로 금 가격도 더 떨어질 것이라고 예측할 수 있다.

이 [그림 6]은 저자가 알아내어 정리한 너무나도 중요한 그림이다. 특허가 안 나서 그렇지 특허를 내고 싶은 국제적인 롱텀 디플레이션 진입과 탈출 여부를 판단할 수 있는 핵심적이고 유일한 방법의 그래프이기 때문이다.

국제 달러 가격 즉 달러 인덱스를 나타낸 위 그래프의 국제 달러 가격 그래프의 출발 기간인 Ⓐ선은 2016.1월을 나타낸다. 2016.1월 이전에는 평상시처럼 달러와 금 가격이 반대로 움직이다가, 이때부터 달러와 금의 관계가 정비례 관계로 변하기 시작했다.

그럼 두 그래프를 살펴보자.
다이아몬드 달러 투자법에 따르면 국제 달러 가격과 국제 금 가격은 반비례의 관계가 맞다. 이 둘이 정비례 관계에서 반비례 관계로 변환되면 이것이 바로 롱텀 디플레이션으로의 전환을 의미하는 것이다.

수직점선Ⓐ의 밑 그래프를 통과하는 Ⓐ선은 같은 일자의 달러 국제 가격에 대응하는 5개월 더 늦은 2016.6월의 국제 금 가격을 나타낸다.

[그림 6] 국제 달러 가격에 5개월 래깅(Lagging)시킨 국제 금 가격

밑의 국제 금 가격 그래프의 처음 시작 일자는 달러 국제 가격의 처음 시작 일자보다 5개월이 빠른 2016.6월로 일치시켜 놓은 그래프이다. 즉 국제 달러 가격에 5개월 래깅(Lagging)시킨 국제 금 가격을 나타낸다. 약 5개월의 시차를 두고 금이 달러 그래프의 궤적을 그대로 따라 움직인다. 2018.9월부터 두 그래프는 거의 일치함을 볼 수 있다.

이렇게 국제 달러와 국제 금 가격이 비례 관계인가 반비례 관계인가로 전 세계의 롱텀 디플레이션의 진입 여부와 탈출 여부를 판단할 수 있다.

이 방법이 국제적인 롱텀 디플레이션의 진입 여부와 탈출 여부를 판단할 수 있는 저자가 발굴한 독창적인 유일한 지표다. 국제 달러 가격과 국제 금 가격의 그래프의 궤적 모양이 달라지기 시작하면 국제적인 롱텀 디플레이션은 이제 정상적인 경제로 회귀했음을 뜻하는 것이다.

이 그래프의 움직임을 보면 롱텀 디플레이션이 진행 중일 때의 금 투자 방법을 여기에서 정리해 낼 수 있다. 국제 달러 가격, 즉 달러 인덱스 가격의 궤적의 5개월 후를 국제 금 가격이 아주 흡사한 궤적을 그리며 따라간다는 사실을 응용하는 것이다. 싱크로율은 거의 90% 이상으로 보인다.

그러므로 관건은 달러 가격이 앞으로 얼마나 하락할 것이냐이다. 이를 알면 앞으로의 국제 금 가격의 하락은 저절로 알게 되는 것이다. 거기에다가 5개월 전의 달러 가격은 이미 알려져 있으므로 국제 금에 투자하는 것은 너무나 쉽다.

영국 싱크탱크 경제경영연구소(CEBR)의 예상과는 달리 미국을 대적할 나라는 100년 안에는 출현하지 못할 것이다. 즉 달러는 영원하다고 볼 수 있다. 달러 대체재가 없기 때문이다. 중국은 미국과 무역이 단절되면 경제와 금융이 대혼란에 빠져 몇 년 버티지도 못한다.

미국은 전 세계 부의 25%를 생산하고 인구는 공식적인 인구만 3.4억이며 태평양과 대서양을 장악하고 있다. 또한 미국은 150여 개국에 군대를 파견하고 있을 정도로 막강하다. 달러는 거의 유일한 국제 통화이다.

저자는 달러의 움직임과 주식, 아파트, 금 등 다른 재화의 움직임을 비교하여 앞으로의 경제가 숏텀 디플레이션이냐 롱텀 디플레이션이냐를 예측할 수 있다.

국제적인 롱텀 디플레이션 여부는 국제 달러와 국제 금 가격의 비례·반비례 관계로, 어느 국가의 롱텀 디플레이션 여부는 국내 달러 환율과 국내 주가 지수의 비례·반비례 관계로 간단히 정확하게 판별해 낼 수 있다.

일본의 잃어버린 30년 자료를 활용해서 분석했기 때문에 적중률은 95% 이상일 것으로 확신하고 있다. 다이아몬드 달러 투자법에 따르면 달러 가격이 모든 물건값을 결정한다.

미국 달러는 미국 국내에서는 항상 현금이지만 미국 밖에서는 경우에 따라 다르다. 즉, 미국 밖에서는 평상시에는 현금이지만 그 나라에 위기가 닥치면 달러는 돌연 재산적 성격이 더 강해진다.

달러는 가격이 급등 혹은 급락하는 투기 재산이 된다. 국제간의 모든 거래는 거의 다 달러로 거래된다. 즉, 미국 달러가 전부다. 달러를 알아야 재테크든 국가 경영이든 성공한다.

달러가 진정 전부인 곳은 아르헨티나이다.
아르헨티나 국민들은 그들의 국내 부동산을 매매할 때에 그들의 화폐인 페소가 아니라 달러로만 거래한다.

단순히 환율 변동에 따른 가격 변동이 부동산의 가격에 더 큰 영향을 주므로 그들은 순수하게 수요와 공급에 따른 가격 변동분만 부동산에 반영하기 위해 이제 달러로만 부동산을 거래하는 것이다. 그만큼 아르헨티나 국민들은 현명해진 것이다.

같은 남미 국가인 베네수엘라는 모든 생필품을 달러로만 거래하기 시작했다. 생필품에 적용되는 원리 또한 아르헨티나 부동산 거래 시에 적용되는 달러 가격 변동분을 제외하고 거래하는 원리와 같다.

달러 가격 변동이 극심한 나라들에서는 단지 달러 가격의 하락과 상승에 따른 재산들의 가격 변동은 무시하고 단순히 수요와 공급에 따른 가격 변동만을 반영하여 재화를 거래하기 시작한 것이다.

대중은 현명하다.
그들이 옳은 것이다.
정부에서 시킨 것이 아니라 경험을 통해서 알게 된 것이다.

롱텀 디플레이션하에서는 특히 역주행 투자, 즉 반대로 투자하기 쉽다. 평상시, 즉 숏텀 디플레이션과 인플레이션하에서 재산 가치가 있는 모든 것들은 달러의 방향과 반대쪽으로 가격이 형성되는 사실을 롱텀 디플레이션 시에도 그대로 적용해서는 절대로 안 된다.

저자는 숏텀 디플레이션 시, 모든 투자는 달러의 방향과 반대로 투자해야 한다고 주창하였다. 이것을 정리한 것이 바로 '다이아몬드 달러 투자법'이다. 주식과 아파트, 달러, 국채 등 전부 다 그렇다. 금, 은, 원유도 마찬가지다.

그러나 롱텀 디플레이션에서 투자 방법은 또다시 반대로 바뀐다. 즉, 롱텀 디플레이션하에서는 달러의 방향과 같은 방향으로 투자해야 살아남을 수 있다. 구태여 말하면 역(逆)다이아몬드 달러 투자법에 따라서 투자해야 한다.

이 사항은 경제 전문가들도 모르고 일본인들도 30년간 몰랐던 현상이다. 그래서 그들은 30년간 부의 몰락을 가져왔다. 그런데 이제는 아베가 아베노믹스 경제 정책을 통해서 일본을 구원해 준 것 같다.

이 결론은 바로 일본의 1990년 이후 약 30년간 국내 자산과 다른 재산과의 관계를 추적해서 도출한 결론이다. 이처럼 달러 가격 등락에 따라 내 투자 재산 가격에 엄청난 변화를 초래한다는 사실을 항상 명심해야 한다.

즉 환율의 변동만으로도 나의 부가 나도 몰래 남에게로 이동된다. 평상시에는 달러가 오르면 전 세계의 모든 주식과 아파트, 금, 원유 등은 비례해서 내리고 달러가 내리면 전 세계의 모든 주식과 아파트, 금, 원유 등 실물은 비례해서 가격이 오른다.

그 이유를 간단히 설명해 보자.

삼성전자 주식을 사고 싶은 어떤 미국인이 있다고 치자. 삼성전자 주식의 국내 가격은 변동이 안 되었다고 생각하고 얘기를 풀어 보자.

삼성전자 1주 59,000원… 환율 1,100원… 미국인을 포함, 외국인이 살 경우 53.6$로 한 주를 살 수 있다.

삼성전자 1주 59,000원… 환율 800원… 미국인을 포함, 외국인이 살 경우 73.75$를 줘야 한 주를 살 수 있다.

같은 삼성전자 주식 1주를 사는데, 만약 환율이 내린다면, 삼성전자의 국내 가격은 변화가 없다고 가정했으므로, 미국을 포함한 외국인들은 달러의 국내 가격이 내려서 73.75-53.60=20.15$를 더 주고 사야만 한다.

환율이 변동하지만 실제로 한국 내에서는 삼성전자 가격이 오르지도 내리지도 않는다고 가정했음을 기억하자.
이제는 거꾸로 환율이 올랐을 때 즉, 국내 달러 가격이 비싸졌을 때 사면 외국인은 삼성전자 1주당 20.15$를 덜 주고 살 수 있다.

환율이 내리면 한국 내에서 삼성전자 주식은 가격을 20.15$만큼 올려 받아야 제 가격을 받는 것이 된다. 따라서 한국 내에서 삼성전자 가격은 1100/800×100%=37.5%가 급등하지 않을 수 없다.

기업 내용이 아무런 변동이 없는데, 단지 환율 급락으로 37.5%를 더 주고 삼성전자를 살 외국인이 있겠는가?

결국 원화 강세는 한국 자산 가치를 높여 주고 이미 투자한 외국인 투자자에게 환차익을 가져다준다. 원화 강세가 추세적이라면 외국인들은 환차익의 매력 때문에라도 우리나라 주식을 안 살 수가 없다.

1985년 플라자 합의 이후 일본 자산 시장에 불어닥친 달러 자금의 돌풍이 바로 이것이다. 환율급락에 따른 적정 가격을 미처 반영하지 못한 일본 내의 자산을 사기 위한 달러의 행렬이 이어진 것이다.

흔히들 원화 강세는 국제 경쟁력 약화 때문에 수출에 부정적이라고 말들 하지만, 이제 한국도 옛날의 한국이 아니다. 한국은 이제 사실상 제조업 국제 경쟁력 1위 국가로 본다. 품질 경쟁력으로도 당당히 세계 1위 아니면 2위다.

따라서 환율 급등을 걱정할 이유가 없다. 품질 경쟁력 확보로 환율 하락에 따른 가격 전가도 가능한 수준이 되었다. 인플레이션이든 하이퍼인플레이션이든 달러가 절대적으로 유리함은 당연하다. 숏텀 디플레이션 시에도 달러가 최고다.

그러나 롱텀 디플레이션 시에는 달러는 아니다. 금도 아니다. 은도 아니다. 곡물도 아니다. 이 사실을 일본의 롱텀 디플레이션을 분석해 보면 알 수 있다. 바로 [그림 20]을 일견하면 저절로 알 수 있다.

롱텀 디플레이션이 발발한 나라의 국내 달러는 일본처럼 폭락한다. 우리나라에도 2016.1월에 이미 롱텀 디플레이션이 도래해 있다. 이것이 1989.12월의 일본처럼 원화 강세와 달러 약세의 가장 큰 원인이 된다.

그 강도 또한 막강함을 [그림 4]의 일본의 엔화 장기 그래프로 확인할 수 있다. 롱텀 디플레이션이 계속되고 있는 일본 내의 국내 자산 가격 추이를 [그림 4]를 통해서 살펴보자.

1989.12월에는, 1달러를 사려면 143.80엔을 내야 했다.
1990.4월에는, 1달러를 사려면 158.85엔이었다.
1995.4월에는, 1달러는 84.40엔이었고
2012.1월에는, 1달러를 76.34엔에 살 수 있었다.
2023.11월에는, 1달러를 151.56엔에 살 수 있었다.

대세하락 24년 만인 2012.1월까지 일본 국내 달러는 46.9%가 폭락했다. 아베노믹스의 성공으로 2023.11월 초에는 151엔이다. 아직 믿음이 약간 약하지만 일본은 유일한 롱텀 디플레이션 국가에서 벗어나 2022.4분기부터는 정상적인 경제로 회귀하였다고 보는 게 맞다.

[그림 21]의 수직점선④ 이후를 보면 엔·달러 환율은 오르고 있고 이와 반대로 니케이 지수는 내리고 있다. 이것이 바로 숏텀 디플레이션이며 이 수직점선④가 롱텀 디플레이션에서 숏텀 디플레이션으로 전환된 일자이다. 이날이 바로 2020.12월이다.

이 그래프들 중 두 번째 그래프까지는 시작일이 1988.1.1일이다. 반면에 맨 밑의 일본의 주택지수 그래프는 시작일이 1988.6.1일로 시작되고 있다. 일본은 5개월 시차가 있다. 즉 수직점선④를 살펴보면 이날의 엔·달러 환율과 니케이 지수와 일본 주택지수의 5개월 후의 지수를 동시에 볼 수 있다.

일본의 주택지수는 5개월 전의 엔·달러 지수의 궤적을 그대로 따르기 때문에 저자가 임의로 맨 밑의 주택지수 그래프를 5개월 래깅시킨 것이다. 맨 밑의 그래프인 일본의 주택지수는 아직 내리지 않고 있음을 볼 수 있다.

즉 같은 일자의 엔·달러 환율과 니케이 지수가 반비례 관계로 변하면 숏텀 디플레이션으로 변한 것으로 보는 것이다. 즉, 주택지수까지 엔·달러 환율과 주가 지수의 관계처럼 반비례 관계가 아니어도 숏텀 디플레이션으로 판정하는 것이다.

다이아몬드 달러 투자법으로 보면 아직 일본은 엄격한 의미에서는 롱텀 디플레이션이 진행 중인 현상으로 봐야 한다. 하지만 일본은 곧 완전히 정상적인 경제 상태로 돌아갈 것으로 본다.

롱텀 디플레이션이 되면 달러와 주식, 아파트, 금, 원유 등 모든 자산은 끊임없이 내린다. 1929년의 미국과 1989년의 일본에서 20~30년간 경험한 사실들이다. 그래서 이를 장기간 경험했던 일본인들은 아파트도 여간해서는 사지 않고 거의가 다 월세를 살고 있다.

롱텀 디플레이션이 되면 아파트 가격이 30년 이상 끊임없이 내리는데 집을 산다는 것은 어리석기 그지없다는 것을 그들은 부모들과 본인들의 경험을 통해서 알게 되었기 때문이다.

또한 한국에서 얼마 전에 유행했던 수익성 부동산에의 투자, 즉 주택을 수익용 부동산으로 사서 임대업을 한다는 것도 상상하기도 힘든 일이었던 것이다.

그러나 이제부터 일본인들은 또다시 생각을 바꿔야 부자가 되는 시점에 도달한 것으로 본다. 이제부터는 아파트에 투자하고 수익성 부동산에도 투자해야 할 시기가 된 것이다.

[그림 21]의 맨 밑의 그래프인 일본의 주택지수를 보면 아직은 롱텀 디플레이션에서 완전히 탈출한 것은 아닌 것 같지만 [그림 21]의 수직점선④이후의 엔·달러 환율과 니케이 지수의 관계를 감안하면 주택지수도 금명간 탈출할 것으로 판단되기 때문이다.

어느 나라가 현재 롱텀 디플레이션 상태이냐 아니냐의 판단 기준은 저자가 주창한 다이아몬드 달러 투자법에 따라서 엔·달러 환율과 니케이 지수 즉 주가 지수만 반비례 관계면 된다. 이 판단 기준에 부동산 지수 즉 아파트 지수까지는 포함되지 않음을 유의하여야 한다.

일본의 주택지수는 니케이 지수의 5개월 뒤를 같은 궤적을 그리며 후행한다. 한국이라면 6개월 후의 코스피지수의 궤적을 주택지수가 후행한다.

이러한 관계를 [그림 20]과 [그림 21]을 통해서 다시 한번 정리를 해 보자. 1989.12월 수직점선(B)②(C')부터 시작된 일본의 롱텀 디플레이션은 2012.12.16일 수직점선(A)의 아베노믹스 시행일부터 10년 후인 2020.12월 경 [그림 21]의 수직점선④에서부터 정상적인 경제 상황, 즉 다이아몬드 달러 투자법대로 엔·달러 환율과 모든 국내 자산은 반비례 관계로 작동하기 시작한 것이다.

이것이 바로 아베노믹스의 성공을 알리는 가장 강력하고도 유일한 신호이다. 엔·달러 환율과 니케이 지수의 반비례 관계 외에 다른 판별법은 없다. [그림

20]을 통해서 일본의 잃어버린 30년을 살펴보면 롱텀 디플레이션이 도래한 국가에서의 국내 자산 가격은 1990.4월 B' 이후의 일본의 달러 가격 하락세처럼 기나긴 폭락세를 맞을 운명인 것이다.

따라서 장기적으로 환율이 내린 뒤 달러 베이스로 보면 당신의 부는 계속해서 내린 것이 된다. 그러하니 국내의 주식이나 부동산 등 국내 자산에 투자하면 장기적으로 폭삭 망하는 것은 너무나 당연하다.

롱텀 디플레이션의 주요 현상이 바로 발생국의 국내 자산이 폭락하고 주가와 아파트도 폭락하고 물가도 폭락하는 것이다. 한국과 전 세계에는 이미 2016.1월부터 롱텀 디플레가 도래해 있으며, 단지 본격화만 아직 안 된 상태임을 알아야 한다. 이에 따라 재산 포트폴리오를 재구성하는 등 적절한 투자를 하여야 한다.

롱텀 디플레이션 국가에서는 결국 모든 자산 가격은 장기적으로 폭락하므로 현금이나 현금 등가물에만, 즉 국채에만 투자하고 있다가 일본처럼 롱텀 디플레이션에서 벗어날 때 비로소 움직임을 시작하여야 한다. 1년 전 연간 국제수지가 흑자로 돌아선 후에 주식 시장으로 진입하면 적당한 때에 다시 재테크에 나서는 것이 된다.

지금은 개방 경제 시대이며 자유 무역 시대이므로 이는 세계 어느 나라에서나 똑같다. 단지 각국의 무역의존도에 따라 새로이 주식투자에 나서는 시기가 조금씩 다를 뿐이다.

챕터 4) Dollar Swapping은 순환투자 필수과정: 달러가 오르면 주식이나 부동산이 폭락하기 때문이다.

달러 가격이 급등하면 국내 자산(주식, 부동산 등 값나가는 것 전부)은 급락한다. 그렇게 폭락하지 않는다면 국내 자산은 달러 가격 상승률만큼 폭등한 것이 된다는 사실 또한 설명하였다.

1997년 12월 3일의 한국의 IMF 사태 당시에 이러한 사실을 알고 있던 사람들은 달러 급등에 따른 시세를 미처 반영하지 못한 부동산이 폭락할 것을 알고 먼저 매도하였고, 모르는 사람들은 폭락에 폭락을 거듭한 후에야 싼 가격에라도 팔아야만 했었다. 은행 융자금 이자를 낼 수도 없었기 때문이었다.

반면에 현금을 가진 자들은 떨어지는 주식과 아파트를 한참 구경한 후에는 폭락한 부동산과 주식을 거저줍다시피 하였다. 저자가 아는 사람도 60억 정도 하던 강남 논현동의 상가를 20억 정도에 인수하였다. 지금 그 건물은 약 130억 정도까지 올랐다고 한다.

앞 챕터에서 사례로 든 것은 삼성전자 주식이지만 달러 가격과 모든 자산 가격의 반비례 상황은 주식, 아파트 등에도 똑같이 적용된다. IMF 당시에는 치솟는 은행 금리 때문에 갭 투자를 했던 부동산은 투매 대상이 되었다. 투매를 안 했다면 경매 대상이 되었다.

하지만 한국 내에서 치솟았던 달러 가격은 약 1년 7개월 만에 개략적으로 정상화되었다. 달러는 모든 자산을 국제 거래할 시에 반드시 필요하다. 최근 러시아, 중국, 사우디, 브라질 등이 SWIFT 코드 시스템에서 독립하여 CIPS 시스템을 쓰기 시작했다. 이는 달러 패권에 대한 위안화의 위협이긴 하지만 누가 뭐래도 달러는 진정한 기축 통화다.

사우디, 브라질 등이 달러 시스템에서 일부 이탈 조짐을 보이지만 달러 사용 총액으로 견주면 조족지혈이다. 전 세계는 모든 자산을 달러로 표시해서 비교하고 투자함은 물론 각국의 GDP 등도 달러로 표기한다.

그래야 비교할 수 있고, 그래야 거래가 된다. 누가 뭐래도 세상은 달러를 중심으로 평가하고 비교되는 세상이다. 이를 배 아파 하는 나라들도 있어, 이런 혜택을 누리고자 SDR, EURO화, 엔화, 위안화가 세계 통화가 되길 시도하지만 실제 사용액을 보면 한마디로 우스운 정도이다. 상대 나라나 다른 사람들이 물품 대금을 달러로 달라고 하는데, 이런 통화들이 통용되겠는가?

한국의 IMF 상황에서 기억할 것은 달러가 폭등하고, 국내 주식과 부동산이 폭락했었다는 것보다 불과 1년 7개월 만에 폭락했던 주식이 거의 제자리를 찾았고, 급등했던 달러는 어떻게 제자리를 찾았을까이다.

폭등했던 달러값이 1년 7개월 만에 오르기 전의 제자리 가격 가까이 내려왔기 때문이다. 이에 맞춰 한국의 주식은 단기간에 폭등한 것이다.

아파트 등 부동산은 주식이 오르기 시작한 지 6개월 이후에 급등을 시작했다. 이것이 제일 중요한 투자 참고 사항이다. 다시 같은 상황이 찾아온다면 이에 맞춰 투자를 해야 떼부자가 되는 것이다.

달러 가격이 제자리를 찾는 데에는 우선 IMF의 구제 금융이 큰 역할을 했다. 게다가 폭등한 달러로 한국의 수출이 급증하고 정부의 노력으로 달러 표시 국채가 많이 발행되어 달러 보유량에 숨통이 트였기 때문이다.

달러가 오르기 전에 달러를 샀던 사람은 달러 가격 상승으로 약 100%가 남았으며, 이 달러를 팔고서 잽싸게 주식을 산 사람은 다시 100%가 남았다는 사실이다.

부동산은 말 그대로 잘 움직이지 않는 자산이어서 폭락하는 시기도 회복하는 시기도 주식보다 6개월 정도 더 늦다. 즉 선행 변수인 달러 가격이나 금리 비해서 부동산은 항상 후행 변수이다.

환율 변동으로 1년 7개월 만에 재산이 $1 \times 200\%$(주식투자 이익)$\times 200\%$(달러 투자 이익)$=400\%$로 불어났다는 사실이다. 1년 전 연간 국제수지가 흑자가 된 후에, 주식투자를 시작하라고 저자가 이미 수차례 얘기했으므로 독자들은 이미, 달러 환율 급등 이전에 200% 정도의 수익은 획득했을 것이기 때문이다. 그리고 달러 투자로 다시 200%는 오를 것이기 때문이다.

그러나 이런 경우 미국에 사는 교포들도 2~4배 정도를 불릴 수 있다. 한국 내에서의 달러 가격이 꼭대기일 때 미국 등에서 한국 내로 반입한 달러를 팔고, 국내 달러 가격이 거의 제자리를 찾을 무렵 달러를 사서 미국으로 가져가서 은행에 갚으면 된다.

발 빠른 미국 교포라면 국내 반입 후 달러를 판 자금으로 달러 폭등과 함께 폭락했던 국내 주식을 사면 된다. 즉 폭등할 때에 국내 주식을 샀다가 팔면 다시 간단히 더블이 된다. 즉 총 4배를 벌어 갈 수도 있다. 이럴 경우에는 종목을 맞추기 힘들므로 ETF를 매매 대상으로 삼는 것이 좋다.

또 하나, IMF 같은 상황이 또 생긴다면 교포 자금이더라도 바로 귀국하지 말고 롱텀 디플레이션이 이미 진행 중인 한국의 금리는 앞으로 있을 '파월의 실수' 이후에는 지속적으로 내릴 것이므로 장기간 국채에 투자하면 아마도 10배 정도로 재산을 불릴 수 있을 것이다.

게다가 롱텀 디플레이션이 진행 중이어서 환율이 계속 내릴 것이므로 환차익 또한 60~70%도 얻게 될 것이다. 다시 한국에 IMF 같은 금융위기가 온다면 해외 친지들을 통해서도 이처럼 재산을 간단히 불릴 수도 있다.

즉, 달러 가격 급등은 외환위기, 금융위기, 재정위기, 가계위기, 전쟁 위기가 발생한 당사국에 국한하는 일이니, 친지가 사는 나라의 달러 가격은 그대로일 것이므로 이 기회를 활용 큰돈을 벌 수 있다.

해외 친지에게 현지에서 달러 자금을 융통하여 약 2~3년간만 국내에서 운용하는 것이다. 그리고 위기가 지난 후에 예전 가격으로 되돌아온 달러를 서서히 되사서 해외 친지에게 갚으면 된다.

또 한 가지 더 있다. 위의 두 가지 기회를 다 잃어버린 경우에 돈 버는 방법도 있다. 한국의 은행들에서 달러 대출을 받으면 된다.

달러가 오르면 주식, 부동산, 금, 원유 등이 폭락하는 이유는 환율을 감안한 모든 자산들은 적정 가격으로 수렴하기 때문이다. 이것을 응용한 가격 결정 원리를 명쾌하게 정리한 것이 저자가 주창한 다이아몬드 달러 투자법이다.

달러 스와핑(Dollar Swapping) 과정은 매 경기순환 시마다 어떤 형태의 위기이든 위기 시마다 미국을 제외한 어느 나라에서나, 위기 때마다 꼭 해야 하는 필수 순환투자 과정이다. 좀 더 구체적으로는 Dollar Swapping은 주식이나 아파트를 팔고 달러로 교체투자해야 하는 필수 순환투자 과정이다.

그 이유는 달러가 오르면 주식과 아파트는 항상 폭락하기 때문이다. 반대로 달러가 내리면 즉 현지 국가의 통화가 강세가 되면 주식과 아파트는 폭등하기 때문이다. 매 경기순환의 끝에는, 거품 붕괴로 인한 자율반락이든 경제위기나 외환위기든 항상 주가는 폭락하고 달러는 폭등하면서 출발하기 때문이다.

이 평범하고도 당연한 사실 즉 다이아몬드 달러 투자법을 응용한 투자기법이 있음을 그동안 아무도 몰랐던 것이다. 따라서 몇몇 투자자들을 제외하고는 이 큰 기회를 활용해서 대박 수익을 거둔 적이 없다.

위에서 말한 우연히 부동산 투자기회를 잡아 큰 부자가 된 기회를 잡은 사람도 이러한 Dollar Swapping 기법을 알았거나 대비하고서 즉 이론적인 지식이 있어서 성공한 것은 아니다. 한국의 IMF 그때에 우연히 많은 현금을 가지고 있었고 공교롭게도 주식과 부동산은 달러가 급등했기 때문에, 폭락에 폭락을 거듭했기 때문이다.

주식이 폭락한 지 6개월 후에는 아파트 등 부동산도 항상 폭락을 시작한다. 이를 활용하여 투자해야 하는 과정은 마켓의 경기순환에 따른 순환투자공식으로 저자가 펜타곤(Pentagon) 투자법으로 총 정리하여 독점 공개한다는 것을 이 저서에서 수차례 말하게 될 것이다.

이 기회를 활용하면 미국인들은 위기 국가에는 항상 2~4배의 대박 투자기회가 있음을 알아야 한다. 달러가 기축통화이기에 누리는 또 다른 혜택이다. 논리적 근거나 자세한 것은 [챕터 13], [챕터 21] 등에서 더 구체적으로 설명하기로 한다.

챕터 5) 달러는 항상 안전자산인가?

평상시에는, 즉 숏텀 디플레이션 때에는 항상 안전자산이다. 달러는 최고의 기축 통화로 전 세계에서 가장 안전한 화폐이다. 인플레도 거의 없으며, 전 세계 어디에서나 언제나 대우를 받는 통화이다. 그러므로 미국에 거주하는 사람들에게는 항상 가장 안전한 자산이다.

바람직한 인플레이션율이 보통 2% 내외라고 한다. 이 정도의 인플레이션은 정치가들이 좋아하는 인플레이션율이다. 국민들은 이 인플레이션율에 맞춰서 월급도 오르고 자산 가격도 서서히 오르므로 화폐적 환상에 젖어 태평성대가 지속되는 것으로 전부 오해하게 된다.

미국 거주자들에게 달러는 현금이며 인플레이션도, 가격 변동도 거의 없는 안전자산이므로 그들의 계획에 따라 예금 등으로도 적정 수익을 확보할 수 있게 된다.

반면에 미국 거주자에게 달러는 현금이며 가격은 변동이 거의 없으므로 미국 거주자들은 미국 비거주자보다 달러 가격 변동에 따른 Dollar Swapping으로 인한 2~8배짜리 대박 투자 기회를 갖지 못한다.

반면 미국 정부는 시뇨리지(Seigniorage) 효과로 큰 이득을 누리게 된다. 화폐 발행 시에 실제의 화폐 제조 비용은 발행액의 10%도 안 되는데, 100달러의 제조 원가나 20달러 지폐 제조 비용, 즉 원가 차이가 거의 없다.

그러므로 지폐를 발행하기만 하면 거의 다 남는 돈이 된다. 이 차액은 미국 정부에게는 공짜 돈이다. 달러(돈)가 그냥 남는 효과를, 즉 돈의 제조 비용과 액면가의 차이를 시뇨리지 효과라고 한다.

유로, 엔화, 위안화 등 모든 기축 통화는 자국 내에서는 물론 해외에서도 널리 쓰이기만 하면 달러 기축 통화처럼 이런 시뇨리지 효과를 누리게 된다.

이 돈으로 해외에서 물자를 들여와야만 해외로 달러가 풀리게 되는 구조인 것이다. 즉, 미국의 소비를 통해서만이 달러가 세계로 공급된다.

물론 한국 은행권도 국내에서는 시뇨리지 효과를 누린다. 해외에서는 한국 은행권은 몇 나라를 제외하고는 돈으로 치지 않으므로 국내에서만 그 효과를 누린다는 점이 기축 통화와 다르다.

하지만 미국 달러는 언제나 전 세계 어디에서나 항상 안전 통화이고 안전자산이며 미국에게는 엄청난 이득을 안겨 주는 안전자산인 것이다.

외환위기 시 혹은 숏텀 디플레이션인 대세하락 시에는 달러만큼 좋은 투자 수단이 없다는 사실을 잊어서는 안 된다. 달러는, 금융위기나 외환위기가 오면 단기간에 더블 혹은 50% 정도는 간단히 올랐다가 내린다. 즉, 달러는 괴물자산이 된다.

반면에, 경제가 잘 돌아가는 평상시에 달러는 안전자산이 된다. 즉, 평상시에는 일반인들은 생존 자금만 달러로 보유하면 된다. 즉 평소에는 투자 대상이 아니다. 안전자산은 가격 변동이 거의 없으며, 누구나 가치를 인정하는 자산

이어야 한다.

그러나 금융위기나 외환위기에 처한 나라에서는 달러는 최고의 투자 자산이자 투기자산이 된다. 즉, 달러 가치가 급변한다.

달러가 위기 시에 더 큰 매력이 있는 이유는 달러가 오르는 사이에 각국 국내 자산은 반대로 폭락하고 있기 때문이다. 다시 말해 꼭대기까지 오른 달러를 팔고 폭락한 각국의 국내 자산(주식, 부동산)을 사면 더블로 돈이 남는다는 사실은 앞에서 이미 설명한 바 있다.

그래서 미국을 제외한 나라에서는 위기 시에 달러가 매력덩어리로 변한다. 보통 외환위기나 경제위기는 길어도 2~3년이면 해결되거나 진정되니, 달러는 곧 미사일처럼 정상에서 하락으로 방향을 틀어 제자리로 찾아온다.

이는 달러의 국제 시세보다 위기국의 달러가 비싸기 때문이기도 하다. 위기국의 경제 호전, 위기 해결을 예측한 핫머니의 시간차 공격도 있음을 간접 증명하는 것이다.

지금 전 세계는 롱텀 디플레이션 상황에 처한 지 8년 차이다. 롱텀 디플레이션 때에는 그 나라의 국내 자산 가격은 지속적으로 하락한다. 32년간 (1988.12.~2020.12.) 롱텀 디플레이션 상태였던 일본의 국내 자산 가격을 [그림 4]의 엔·달러 환율(1971.1.4.~2023.9.1.) 그래프를 통해서 살펴보자.

1971년부터 엔·달러 환율은 거의 계속적으로 하락해 왔다. 그중 일본의 롱텀 디플레이션이 본격 시작된 1990.4월의 엔·달러 가격은 158.85원이었다. 그로부터 22년 후인 2012.1월에는 64%나 폭락한 76.34엔의 최저 가격을 기록한다.

보다 자세히 보면 일본은 1988.12월에 롱텀 디플레이션에 진입하여 32년 후인 2020.12월까지 롱텀 디플레이션이었고, 25년간 엔·달러 환율이 64%나 폭락하였다. 이는 수입 물가가 64% 폭락하였음을 의미한다.

전 세계는 2016.1월에 롱텀 디플레이션에 진입하였다. 저자는 이 일본이 32년 만에 롱텀 디플레이션에서 탈출한 것으로 본다. 일본을 보고, 세계의 롱텀 디플레이션이 2048년까지 계속될 수도 있다고 판단한다. 그 이유는 전 세계의 롱텀 디플레이션도 일본처럼 32년간 지속될 수 있다고 보기 때문이다. 2023년 현재 전 세계는 롱텀 디플레이션이 시작된 지 이미 8년 차가 된다.

일본과 같은 기간 동안인 32년간 롱텀 디플레이션이 지속된다면 2016+32=2048년에 롱텀 디플레이션이 끝난다. 잔여기간이 2048-2023=25년이나 남은 것이다.

한국의 생산활동 가능인구가 일본보다 총인구비중으로 보면 약 2.5배 정도가 더 많다. 이는 한국의 롱텀 디플레이션 진행속도가 일본보다 2.5배 더 빠를 것으로 예측할 수 있다. '빨리빨리'가 여기에서도 나타날 가능성이 크다. 한국은 32/2.5=12.8 즉 약 13년이 더 남아 있다고 볼 수 있고, 그때가 2016+13=2029년경이 된다.

즉 앞으로 한국을 제외한 전 세계가 일본처럼 롱텀 디플레이션 기간이 같이 진행된다고 보면, 앞으로 약 25년간은 한국을 제외한 전 세계가 롱텀 디플레이션 상태일 가능성이 아주 많다. 2023년 즉 금년부터 25년 후인 2048년에야 세계적인 롱텀 디플레이션이 끝난다고 볼 수 있다는 것이다. 한국은 2029년경에 탈출한다.

이는 또한 일본을 제외한 전 세계 각국은 한국은 2029년, 전 세계는 2048년까지 대(對)달러 환율이 내림세가 된다는 것을 의미하는 간접적인 증거가 된다.

결국 저금리·저물가·저환율(저달러)·저성장 시대가 앞으로 25년이나 남은 것이다. 이것이 롱텀 디플레이션 현상이고, 이 25년의 기간이 롱텀 디플레이션이 앞으로 지속될 기간이다.

한국은 이제 7년 남았다. 아무도 살아남지 못한다. 1~2가지 빼고는 투자할 곳도 완전히 사라진다. 즉 앞으로 한국은 2029년, 전 세계는 2048년까지, 달러 가격은 일본을 제외한 전 세계 모든 나라에서 계속 내릴 예정이다. 달러에 투자하면 즉, 해외에 투자하면 절대로 안 된다.

롱텀 디플레이션이 지속될 기간에는, 달러는 안전 자산이 아닌 것이다. 이미 전 세계는 롱텀 디플레이션이 진행 중이므로 앞으로 한국은 2029년, 전 세계는 2048년까지, 달러는 안전자산이 아니다.

챕터 6) 달러는 괴물자산이자 대박자산

모든 투자자들은 달러는 항상 안전자산이라고 생각하고 있다. 그러나 사실 달러는 괴물이다. 아니 괴물자산이다. 미국에서는 달러는 그냥 단순한 현금에 불과하다. 그러나 미국 밖으로 나가면 달러는 평상시에는 현금적 성격이 강하다. 즉 평소에는 가격 변동이 거의 없어 안전자산이라고 할 수 있다.

따라서 평소에는 투자 대상 자산이 아니다. 그러나 세계적이든 국지적이든 금융위기든 경제위기든 단순한 위험이든 위험이 닥치면 달러는 괴물로 변한다. 가격이 급등한다. 즉 괴물자산이 된다.

즉 위기 시에는 가격이 급등했다가 위험이 진정되거나 없어지면 옛날 그 가격으로 급격히 혹은 서서히 되돌아간다. 그래서 달러는 괴물이다.

미국에 거주하지 않는 미국인에게도 달러는 괴물이다. 한국에 거주하는 미국인도 한국 돈으로 환전을 하여 한국에서 생활하게 되고, 필요시에는 한화를 달러로 환전하여 출국하거나 해외여행을 하여야 하기 때문이다.

각국의 달러 가격은 그가 거주하는 나라의 금융위기, 재정위기, 외환위기, 가계위기 등이 찾아오면 걷잡을 수 없게 폭등한다.

그렇게 되면 해당 국가에 사는 모든 사람은 현지 각국의 달러 가격에 맞춰 달러를 사거나 팔아야 한다. 달러로 재산을 보유하지 않은 현지의 미국인도 마찬가지다.

그래서 평상시 달러는 국제적으로 가격 변동이 거의 없으므로 안전자산이지만, 어느 나라에서 외환위기 등으로 그 나라의 달러 가격이 급등하기 시작하면 괴물자산으로 변하는 것이다.

미국인이라 하더라도 거주하는 나라들의 달러의 일시적인 급등이나 급락은 피할 수 없다. 그들도 내국인과 꼭 같은 가격으로 달러나 물건(주식, 부동산, 생필품 등)을 사고팔아야 하는 것이다.

이를 피하고자, 즉 달러 가격의 변동에 따른 피해를 줄이기 위해서 외국인들은 달러로 주택임대료, 즉 월세를 지급하기도 한다.

혹 거주 기간의 단축으로 임대료를 환불해야 할 경우에는 달러로 환불하는 조건으로 임대 계약을 체결하기도 한다. 환율 변동의 위험을 피하기 위한 해외 거주 미국인들의 오랜 경험에서 나온 지혜일 것이다.

만약 1985년 9월 일본의 플라자 합의 당시에 일본에 거주했던 미국인은 엔화로만 재산을 보유했다면 하루아침에 재산이 더블 가까이로, 즉 엔·달러 환율 변동률만큼 늘어났을 것이다.

즉 자기가 거주하는 나라가 경제위기 등으로 달러 가격이 급등, 급락할 경우에는 그 나라에 거주하는 미국인들에게도 대박의 기회와 쪽박의 기회가 숨어있음을 명심해야 한다.

해외에 거주하는 750만 명의 우리 교포들도 체류국에 이런 일이 닥친다면 이런 대박 기회를 잘 활용하여야 한다. 이런 내용들은 기존의 재테크 이론서들은 다루지도 못한다. 이러한 기회는 위기 발생국에 사는 사람들이라면 미국인이든 영국인이든 내국인이든 누구에게나 기회가 같다.

또한, 일본이든, 영국이든, 싱가포르든 모든 나라는 위기(외환위기 등)가 찾아오면 위기에 처한 국가 내의 달러 가격이 급등한다. 그리고 이 나라들의 주식, 부동산 등은 달러 폭등 비율에 비례해서 폭락한다.

그래서 달러는 미국에서는 그냥 현금이지만 미국 밖에서는 현금이었다가 괴물자산이었다가 하는 것이다.

달러가 괴물적 성격이 더 강해질 때가 바로 위기가 도래했다는 뜻이며 이 괴물적 성격은 바로 현금적인 성격보다 재산적인 성격이 더 커진다는 것을 의미한다.

이렇게 달러가 괴물로 변했다가 짧은 기간 안에 정상으로 되돌아온 경우는 수없이 많다. 한국의 IMF, [그림 13]의 일본의 IMF 직전 상황, 일본의 32년간의 롱텀 디플레이션의 진입과 탈출 2008년 금융위기 당시의 달러 가격의 변화 등을 통해서 하나하나 짚어 본다.

2016년 6월 23일 Brexit(브렉시트)가 결정되었던 영국 내에서의 달러 가격 상승을 [그림 14]를 통해 살펴볼 수 있다.

외환위기, 금융위기 등의 위기에 처한 국가의 화폐 가치, 즉 자산들은 급락하며, 어느 나라도 위기 국가 내의 달러 가격 급등을 피할 수 없다.

브렉시트 당일에만 파운드화는 약 4%나 폭락하고, FTSE 100 영국 주가 지수는 약 6%나 폭락했다.

영국의 사례와 한국, 일본의 달러 가격이 급등락할 때에는 달러의 괴물자산으로서의 역할이 작용할 때이다.

이처럼 달러는 때로는 가치 변동이 없는 현금 역할보다는 재산 가치가 수직으로 치솟거나 폭락하는 재산으로서의 역할이 더 강해질 때가 있다. 그래서 달러는 때로는 현금이었다가 즉 안전자산이었다가 위기 시에는 괴물이 되는 것이다.

달러 자체도 괴물자산이지만 달러가 급등하면 주식, 아파트 등 모든 물건은 가격이 폭락하며 달러가 급락하면 모든 자산 가격도 폭등한다. 위기가 지나고 달러 가격이 내리기 시작하면 주식과 아파트는 지속적으로 오른다. 즉 이 때에는 달러가 대박자산이 되는 것이다.

달러와 모든 자산들이 반대로 움직이는 이 현상과 달러 자체의 괴물적인 움직임을 활용하여 단기간에 재산을 2~8배까지 불리는 기법을 설명하고 있는 저서는 이 책이 전 세계에서 유일하다고 장담할 수 있다. 아무도 모르는 투자 기법이기 때문이다.

그래서 위기의 종류와 대 달러 반응도와 회복력을 미리미리 체크해 두어야 한다. 지금부터 이 기회를 이용하여 단기간에 재산을 최대 8배까지 불릴 수 있는 투자 기법을 하나하나 자세히 소개한다.

달러의 이런 특징을 이용하여 단기간에 재산을 8배씩 불려 갈 수 있으며 이 기법, 즉 다이아몬드 달러 투자법의 원리를 응용하여 재산을 영원히 지켜 낼 방법도 있다.

재산보전의 원칙도 기존의 재산보전 3원칙 대신 달러와 재산이라는 새로운 재산보전 이분법을 만들어 낼 수 있었다.

챕터 7) 달러가 괴물로 변하는 순간을 포착하라!

달러가 괴물로 변하는 순간을 포착을 하는 것이 주식이나 아파트를 달러와 교체투자해야 하는 시점을 포착하는 것이다. 즉 달러 스와핑(Dollar Swapping) 시점을 포착하는 것이므로 가장 중요하다고 할 수 있다.

어느 날 달러가 갑자기 안전하던 달러가 괴물달러로 변하는 이유는 매 경기 순환의 끝에는,
1) 거품 붕괴로 인한 자율반락이든
2) 경제위기나 외환위기든 항상 주가와 아파트 등 부동산은 폭락하고 달러는 폭등하면서 대세하락이 출발하기 때문이다.
3) 한국은 소위 달러 ATM 국가여서, 다른 나라에서 발생한 경제 위기 시에도 가장 먼저 달러가 유출되는 국가가 될 수도 있다. 그렇게 되면 억울하게 국내 자산시장이 붕괴될 수도 있다.

평소에 주식을 안 하는 사람들도 최소한 이 찬스, 즉 달러가 안전 달러에서 괴물 달러로 변하는 기회와 괴물 달러에서 대박 달러로 변하는 순간을 이용할 줄 알아야 한다. 결국 달러를 마음대로 다룰 줄 알아야 대박 기회를 잡을 수 있다.

월급을 많이 탄다고 해서 부자가 될 수는 없다. 월급이 아주 많다면 여유롭게 살 수는 있어도 부자는 될 수 없다. 경제학자들은 그 이유로 평생 소득 가설, 항상 소득 가설 등으로 설명하지만, 결국 생활비를 월급에 맞춰서 사는 게 인간이더라는 얘기의 가설들이다.

그렇기에 누구나 기회가 왔을 때, 한 번씩 뻥튀기를 하여야 부자의 스타트 라인에 겨우 서는 것이다. 이 투자 기법은 평소에 주식을 안 하거나 잘 못하는 사람도 기회를 활용할 줄 알면 좋다.

이 Dollar Swapping 기법은 너무 중요하고 간단하다. 주식투자에 관한 기본적인 지식이 없어도 누구나 간편하게 Dollar Swapping 을 통해 재산을 2~8배로 단기간에 불릴 수 있다. 어느 나라나 개략적으로 10년에 한 번 호경기와 불경기가 온다. 즉, 대개 호경기 5년, 불경기 5년 정도를 거치며 이 경기 순환은 물레방아처럼 돌고 돈다.

호경기 5년에 이어 불경기 5년으로 경기가 순환하는 것이 보통이고 각국 정부는 이 구분을 없애거나 약하게 하려고 갖가지 정책을 시행한다. 하지만 성공하는 사례는 적고, 호경기 2.5년에 이어 불경기 2.5년 정도로 경기 순환이 빨라진다는 느낌은 있다. 즉, 10년 만에 강산이 변하는 것이 아니라 이제는 5년 만에 강산이 변해 가고 있다고 말할 수도 있겠다.

왜, 경기는 순환하는가?
학자들은 태양흑점설, 기업혁신설, 주글라파동, 콘트라디에프 파동 등 여러 가지를 연구해 냈지만, 살아 보니 경기 변동도 결국 인간의 탐욕 때문이라고 보인다. 인간의 탐욕은 옛날이나 지금이나 미래에도 변함이 없다. 그러기에 항상 호경기와 불경기를 순환하게 되어 있다.

이렇게 경기가 자동적으로 순환하기에 각국의 정부는 이 주기를 단축하거나 없애 보려고 애쓰지만, 인간의 탐욕은 끝이 없기에 불경기를 없애는 것은 불가능하다. 단지 기간을 단축하거나 약간씩 완화할 수 있을 뿐이다.

불경기는 인간의 탐욕으로 인한 물건의 과잉 생산이 주원인이다. 즉, 호경기가 영원히 지속되어 제품들이 잘 팔릴 것이라 생각해 대량 생산을 하고, 그 결과 호경기 끝에는 재고만 산더미처럼 쌓인다. 이것이 불경기의 시작이다.

불경기가 시작되면 비로소 큰 빛을 발하는 이 책의 Dollar Swapping 기법으로 약 5년 만에 재산을 2~8배로 불리기 위해서는 아래 내용들을 지켜야 한다.

평소엔 생업에 전념하다가 변동이 생겨 투자에 나선다고 해도 결과는 같다. 즉, 대박 기회는 자연스러운 경기 변동의 끝자락이나 위기 시에 발생하므로 흔히 오는 기회가 아니다. 보다 더 정확히는 10년 기간 중에서 3~5년 동안에 찾아온다고 본다.

본격적인 호경기 2년 반, 본격적인 불경기 2년 반에는 이러한 달러 가격 급등 현상은 거의 나타나지 않는다. 이때에는 완만한 변동이 나타난다. 달러 가격의 급등락 현상은 주로 호경기 끝자락부터 2.5년+불경기 진입 시기 약 2.5년, 도합 3~5년의 시기에 주로 발생하는 현상이다.

1) 달러 급등기
호경기에 달러는 주식과 아파트의 상승에 따라서 추세적인 하락을 지속하다가, 호경기에서 불경기로 바뀌는 순간부터, 즉 주가와 부동산의 거품이 터지면서 달러가 급등하기 시작한다. 여기가 달러의 매수 포인트다. 여기서부터 투자 자산 8배 증식의 순환 고속도로에 올라타야 한다.

한국 주식 시장의 대세 상승기가 2017년 5월에 시작되었고 2021.6월에 주식이 대세하락을 시작했으므로 이때쯤 즉 [그림 11]의 수직점선⑦쯤이 된다. 이때가 달러의 절호의 매수찬스가 되는 것이다.

우선,
주식 시장이 대폭 내리기 시작하고, 거품이 터진 것이라고 여기저기 뉴스에서 보도가 나오면 이제 급등한 주식을 팔고 달러를 사야 할 시기가 된 것이다. 특히 한국의 대표적 언론 기관인 KBS 9시 뉴스에 환율 급등 뉴스가 나오면 바로 행동 개시를 준비해야 한다.

KBS 뉴스는 내가 KBS 출신이라서가 아니라 공중파를 포함하여 한국의 모든 언론사 중에서는 가장 신중하고 보수적이며 신뢰할 수 있기 때문이다. 각 나라에는 나라를 대표하는 언론사들이 있다.

주가 지수의 급락이나 달러 급등 등을 확인하고, 즉 모든 내용을 확인하고 보도하는 기본 철학이 있기 때문이다. 또한, 조선일보 TOP 기사이거나 1면을 크게 장식하면 거품이 터지고 달러가 대세 상승을 시작한다는 기사로 간주하면 된다.

이 보도가 나온다면 바로 이날이 기조 반전일일 가능성이 크므로, 그동안 달러가 얼마나 올랐는지를 확인한다. 달러 가격이 하루에 1.5% 내외의 급등세를 보인 날이 기조 반전일이다. 거래량도 당연히 대폭 늘어야 한다. 거래량이 많을수록 신뢰도가 높다.

1,200원 기준으로 가정하면 1,200원×1.5%=약 18원이다. 즉, 하루 변동 촉이 15~18원 정도 급등·급락한 날이 있다면 기조 반전일이 도래한 것으로 본다. 기조변환일로 확인한 후에 삼선전환도로 한 번 더 환율의 양전환 여부

를 확인하면 더 신뢰할 수 있음은 물론이다.

기조변환일로 1차, 삼전전환도로 2차 획인한 후에 추종 매매하면 된다고 본다. 미리 달러의 급등과 주식이나 아파트의 급락을 예측 매매하기에는 너무 부담스러운 경제예측으로 본다.

대세하락에 따른 달러 급등기가 도래하면 주식의 대세 상승 기간에 줄곧 보유했던 주도 주식을 팔고, KOSEF 미국 달러 선물이나 KOSEF 달러 선물 레버리지(합성)를 1~3일 이내에 산다. 당연히 달러 예금을 포함, 달러 현찰도 매수 대상이다.

주식을 팔고 달러를 바닥세에서 산 사람이나 달러 대출을 지금 받은 사람이나 해외 친지에게서 자금을 조달한 투자자나 같은 수익률 게임 선상에 서게 된 상황이다.

달러 가격 꼭대기에서 기조변환일로 추정되는 달러의 급락 현상이 나타나면 이제 달러를 팔고 주식을 사야 한다.

이 달러 급등 시세는 보통 달러 최저 가격에서 더블 가까이 올랐음은 [그림 11]의 수직점선②와 ⑩의 가격 차이와 [그림 13]의 약 2년간 (1996.6.~1998.6.)의 달러와 일본 니케이 그래프 앞쪽의 수직 점선과 뒤쪽의 수직점선의 가격 차이로 확인할 수 있다.

주식과 부동산은 달러와 반비례 관계이므로 달러 가격의 급등과 반락의 경우에 항상 주식과 부동산이 후행적으로 달러 가격을 따라가게 된다.

달러 급등 시, 즉 주식이 급락하는 시기의 달러 보유 기간은 보통 약 1~2년 정도이다. 이 기간 동안 주가는 급락하고 달러는 급등한다. 이때를 포착하여 주식을 달러와 스와핑(Swapping) 즉 교체매매를 해야 하는 것이다. IMF 당시에는 달러 급등기가 1년 1개월 정도였고, 서브프라임 금융위기 당시에는 1년 4개월 동안 달러가 급등했다.

정점에 도달한 주가는 계속 폭락한다. 이에 비례해서 달러는 계속해서 급등한다. 개략적으로 위의 사례처럼 1년 1개월~1년 4개월 정도를 같은 상황이 지속된다. 이에 관해서는 뒤에서 구체적으로 자세히 살펴본다.

그 후, 주가는 하락하다가 한두 차례 정도 반등이 있지만 달러는 계속 오름세이므로 장기투자자는 구경만 하는 것이 더 좋다. 주식투자로 대세 상승을 다 즐긴 투자자는 팔아 버린 주식을 보면서 안도의 숨을 쉬게 될 것이다. 그러나 주식을 팔자마자 바로 달러를 사야 한다. 이후 단기간에 급등한 달러를 팔면, 투자자산은 더블 가까이 불어나게 된다.

달러는 매일 조금씩이라도 오르고, 주가는 매일 내리기를 반복하게 된다. 어느 날부터인가 달러의 급등세가 약해지고 달러 거래량도 확연히 줄어들고 있다면 이제 위기는 제법 진정되고 달러 가격이 꼭대기에 도달했음을 알리는 신호가 된다.

2) 달러의 단기 급락

어떤 연유로 급등하던 달러 가격은 어느 날 갑자기 급락세를 나타낸다. IMF 당시나 서브프라임 금융위기 당시처럼 달러가 상당 기간 급등하던 중간에 반작용으로 잠깐 급락세 현상이 나타나는 것이다.

주식 시장의 대세하락 초기에 주식의 매도 시기를 놓친 사람들은 이 급반등 시기를 이용하여 빠져나오면 된다. 이때 파는 가격이 어깨 가격일 수 있다. 즉, 단기 급반등 가격이 꽤 높다는 것을 의미한다. 사례별 소요 기간과 등락률은 뒤에서 자세히 구체적으로 설명한다.

이 부분이 일반인들이 이미 끝난 주식 시장이나 아파트의 대세가, 상승이 지속되고 있는 것으로 착각하기 쉬운 기간이다. 내리던 달러의 단기 급반등 시세에 참여할 수도 있고, 그냥 참여치 않을 수도 있다. 단기 급반등 후에는 2차 하락기가 있기 때문이다.

IMF 당시에는 주식의 단기 급반등 기간이 약 8개월, 금융위기 당시에는 약 1년 2개월간 주식이 급반등한 후에 달러의 2차 반락세가 나타났다. 실제로는 1차 하락 시에 가장 많이 내린 종목이 1차 반등 시에 가장 많이 오르지만, 잘못 선택할 가능성도 큰 것이 사실이다.

따라서, 단기간 주가가 급반등하는 시세를 즐길 때에는 KODEX 200 혹은 KODEX 200 레버리지를 사는 것이 더 좋다. 200개 종목이 일정 비율씩 들어 있는 종합선물 버킷인 셈이다. 달러 관련 ETF를 사도 된다. ETF를 산다면 거의 정확히 평균 수익률만큼, 레버리지 ETF를 산다면 2배 정도의 수익을 올리게 된다.

3) 달러 본격적인 2차 급등기

1차 급등기에 큰 폭으로 올랐던 달러는 단기간 큰 폭의 내림세를 시현한다. 그 후 달러는 다시 급등하고 주식은 또다시 급락세로 돌아선다. 1년 가까이 세월이 걸리는 달러의 재상승이다.

그동안 대세 상승기를 3~4년간 즐긴 투자자들은 주도주 위주로 투자했다면 이미 재산을 4~20배까지는 아니더라도 적어도 더블 이상으로는 늘려 놓은 상태일 것이다. 테마형 ETF는 2002년에 탄생했으므로 별도로 연구된 적은 없으나 주도주보다는 조금 더 약하게 오를 것이다.

달러는 위기가 진정되거나 해결되면서 자연스레 옛날의 가격대로 회귀한다. IMF 당시에는 평상시의 달러 가격으로 회귀하는 기간이 무려 10년 가까이 걸렸다.

그러나 같은 기간 내에서 급등한 달러 가격 최고 가격에서는 1차 하락까지는 불과 1년 7개월 만에 제자리 가까이 회귀했다.

[그림 11]의 수직점선②와 ⑩ 사이의 달러 가격 움직임으로 이 되돌림 기간을 개략적으로 확인할 수 있다. 기간이 지날수록 달러 가격의 하락률이 확연히 줄어드는 것을 [그림 11]의 (점1)과 (점2)를 보면 확인해 볼 수 있다.

급등했던 달러가 급락 중 중요 변곡점인 (점1)과 (점2) 정도에서 달러 융자금은 달러를 되사서 갚고, 해외 친지에게서 빌린 달러도 상환해 주는 것이 더 유리하다.

왜냐하면 (점1)과 (점2) 이후의 가격 하락률이 더 크기는 하지만 하락기간과 하락률을 대비해서 판단해 보면 오히려 (점1)과 (점2)에서 중간에 빌린 달러 자금을 청산하는 것이 더 유리하기 때문이다.

물론 [그림 11]의 수직점선⑩과 ⑪에서 은행의 달러융자금이나 친지에게서의 차용액은 달러를 매수하여 상환하여도 문제될 것은 없다. 투자자금의 효율성 면에서 조금 더 불리할 뿐이다. 그러나 같은 기간의 환율 차익은 가장 큰 것은 사실이다.

한 가지 유의할 점은 주식이 대세하락 중에 급반등을 했다가 다시 재반락을 시작했어도 부동산은 아직도 폭등 중에 있게 된다. 부동산이 항상 주식보다 6개월 더 늦기 때문이다.

또 주식 시장이 몇 개월간을 반등하든 주식 시장이 반등을 시작한 지 6개월 후에는 아파트도 반등을 시작하며 주식의 반등 기간과 같은 기간 동안 아파트도 반등한다. 반등 기간도 반등율도 주가 지수와 아파트가 거의 비슷함은 당연하다.

챕터 8) 롱텀 디플레이션 시에는 달러를 보유하면 안 된다, 절호의 공매도 기회로 활용하라!

주식 공매도는 장기간에 걸쳐서 큰돈을 벌 수 있다. 단기간에도 공매도로 크게 벌 수 있다. 특히 장기간의 공매도는 저자의 롱텀 디플레이션 이론과 결합하여 모든 주식·곡물·원자재·금 등의 장기적인 하락폭과 기간을 미리 정확히 예측하고 공매도를 할 수 있기에 너무 좋은 기회이다.

롱텀 디플레이션은 1929년의 미국이나 1990년의 일본의 롱텀 디플레이션이 진행된 기간을 보면 최소 22년 이상~최대 30년까지 걸리며 아파트 주식 등은 해당 기간의 앞뒤 하락폭까지 합쳐서 최대 80~90%까지도 폭락한다.

이 2가지 사실을 바탕으로 주식·아파트·금 등의 공매도에 나서라. 사용자와 근로자의 위치가 바뀔 완전 대박 기회가 온다.
해당 주식을 직접 공매도하거나 KODEX 200 인버스 혹은 KODEX 인버스 레버리지를 매수하여도 안전하게 큰돈을 거머쥘 수 있다.

아파트도 공매도할 수 있다.
아파트 공매도는 생소하게 들릴 것이지만 롱텀 디플레이션 이론에 따라 시세를 정확히 예측할 수 있으므로 비쌀 때 아파트를 팔고 바닥에서 되사면 되는 것이니 공매도한 것과 효과가 같기에 전부다 기억하고 있으라고, 아파트도 공매도할 수 있다고 말하는 것이다.

부의 몰락과 이동, 새로운 부의 창조 기회는 누구에게나 공평하게 열려 있다. 롱텀 디플레이션이야말로 하이퍼인플레이션 못지않게 재벌들의 성쇠까지 바뀌는 큰 쩐의 전쟁이다.

롱텀 디플레이션이 진행되면 될수록 달러 가격은 폭락하고 이에 맞춰 국제 금 가격도 폭락하고 주가도 아파트도 폭락한다. 일본처럼 투자할 자산이 완전히 사라지는 것이다. 그래서 아무도 경험해 보지 못한 경제적 현상이 22~30년 정도까지 계속되는 것이다.

롱텀 디플레이션이 30년 이상 지속 중이라는 뜻은 30년 이상 해당국의 달러 가격과 금 가격은 폭락하고 있다는 뜻이 된다.
즉 수출 대기업들은 롱텀 디플레이션이 본격화되면 그야말로 큰 쩐의 전쟁이 가까이 와 있음을 알아야 한다.

수출 대기업은 나날이 달러 가격이 지속적으로 하락하므로 죽을 맛이 되고 중견·소형 기업들은 해외 수입 원자재 가격이 장기간 하락하므로 즐거운 나날이 되기 때문이다.

1989년 이전에 하늘 끝까지 위상이 올라갔던 일본 대기업들은 일본에 계속된 롱텀 디플레이션으로 그들도 모르게 꺼지기 시작하였다.

Sony는 세계 최고 전자 기업에서 한동안은 명맥을 유지하기에도 바쁜 형편이 되었었고, TOYOTA의 한 해 매출액 외화환산 손실액만도 13조에 달했다.

이를 보면 이들 일본의 대기업들도 롱텀 디플레이션에 전혀 대처하지 못했음을 알 수 있다. 삼성은 136조의 현금성 자산을 보유하고 있다. 현대는 약 50조 원의 현금성 자산을 보유 중이다. 이들은 이미 디플레이션에 대비하고 있는 것이며 디플레이션 시에는 현금이 최고의 자산 중 하나임을 이미 알고 있는 것이다.

현금, 국채, 맥쿼리인프라 펀드 등은 현금성 자산으로 현금과 같다. 이 중 국채를 좀 더 살펴보면 단기 국채는 현금과 아주 유사하지만 장기국채는 금리 변동에 민감하게 반영하고 가격 폭락으로 매매가 자유롭지 못한 면도 있어서 단기국채와 약간은 차별화된다고 보면 맞다. 워런 버핏도 지금은 단기국채를 매수하지만 장기국채는 매수 시 신중을 기하고 있는 것으로 보인다.

공매도로 큰돈을 벌어들일 절호의 기회는 바로 오랫동안 폭락하는 국내 달러 가격과 금 가격 때문에 온다. 물론 부동산 가격도 폭락한다. 이때에는 현금과 현금 등가물이 최고인 세상이 된다.

롱텀 디플레이션 시에는 미국이 아닌 나라에서는 달러는 보유하면 안 된다. 오로지 현금과 현금 등가물만이 보유 대상이다. 이때에는 달러는 현금이 아니라 재산으로 성질이 변한다. 그래서 달러는 괴물이 된다.

챕터 9) 5大 자산시장의 순환투자 재테크 공식, 펜타곤 투자법의 탄생

사람들이 재산을 불려 갈 자산시장에는 수많은 투자대상 자산들이 있다. 금, 은, 원유, 구리, 그림 등 현물 자산시장과 주식 아파트 달러 예금 국채 등의 투자자산 들도 있다. 이 자산들을 자산시장에서 사고팔면서, 사람들은 재산을 불려 나가게 된다. 이 시장이 자산시장이고 이처럼 수십 가지 이상의 투자대상 자산이 있다.

이렇게 많은 투자대상 자산시장에서 우리들이 투자대상으로 삼을 만한 5가지 투자대상 자산이 있는데, 바로 주식, 아파트, 달러, 예금, 국채의 5가지가 대표적 투자대상 자산이며, 사실상 이 5가지 자산만을 투자대상으로 하여야 한다.

이 5가지 대표적 투자대상 자산을 제외한 다른 투자대상 자산들은 가격변동율이 너무 낮아 수익률이 너무 낮거나 ,위험하거나 가격이 공정하지 않다거나 하여, 투자대상으로도 삼을 만하지 못하다. 이렇게 많은 자산 중에서 돈을 제대로 불려 가는 순서와 방법을 찾아내는 것이다.

그 이유와 근거를 분석하여 설명하는 것이 본 저서의 목표이다. 현대는 개방경제 시대이다. 개방경제 시대에 한 나라의 경제에 가장 먼저 그리고, 가장 큰 영향을 끼치는 것이 바로 무역이다.

따라서 무역량의 증감에서 경기순환의 변동이 시작된다. 이에 따라서 어느 나라나, 새로운 주식 투자의 시작 시기는 그 나라의 1년 전 무역수지가 흑자가 된 직후가 된다. 그다음으로는 한국은 6개월 후에 아파트에 투자를 시작해야 하고, 일본은 5개월 후에 아파트에 투자를 시작하면 된다. 나라마다 무역의존도에 따라 부동산 투자시기는 조금씩 다르다. 그 후에는 달러로의 교체투자, 정기예금, 국채에 차례대로 투자를 해야 한다.

모든 나라의 무역의 경제적 영향력을 간단하게 비교해 볼 수 있는 것이 바로 무역의존도이다. 즉, 무역의존도란 한 나라의 경제가 무역에 어느 정도 의존하고 있는가를 표시하는 정도를 말하는데, GNP에 대한 수출입 총액의 비율로 표시한다. 수출 의존도와 수입 의존도를 따로 계산하기도 한다.

2020~2021년 기준으로 보면 주요국의 무역의존도는 아래와 같다.

한국	70	영국	37	덴마크	62
프랑스	44	이탈리아	55	네덜란드	108
폴란드	87	스웨덴	59	일본	20
캐나다	51	호주	39	인도	31
중국	34	독일	72	미국	20
벨기에	176	싱가포르	217	홍콩	375

[표 1] 주요국의 무역의존도

무역의존도가 크다는 것은 세계의 경기 변동에 따라 어느 나라의 국민 경제가 그만큼 불안정해진다는 것을 뜻한다.
즉 어느 나라나 무역의존도에 따른 국제수지의 변동이 그 나라의 경기 변동에 지대한 영향을 끼침은 말할 필요도 없다고 할 수 있다.

따라서 국제수지의 증감을 추적하면 국내 경기의 흐름이 예측 가능하며 한국의 경우, 33년간을 분석해 본 결과 한국의 1년 전 연간 국제수지가 흑자 혹은 적자로 돌아서면 그 후 국내 주식 시장은 좋아지거나 나빠지기 시작한다는 결론이다.

또는 1년 전 미국의 연간 경상수지 적자가 늘어나거나 줄어들면 국내 경기는 물론 세계 각국의 경기까지 서서히 좋아지거나 나빠지기 시작한다.

그리고 한국의 모든 경제위기는 국제수지가 적자로 돌아섰을 때 발생했다는 사실이다. 국제수지 증감으로 풀린 돈이 은행의 신용 창조 기능을 거쳐 통화의 증감에 미치는 영향은 실로 막대한 것이다. 통화량이 9배 정도가 줄거나 늘어나는 영향을 끼친다.

우리나라의 1년간의 GDP에 대한 무역의존도가 70% 정도이므로 무역이 국내 경기에 70% 정도의 영향을 끼치고 있는 것이다. 오늘날 우리나라는 생산하지 않는 제품이 거의 없으며, 생산하지 못하는 제품도 없다. 즉 한국은 제조업 기반의 수출 주도형 국가로 세계 무역 순위도 8~9위이며 무역의존도는 70%에 달한다.

지난달 수출입 통계를 그다음 달 1일 11시에 한국 정부에서 발표한다. 이를 보면 세계에서 가장 빠르고 정확한 우리나라의 지난달 산업별 수출입 통계를 보고 유명한 해외 IB 뱅크나 애널리스트들이 전 세계 경기의 흐름을 예측하는 용도로 쓰는 것은 타당하다고 할 수 있다.

한국의 매월 무역 동향 통계를 데이터로 활용하면 전 세계의 산업별 경기 흐름의 정확한 예측이 된다는 뜻이기도 하다. 보통 무역의존도 통계 즉, 각국의 수출입 통계는 해당 연도가 지나고 몇 개월 이상 지나야 발표된다.

그래서 한국을 제외한 나라들의 늦은 수출입 통계, 즉 무역의존도 통계는 각 경제 주체들이 현재의 정책 판단 자료로 쓰기에는 너무 늦어 그 가치가 크게 훼손되고 있는 것이 현실이다.

하지만 한국의 수출입 통계는 해당 연도 해당 월만 지나면 바로 다음 날에 전 세계에 공표된다.

이처럼 빠르고 정확한 수출입 통계는 현재의 전 세계 전 산업의 경기 흐름을 거의 동시에 각 경제 주체들이 파악할 수 있다는 뜻이 된다. 이는 바로 한국의 행정망 전산 통계 시스템이 세계 제일임을 말하는 것이기도 하다.

이를 확대 해석해 보면 전 세계 모든 나라는 국제수지의 변동이 바로 그 나라의 국내 경기의 흐름을 좌우하며 특히 무역의존도가 높은 나라일수록 곧 바로 경기 흐름에 반영됨을 추론할 수 있다.

나라별로 경제 발전 단계에 따라 각국 경기와 주가, 아파트 등 재테크 자산에 반영되는 기간도 달라질 것 또한 당연할 것이다. 투자자들은 이를 투자에 바로 활용할 수 있음도 이미 한국의 33년간(1981~2013) 무역의존도와 주식 시세의 흐름으로 재테크를 시작하는 출발점으로 활용할 수 있음을 증명해 냈다.

이런 분들이 없었다면 저자의 책은 탄생하지도 못했을 것이다. 이분들의 연구결과를 모으고 정리하여 저자의 연구와 생각을 합쳐서 최초의 핀테크(PinTech) 순환투자 사이클 패턴, 마켓 사이클 순환투자공식인 펜타곤투자법이 탄생했기 때문이다.

게다가 주식이나 아파트 등 재테크에 관한 내용은 세월이 흘러도 크게 달라질 것도 없다. 즉 되새김하는 책들만이 항상 생산되는 것이며 완전히 새로운 책이 탄생할 수도 없는 것이다. 세일러는 한국의 국제수지와 아파트가격, 주가지수의 관계를 33년간(1981~2013) 분석하고 이를 그의 저서 『착각의 경제학』을 통해서 2013년에 발표했다.

그 결과를 요약하면,
"한국의 경우에는 1년 전 연간 국제수지가 흑자였으면 그다음 해 코스피지수는 흑자규모에 비례하여 오른다. 코스피지수가 오른 지 7개월 후에는 한국의 아파트가 오르기 시작한다."이다.

저자는 세일러의 연구결과를 일본과 한국의 관련자료들을 통해서 간접적으로 검증해 본 후 필요한 곳에 인용하게 된다. 우선, 48년간의 엔·달러 가격의 변동에 따른 니케이 지수와 일본 주택지수의 변화 관계를 FRED의 해당 자료들을 찾아서 가공한 후에 [그림 20]을 통해서 확인하였다.

그 결과 엔·달러 환율과 일본의 니케이 지수는 즉각적으로 영향을 끼친다. 엔·달러 환율과 주택가격은 5개월의 시차를 두고 주택 가격이 추종함을 확인하였다. 마찬가지로 43년간(1981~2023) 한국의 원·달러 환율과 코스피지수 및 주택지수를 FRED 자료에서 인용한 후에 한 그래프에서 정리하여 직접 비교·검토하였다.

[그림 1]을 보면 한국도 FRED의 42년간(1982~2023) 같은 연월일의 원·달러 환율에 따른 코스피지수의 변화는 즉각적으로 나타남을 알 수 있다. 반면에 한국의 주택지수는 코스피지수의 6개월 후를 같은 궤적을 나타내며 후행하는 것을 볼 수 있다. 세일러는 또, 한국의 아파트 지수와 국제수지와의 관계를 비교하여 두 지표 간에는 서로 1년 7개월의 시차가 난다고 결론 내린 바 있다.

그러나 한국의 원·달러 환율과 주택지수 즉 아파트 지수를 비교해 보면 아파트 지수가 원·달러 환율의 6개월 후를 추종한다는 것을 저자는 확인하였다. 아파트 그래프의 시작 일자를 [그림 1]처럼 6개월 앞당긴 후 수직점선을 그은 후 서로 비교·검토하면 같은 일자의 코스피지수와 원·달러 환율을 한눈에 볼 수 있다.

맨 밑의 주택지수의 그래프 시작 일자와 위 두 그래프들의 시작 일자를 확인해 보면 서로 6개월 시차가 난 상태에서 시작됨을 알 수 있다.

1년 전의 연간 국제수지가 흑자였으면 1년 후부터 주가 지수가 오른다. 코스피지수는 매일매일의 원·달러 환율에 따라 즉각적으로 다이아몬드 달러 투자법에 따라 반대 방향으로 움직인다.

이런 과정을 통해서 보이지 않는 손이 1년 전 국제수지 결과를 금년의 종합주가 지수에 맞추기 위해 매일매일 코스피지수의 변동에 맞춰 가는 과정이라고 볼 수 있다. 따라서 매일매일의 환율에 맞춰 주식에 투자하면 결국 작년의 연간 국제수지 변화에 맞춘 투자와 결과는 같아진다고 본다. 즉 1년 전의 국제수지의 변화를 매일매일의 환율변화로 대체해도 차이가 없다고 본다.

그리고, 한국은 주가가 변하기 시작한지 6개월 뒤에는 아파트 가격도 주가지수가 움직인 방향대로 **변하기 시작한다는 결론이 도출된다.** 그리고 본 저서를 통해서 독자들은 아래의 궁금증은 일시에 해결할 수 있게 된다. 무역의 존도의 차이 때문에 전 세계가 조금씩 투자시기가 다를 수는 있다. 하지만 전 세계 어느 나라 어느 시대에도 움직임은 같기에 아래 사항들을 자세히 알 수 있다.

1) 국제수지에 따른 환율, 주식, 아파트 가격의 변화
2) 주식, 아파트의 반응 순서와 시간 차이
3) 주식 아파트의 투자시기 결정방법과 투자시기의 적정성 검토
4) 왜 투자 때에는 항상 주식이 먼저인가?

저자는 원·달러 환율과 코스피지수의 반응, 원·달러 환율과 6개월 후의 주택지수의 변동 관계를 분석하였다. 세일러는 작년의 국제수지와 금년의 주식시세, 이로부터 7개월 후의 아파트 시세의 변화를 비교하였다. 결론적으로 세일러와 저자의 주택지수 반응 속도가 1개월의 시간 차이가 난다는 것을 알 수 있다.

세일러는 주식이 오르기 시작한 후 7개월 후에는 아파트가 오르기 시작한다는 결과를 도출했고 저자는 6개월 후에 아파트가 오르기 시작한다는 결론을 도출했다.

1개월은 사실상 무시해도 될 정도의 기간 차이이다. 하지만 저자의 6개월 시차론은 FRED의 실제 그래프로 확인한 것이고, 세일러의 7개월 시차론 시 사용된 자료들은 한국은행의 데이터를 가공한 것이다. 즉 저자는 한국은행 자료보다는 FRED의 자료가 더 객관적인 증거자료라고 판단되어 본 저서에서는 저자의 분석 결과인 6개월 시차론을 채택하였다.

이제 일본에서는 니케이 지수의 변화 후 5개월, 한국에서는 원·달러 환율의 변화와 코스피지수의 변화를 알면 6개월 후의 한국 아파트 가격의 변동 폭과 방향을 미리 예측할 수 있다.

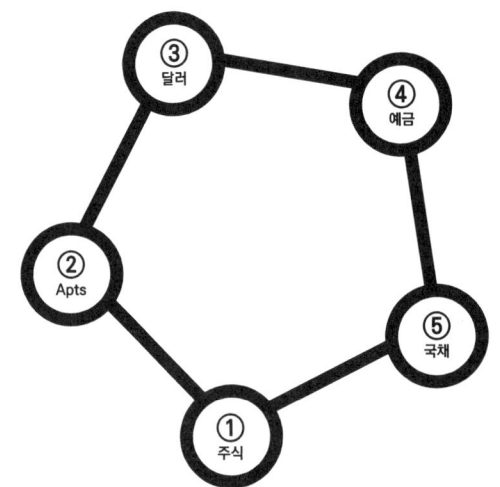

[그림 7] Pentagon식 5가지 재산의 순환투자 사이클 패턴 투자순환도

[그림 7]은 재테크 투자대상 5대 자산인 주식·아파트·달러·예금·국채의 순서대로 순환투자를 해야 하는 이유와 순서 등을 설명하기 위해 저자가 창안한 펜타곤 즉 오각형을 닮은 순환투자 사이클 패턴 투자 순환도이다.

즉 [그림 7]은 전 세계 최초로 재테크 시장에는 일정한 돈의 흐름과 규칙성 즉 순환투자 사이클 패턴이 있음을 밝혀내어 이를 간단히 파악할 수 있도록 도형화한 것이다.

이를 이용하여 재테크 시장을 흐르는 돈의 흐름을 꿰뚫어 보고 순서에 맞춰 투자할 수 있다. 펜타곤을 닮은 5단계 순환투자기법을 저자가 창안함으로써 이제 재테크는 어려운 것이 아니라 즐거운 일상이 된 것이다. 투자자들은 역주행 투자해서 망하기도 하고 때로는 적은 이익도 취하지만 이제는 이 펜타곤 투자법의 5단계 투자기법을 따라야 한다.

이제 펜타곤 투자 도형이 생겨나게 된 핀테크 기초 지식들의 핵심사항들을 다시 정리해 보자.

1) 왜 재테크의 출발은 항상 주식이 먼저인가?
2) 왜 아파트는 항상 주식보다 6개월 후에 투자해야 하나?

저자는 이런 이유들을 정확히 알기에 여기에 맞춰 즉 순환투자 사이클 패턴에 맞춘 Dollar Swapping 재테크 公式을 만들 수 있었다. 이것이 펜타곤(Pentagon) 투자법의 핵심 사항이고, 펜타곤 투자법은 세계 최초의 마켓 사이클 순환투자공식으로 완성되었다. 이 중 Dollar Swapping 재테크 순환투자 기법이 핵심 사항이다.

돈이 돌고 도는 기간이 기본적으로 10년이고, 재테크 대상 자산이 5가지뿐이므로 한 가지 투자자산에는 약 2년 정도 투자하여야 하며, 주식이나 아파트처럼 다른 자산에 비해 좀 긴 경우에는 3~4년간 주도주의 주도기간만 체류하면 된다. 국채도 숏텀 디플레이션이냐 롱텀 디플레이션이냐에 따라서 투자 기간이 2년 이상이 될 수도 있음은 물론이다.

즉 주식이나 아파트는 주도주나 주도지역에 한번 투자하면 짧게는 2~3년 길게는 3~4년간 매매를 하지 않으므로 살 시점에 미국의 주도주가 무엇인가 등을 참조하여 주도주를 잘 골라서 사야 하며 주도주를 사 놓고 생업에 전념해도 수익은 같다.

돈의 흐름으로 꿰뚫어 보는 Pentagon식 5단계 투자법(미국은 펜타곤 4단계 투자법)은 미국을 제외한 전 세계 어느 나라에서나 똑같이 적용해서 투자할 수 있으며, 적중률은 95% 이상으로 어느 나라에서나 거의 같다고 할 수 있다.

무역의존도가 100%에 가까운 나라이면서 전 산업의 전 품목을 전부 생산·판매하는 나라일수록 주가나 아파트 가격이 경기에 더 민감하게 반응할 것임은 말할 필요도 없다. 게다가 바로 지난달의 통계면 더 가치 있는 데이터가 될 것이다. 무역의존도는 각국에 따라서 다르므로 미국 거주자와 미국 비거주자, 약 750만 명에 달하는 한국의 해외 교포들은 사는 나라의 무역의존도를 미리 파악해 둘 필요가 있다.

거기에 맞춰 Pentagon식 5단계 투자법의 마지막 순환투자 자산인 채권을 팔고 주식투자로 전환할 시기를 미리 알 수가 있는 것이다.
즉 10년간의 최초의 재테크 출발 시점인 주식투자시기를 판단해 낼 수 있다.

여기서 미리 한 번 더 강조할 것은 주식투자, 아파트 투자로 성공하려면 알려진 것과는 달리, 장기투자하면 절대로 안 된다는 것이다.

장기투자하면 누구나 다 망한다.
돈이 '돌고 도는 길'을 따라서 재테크 대상 5대 재산인 주식·아파트·달러·예금·국채를 차례대로 순환매매해야 하는 법. 이제 펜타곤 투자법에 따른 5대 자산 간 투자순서를 [그림 7]을 보며 살펴보자. ①번이 주식투자 시점이다. 1년 전 연간 국제수지가 흑자를 보인 후, 어느 날 주식 시장이 돌연 활기를 띄게 된다.

롱텀 디플레이션이 아닌 숏텀 디플레이션 즉 보통의 경기순환의 출발선이라면 추세적으로 원·달러 환율은 내리고 1년 전 연간 국제수지는 흑자였을 것이다. 일반인들의 생각과는 달리 원·달러 환율이 내려야만 수출이 급증한다는 사실을 알아야 한다. 약간 논외의 이야기이지만 이 팩트와 환율조작국 지정 전후의 무역액 추이가 바로 [챕터 12]의 다이아몬드 달러 투자법의 탄생

이유이자 논리적 근거다.

즉 환율이 오르면, 제이커브 효과가 입증하듯이, 상당기간 수출은 오히려 크게 줄어든다. 또, 환율조작국 지정 등으로 환율이 내려도 수출은 상당기간 증가한다는 사실이다. 이는 [그림 22], [그림 23], [그림 24]의 한·중·일의 환율조작국 지정 당시의 그래프로도 입증이 된다.

어쨌든 주식시장이 돌연 활기를 뜨기 시작하면 즉시 당일이 기조반전일인가 아닌가를 확인하고 4~5일 정도 추이를 살펴본다. 삼선전환도상 양전환이 확인되면 과감하게 불경기의 끝자락에 사서 보유 중이던 국채를 우선 팔아야 한다.

이 자금으로 주식 시장에 진입하면서 새로운 재테크의 출발을 같이 해야 한다. 장장 10년 정도 걸리는 기나긴 재테크 시장의 출발선에 다시 서는 것이다.

돈은 (이익을 좇아) 돌고 돌기 때문에 이처럼 거의 자동적으로 순서에 따라 움직이게 된다. 마켓 사이클의 대가라는 미국의 하워드 막스(Howard Marks)는 오랫동안 미국 주식 시장에서만 마켓 사이클 패턴을 찾고자 하였으나 못 찾았으며 아직도 법칙을 못 만들어 안달하고 있다.

하지만 저자가 먼저 시야를 넓혀 5가지 재테크 대상 자산 간에 즉 마켓 간에 순환투자 사이클 패턴이 있음을 발견하고 이를 정리하여 펜타곤(Pentagon) 투자법이라고 명명한 것이다. 이 펜타곤 투자법이 바로 하워드 막스가 그토록 찾아 헤매는 마켓 사이클이다.

그는 개별종목의 주가에서 정형화된 사이클 패턴을 찾으려는 마이크로적 (Micro) 사고를 했다. 그의 방법은 출발부터 잘못된 것이다.
주가가 움직이는 방향에 규칙성이 없듯이 개구리 뛰는 방향은 누구도 맞출 수 없다. 따라서 개별 종목에서는 정형화된 사이클 패턴이 영원히 있을 수도 없을 것은 너무나 당연하다.

그가 주가의 변동 사이클 패턴을 찾아서 공식화한 대로 주가가 움직인다면 즉 과거에 움직였던 대로 주가가 항상 같이 움직인다면 차티스트들이 큰 성공을 거두었을 것이다.

그러나 주식 시장에는 일정한 사이클 패턴이 없기 때문에 개별 종목에는 같은 패턴이 전혀 발생하지 못할 일이므로 차티스트(Chartist)들이 결국에는 다 망한 것이다. 차트는 지나간 기록이며 단지 현재 주가가 어디쯤에 있는가를 파악하는 데 약간의 도움이 될 뿐이다. 하여튼 주식 시장이나 개별종목에서 그가 먼저 패턴이나 규칙성을 찾았다면 Howard Marks도 저자처럼 당연히 公式化했을 것이다.

저자는 매크로(Macro)적인 즉 거시경제학적인 접근으로 재테크 대상 5대 자산인 주식·아파트·달러·예금·국채 마켓의 5大 자산시장 간의 순환투자 사이클 패턴에서 일정한 규칙성과 사이클 패턴을 찾아낸 것이다. 저자가 먼저 찾아서 공식으로 만들어 발표했기에 그는 이미 늦었다.

하지만 이제, 그도 저자가 만들고 독창적으로 주창하는 미국 거주자를 위한 '4단계 펜타곤 투자법'을 갖다 쓰면 된다. 재테크 시장 특히 주식 시장은 예측이 어렵다고 사람들은 말한다. 저자도 그동안 어려웠다. 하지만 이제는 5단계 펜타곤 투자법이 탄생했으므로 재테크는 간단한 일이 되었다. 공식에 따라 움직여 주면 재테크가 되는 아주 간단한 일이 되었다.

서브 프라임 때 공매도로 떼돈을 번 마이클 버리(Michael James Burry)도 대세하락 시기를 예측을 잘못하는 바람에 먼저 공매도를 해 놓고 3년간이나 매일 드럼을 치며 괴로운 세월을 보냈음을 저자도 영화를 통해 본 적이 있다.

그러나 펜타곤 투자법은 재테크 대상 5대 자산 간의 순환투자 사이클 패턴과 규칙성과 순환시기를 찾아내서 이를 공식으로 만든 최초의 5대 마켓 간의 순환투자 사이클 패턴 재테크 公式이다. 5가지 투자대상 자산의 진입 시점과 퇴진 시점까지도 정확히 알 수 있다.

다시 되돌아와서,
주식에 투자를 시작한 후, 6개월 후에 [그림 7]의 ②처럼 아파트에 투자하면 대세상승기 초기에 부동산 시장에 진출한 것이 된다. 왜 6개월 후에 아파트 시장에 진입해야 하는지는 이미 앞에서 설명한 바와 같다. 펜타곤 투자법 3단계는 [그림 7]의 ③이다. 주식이나 아파트가 제일 비쌀 때, 주식이나 아파트를 달러와 Swapping을 하는 것이다. 한국의 실제 상황으로 보자!

[그림 1]의 가운데 그림인 코스피 그래프를 보면 수직점선ⓐ나 수직점선ⓑ일 때, 주가가 가장 높다. 이때, 원·달러 환율이 가장 낮을 때 주식을 팔고 달러와 스와핑 거래를 하면 된다. 그 후 적절한 달러 매도시점은 수직점선① 과 수직점선③이다.

지나치게 오른 주식이 자율반락이든 경기과열을 우려한 정부가 금리를 인상해서든 아니면 과열된 경기 도중에 갑자기 어떤 경제위기가 도래해서든 달러는 폭등하고 주가는 폭락한다. 아니면 주식이 먼저 폭락하는 것을 확인하고 달러를 사도 마찬가지이다. 이것이 펜타곤 투자법 3단계다.

주의할 점은 주식이 대세하락으로 폭락하면서, 달러가 폭등하더라도 주식이 폭락하는 시점에서 6개월이 지나는 동안에는 아파트는 계속 오른다는 점이다. 기간은 주식시세의 월봉을 기준으로 판단하면 된다.

이 기회를 절대로 놓치지 말아야 한다. 이것이 바로 아파트를 살 때와 팔 때를 판단하는 방법이기 때문이다. 반등기간과 반등시기 또다시 3~4차 반락시기, 반등시기도 이 6개월 룰을 그대로 적용해서 매도나 매수시기 반락시기를 판단하면 적중률 95%는 맞출 수 있다.

단기 반등 시에도 펜타곤투자법상 주식과 아파트의 6개월 시차론을 적용하면 아파트 반등꼭대기 연월일을 정확히 계산할 수 있다. 따라서 아파트의 반락시기도 펜타곤 투자법을 활용하면 정확히 계산해 낼 수 있다. 한국은 2022년 10월부터 주가지수는 11개월간 상승추세를 기록한 바 있다. 이에 따라 아파트는 6개월 후인 2023.3월부터 11개월간 상승 추세를 나타내게 된다.

왜냐하면 주가지수는 2023.8월부터 하락세로 이미 돌아섰기 때문에 추후 이 날짜는 이제 변경되지도 않는다. 그러므로 이번 반등세에서 아파트의 최고가격이 형성되는 연월일은 2023.3월부터 11개월 후인 2024.2월 중이 된다. 같은 기간 아파트 지수의 반등율도 주가지수 반등율과 거의 비슷하게 기록하게 된다. 이 상승률은 단기 반등 시 나타나는 상승률이다. 이것보다는 반등이 끝나는 연월일이 더 중요할 것이다.

이번 경기순환 기간 중에 아파트를 최고가격에 매도하지 못한 투자자는 이때가 어깨 가격에 아파트를 처분할 유일한 기회가 된다. 최고 가격은 최고가격을 기록한 이후 약 8년 정도 지나야 다시 기록하게 된다. 이 사실들은 33년간의 통계의 위력이 그대로 나타나기 때문에 거의 100%가 맞는다.

이것이 세계 최초의 마켓 사이클 순환투자 公式인 펜타곤(Pentagon) 투자법이다. 이제 수학 공식처럼 재테크에도 투자공식이 생긴 것이다. 주가는 이미 대세하락을 시작했어도 6개월간 반등을 시현한 후에는 아파트도 폭락을 시작한다.

이것이 펜타곤 투자법 3단계 현상이고 부동산 즉 아파트는 이에 맞춰 투자하면 된다. 즉 주식시장이 무너진 뒤 6개월 후에 매도하면 최고가격에 처분하게 된다.

다음으로는 [그림 7]의 ④의 펜타곤 투자법 4단계는 올랐던 달러가 제자리에서 오락가락하거나 서서히 내리기 시작할 때에는 달러를 현금화한 후 정기예금에 가입하는 것이다. 아마도 이때쯤이면 정부의 3~4회 이상의 금리 인상으로 정기예금도 지나온 기간에 비해서 꽤 많은 이자를 주고 있을 것이다.

그 후 펜타곤 투자법 마지막 5단계는
계속되는 불경기로 이제는 정부가 경기를 진작시키기 위해서 금리를 1~2회쯤 내리게 된다. 금리가 내리면 정기예금을 해약하고 국채를 사면 된다. 보통 금리인상기를 지나고 대개의 경우 11개월 정도의 고원지대를 지나고 나서야 금리를 내리게 된다. 따라서 미리 서둘러 예금을 찾아 국채시장에 진입해서는 안 된다. 금리인하가 1~2회 지속되는 것을 확인하고 따라가야 안전한 국채투자시기가 된다.

즉 펜타곤 투자법은 주로 국제수지 변화나 원·달러 환율이나 정부의 이자율 조정 등 행동을 보고 따라하는 추종매매이므로 순환매매해야 할 시기를 분명하게 알 수 있다. 따라서 펜타곤 투자법에 따른 주식·아파트·달러·예금·국채의 5단계 투자법은 의사이자 투자자인 마이클 버리(Michael James Burry)와 같이 투자시기 착오로 인한 고통도 안 생기는 완벽한 투자법이 된다.

다만 한 가지,
주식과 아파트는 가장 큰 투자수익을 가져다주는 재테크 수단이자 가장 흔한 재테크 방법이기도 하지만 두 자산의 투자 시점이 불과 6개월밖에 차이가 나지 않는다는 점에 유의하여야 한다. 따라서 주식이나 아파트를 팔고 Dollar Swapping 투자를 할 때에 어느 자산에 투자하고 있느냐에 따라서 좀 헷갈릴 우려가 있다. 즉 6개월의 시차가 나므로 교체해야 할 타임이 도래한 경우, 주식을 팔고 아파트를 샀다가 6개월 후에 되팔 것이냐 말 것이냐를 결정해야 된다.

이때 가장 큰 고려사항은 6개월간 보유한 후에 매매하는 것은 양도소득세 면제기간이 안 된다는 것과 부동산 거래 시에는 막대한 거래비용이 들어간다는 점이다. 따라서 애초부터 자금을 투 트랙 즉 주식에 절반 정도, 아파트에 절반 정도 투자하고 주식과 아파트 사이에는 교체투자를 하지 않는 방법을 추천한다. 어차피 주식과 아파트의 수익률은 경기순환 후에 계산해 보면 거의 비슷하기 때문이기도 하다.

즉 주식이 대세하락을 시작했어도 아파트는 6개월간 더 오르니까 이때 주식을 팔고 아파트로 교체투자 기회로 활용할 것이냐 말 것이냐는 각자 욕심의 정도에 따라서 결정해야 한다고 봐야 한다. 경제적 이익을 잠시 접어 둔다면 각자 사정이 다를 수 있기 때문이다.

이처럼 국채를 팔고 주식투자를 시작한 때로부터, 약 8년쯤 후에는 또다시 국채 시장으로 거의 자동적으로 자신도 몰래 이익을 좇아 진입하게 된다. 이것이 바로 재테크 시장에 규칙적으로 존재하는 순환 사이클 패턴이다. 따라서 주식·아파트·달러·예금·국채를 살 때, 팔 때를 이해하는 것은 결국 펜타곤 투자법을 이해하면 다 알게 된다.

이 사이클을 재테크 사이클로 공식화한 것이 세계 최초의 마켓 사이클 순환 투자공식, 펜타곤 투자법이다. 이 순환투자 사이클 패턴은 영원히 변하지 않는 재테크 사이클이 된다. 돈은 이익을 좇아 매번 같은 길을 같은 방법으로 돌고 돌기 때문이다.

한편 [챕터 23]에는 앙드레 코스톨라니의 달걀 이론을 소개하고 있다. 그는 미국 밖의 거주자들은 달러와 주식이나 아파트를 때에 맞춰 교체투자를 하면 황금방석이 되며 단기간에 8배나 재산을 불릴 수 있는 엄청난 기회가 존재한다는 점을 알았을 리가 없다,

여태까지 쭉 설명했듯이 펜타곤(Pentagon) 투자법은 그냥 물 흐르듯이 움직이는 돈의 흐름을 따라서 주식이나 아파트를, 달러로 교체매매를 하는 투

자방법이다. 그 후에는 정기예금에 2~3년간 예치해야 한다. 마지막에는 국채로 순환투자한다. 이것이 세계 최초의 자산 마켓 간 순환투자 재테크 공식이다.

우선 자산 간 교체투자로 큰돈을 벌 기회를 설명하지 않는다는 점이 있다. 또, 금리 최저점 부근에서 주식을 사고 금리 최고점 근처에서 채권을 사라는 등 그의 달걀 이론은 여러 가지 문제점들이 있다. 펜타곤 투자법은 금리 최고점이나 금리최저점 등 귀신도 모르는 이자율 예측은 할 필요도 없다는 것을 알 수 있다.

주식·아파트·달러·예금·국채의 5가지 투자대상 재산을 펜타곤 투자법을 준수해서 순환투자했다면 한 번의 경기순환이 끝나면 재산이 2~8배, 혹은 16배까지 불어나게 된다.

덧붙여 주식시장이 이미 대세하락기를 지나고 → Dollar Swapping → 예금에 파킹하고 있을 때에 주식시장이 돌연 움직임을 시작할 때에는 어떻게 대처해야 하느냐의 문제가 있다. 이런 경우에는 참여하지 말아야 한다. 즉 예금을 해약하고 주식시장으로 역주행하는 것은 안 된다. 아직도 예금 가입기간과 국채 투자 예상기간까지 포함하면 약 2~3년이나 남아 있기에 설령 주식시장이 조금 움직인다 하여도 이런 상승은 속임수일 수밖에 없기 때문이다.

게다가 마켓 간 즉 5가지 자산 간의 순환매매를 전부 거치지 않았으므로 투자금들은 예금이나 국채 등에 분산되어 있을 것이다. 또한 주식투자를 시작할 첫 번째 조건인 1년 전의 연간 국제수지 흑자가 아니라 아직은 적자 상태일 것이다. 따라서 신용창조를 통한 자금 팽창도 현저히 약해서 주가 상승력이 미약함은 당연하다고 하겠다. 따라서 분위기에 쉽게 견강부회하면 안 된다. 트릭임을 알아야 한다.

10년 정도의 짧은 기간에 최대 16배 정도의 막대한 부를 쌓기를 싫어하는 사람은 이 책을 살 이유도 없고 읽느라 쓸데없이 시간과 돈을 낭비할 이유도 없다. 앞으로 미국인은 워런 버핏처럼 단순히 주식이나 아파트에 장기투자를 하지 말고 Dollar Swapping 과정이 빠진 '4단계 펜타곤 투자법'을 준수하며 투자하면 성공적으로 투자할 수 있다.

非미국인 즉 미국에 거주하지 않는 투자자는 '5단계 펜타곤 투자법'에 따라 Dollar Swapping 투자 기법을 구사할 수 있어야 한다. 그러면 10년 만에 돈은 최대 16배로 불어나 있을 것이다.

저자의 이론대로 주식과 아파트는 대세하락 시점이나 금융위기 등의 경우에는 반드시 Dollar Swapping을 해야 하며 교체투자를 하지 않으면 그동안 올랐던 자산 가격의 대폭락을 겪게 된다.

펜타곤 투자법에 따라 3단계에서 반드시 Dollar Swapping을 해야 한다. 거기에다가 마지막 국채 투자단계에서 금리와 시세차익을 즐기던 외국인들에게도 경제위기는 닥쳐온다. 투자한 나라에 경제위기가 닥치면 외국인 투자자들은 보유하던 국채를 투매에 가까울 정도로 신속하게 처분하고 달러자금을 회수해 돌아가게 된다.

이때에는 독자들도 외국인들과 같이 국채투매에 나서야 한다. 이때에 또 한

번의 2배 정도의 대박 투자 기회가 추가로 또 주어지는 것이다. 이 자금으로 외국인들과 같이 달러를 사야 한다.

이런 것 때문에 우리는 이자율 급등이나 경제위기 등으로 급등한 달러가 또 더 급등하는 현상을 수차례 보아 왔다. 그 후 위기가 진정되고 금리와 달러 가격이 내리기 시작하면 철수했던 외국인들은 그 나라의 경제사정, 국제수지 등이 호전되기 시작하면 다시 달러를 안고 투자하러 오는 것이다.

내국인도 외국인과 같이 국채를 다시 환매수한 후에는 금리의 장기적인 하락을 통해 막대한 시세차익과 이자를 계속 누릴 줄 알아야 한다. 독자들에게는 행복하게도 펜타곤(Pentagon) 투자법 6단계가 생겨나는 것이다. 이 사실은 경기 순환의 마지막 단계에서 거의 매번 발생하는 현상이다.

과거에는 채권시장 발전이 미진해서 투자자들이 채권을 직접 사고파는 것이 거의 불가능해서 국채에는 투자할 기회가 없다시피 했었다. 하지만 이제는 몇 가지의 국채 관련 ETF가 상장되어 있으므로 이렇게 좋은 투자기회를 절대로 놓쳐서는 안 된다.

따라서 엄밀하게 다시 생각해 보면 한 번의 경기순환에 따른 펜타곤 투자의 투자이익은 보통 16배의 수익 가능성에 외국인들의 국채 투매로 인한 약 2배 정도의 채권시세 차익까지 합쳐 이론상으로는 총 32배 정도의 이익까지도 얻을 수 있는 것이다.

국채를 되사들인 이후에는 롱텀 디플레이션이 지속될 것으로 판단되므로, 펜타곤 투자법 5단계에 따라서 독자들은 장기간 국채 보유에 따른 이자수입과 금리 하락에 따른 국채 시세차익도 누리게 된다.

롱텀 디플레이션이 진전됨에 따라 수익은 또다시 2~3배 이상으로 큰 폭의 차이를 보일 수 있다. 국채 투자 기간도 당연히 한국은 2029년, 전 세계는 2048년까지도 연장 될 수 있다. 전 세계는 2016.1월부터 롱텀 디플레이션이 진행 중이다.

재테크 대상 5대 자산인 주식·아파트·달러·예금·국채의 5대 재테크 대상 자산 마켓의 순환투자 순서는 어느 나라나 같지만, 주식투자 첫 시기와 아파트 투자 시작 시기는 각국의 경제 규모나 무역 의존율에 따라서 다를 수밖에 없다.

각국의 증권 관련 연구소나 이코노미스트 애널리스트 등과 전문 투자자라면 자국의 투자 소요 기간을 미리 파악해 둘 필요가 있을 것이다.

챕터 10) 부자가 되려면, 주도주에 몰빵 투자하라

부자가 되려면 주도주에 몰빵 투자하라! 대신에 반드시 순환투자하라! 분산투자 하면, 수익도 분산된다. 주도주에 집중투자하라! 그래야 수익이 최고로 늘어난다. 이것이 부자가 되는 기본 공식이다.

저자가 주창한 펜타곤(Pentagon) 투자법은 환율변동에서 시작된다. 환율은 주식시장의 자율반락이나 이자율의 변동, 금융위기 등에서 환율의 급변동을 초래하기 시작한다. 환율이 변하면 나라별로 무역의존도에 따라서 각국의 수출입액이 증가하거나 감소하게 된다.

무역액의 증가나 감소는 통화량 증감으로 이어지므로 경기가 변동하게 된다. 가계, 기업, 정부의 각 경제주체들은 이러한 경기변동 시기에 맞춰, 투자 대상 자산을 교체하게 된다. 각 경제주체들의 이익추구 행위가, 경기변동으로 나타나는 것이다.

그러므로 이 경기변동에 맞춰 투자하면, 저절로 재테크 대상 5대 자산에 순환투자를 하게 된다. 5대 자산은 주식·아파트·달러·예금·국채다. 펜타곤 투자법은 이러한 순환투자를 해야 하는 5개의 자산별 투자순서와, 투자시기, 회수시기에 관해 명쾌하게 정리한 이론이다.

따라서 우리가 주식투자 시에는 분산투자를 해야 한다는 생각은 철저히 잘못된 생각이다. 주도주는 보통 3~4년간 4~20배까지 오르고 대세하락과 함께 그 수명을 다한다. 우리는 대세하락 후에 또다시 주도주로 부상한 주식들을 거의 본 적이 없다. 단 한 차례 중국이 WTO 회원국이 되어 약 14억 인구의 시장이 새로 열렸을 때뿐이다. 지나간 주도주가 다시 주도주가 될 확률은 12.5%에 불과하다는 연구결과도 나와 있다. 맞다. 착각해서는 안 된다.

우리들은 주도주가 꺾이면 매번의 대세하락 시마다 주도주도 평균적으로 50~90%까지 폭락하는 사례를 항상 보아 왔다. 다른 주식들은 말할 것도 없다. 전부 폭락한다.

그래서 저자는
주식이나 아파트에 장기투자하지 말라고 강력히 주장한다.
주도주는 매 경기순환마다, 새로이 신산업으로 나타나서 폭등을 시작한다.

자율반락, 이자율 상승, 금융위기 등으로 인해 주식이 먼저 폭락을 시작하고, 그 후 6개월 뒤에 아파트가 폭락을 시작한다.
주식이 폭락을 시작하면 주식은 즉시 팔아야 한다. 6개월 후에는 아파트도 팔아야 한다.

주식이나 아파트를 판 후에는 자산시장의 순환투자 순서에 따라서, 이 자금으로 달러를 매수하면서, 순환투자의 길로 들어서야 한다. 이것이 앞 챕터에서, 저자가 설명한 핵심 사항이다.

펜타곤 투자법의 이론적 출발은, 다이아몬드 달러투자법이다. 달러 기축통화 제도가 지속되는 한, 달러스왑 핀테크만으로 800% 수익 난다! (5大 자산시장 순환투자공식) 펜타곤 투자법 이론은 변할 것이 없다.

즉, 경기변동과 달러와의 관계를 이용하는 투자법은 변할 것이 없다. 경기변동에 따른 자산 가격들의 절대적인 가격변화와 달러와 상대적인 가격변화까지 다 반영하는 5대 투자대상 자산에 대한 투자법이기 때문이다.

매번의 경기변동에 맞춰 10년에 한 번 정도, 주식이나 아파트를 달러와 스와핑 즉 교체매매하는 것에서 부자 되는 길이 출발하는 것이다. 따라서, 달러 환율이 가장 중요하다.

미국의 'Magnificent Seven'이 지금 세계의 주도주다. 미국이 전 세계의 산업과 경제의 약 25%를 차지한다. 따라서 다른 나라들은 미국의 주도주, 주도산업을 자국에 준용해서 투자하면 큰 실수는 하지 않는다.

주도주나 주도산업을 찾기 힘들면 주도주로 구성된 ETF 투자도 좋다. 나라별로 산업발전 단계에 따라서 주도주가 약간씩 다를 수도 있기 때문이다.

이제 한 마디로 정리해 보자!

1) 주식이나 아파트에는 장기투자하면 절대로 안 된다.
2) 주식은 분산투자해서는 안 된다. 주도주에 집중투자하라,
3) 대세하락 시에는 전부 팔고 달러와 스왑거래를 하라

이것이 답이다.
이것이 펜타곤 투자법의 핵심이다. 물론 달러와 스왑거래 후에는 다음 순환 투자자산인 예금에 투자해야 한다. 예금이자는 기준금리가 인상되어 왔을 것이기 때문에 제법 높아져 있을 것이다. 그다음으로는 국채에 투자해야 한다.

지나친 경기진정책으로 이제는 경기가 지나치게 침체되어 정부는 기준금리를 내리게 되어 있고, 이자율 인하에 따라 국채가격이 급등하기 때문이다.

기준금리 인하에 따라 예금금리도 전부터 이미 내리고 있을 것이다. 아직도 예금에 가입한 채로 그냥 두는 사람은 바보다. 이자가 계속 내릴 것이므로, 얼른 예금을 해약하고 국채를 사야 하는 때가 온 것이다.

이에 따라서 돈은 주식 → 아파트 → 예금 → 달러 → 국채를 차례대로 순환하게 되는 것이다. 그러지 않으면 큰 손해를 보게 된다. 이 순환의 이유는 인간들의 이익 추구 동기에 의해서 저절로 이루어지기 때문에 반드시 거치는 순환투자과정이 된다.

즉, 부자가 되려면 주도주에 몰빵 투자하라. 대신에 5대 자산시장의 순환투자순서를 반드시 따르라. 이것이 여러분이 부자가 되는 투자법의 정답이다.

새로운 주장이어서 믿음이 안 간다면 투자자산의 50%는 이 펜타곤 투자법에 따라서 주도주에 집중투자하라. 그동안 실물경제 즉 재테크와 달러를 직접 연관시켜서 설명한 책은 극소수에 불과하다.

재테크는 달러에서 출발하고, 달러로 끝내야 한다. 그래서 저자는 달러에 관한 이야기들을 책의 곳곳에서 소개한다.

챕터 11) 어느 미국인: 1985.9.22. 아침에 일어나니 난 망해 있었다. 난 아무것에도 투자하지 않았는데도 말이다.

이런 말은 **1985년 9월 22일** 아침에 일어난 평범한 미국인이 했을 말이다. 바로 전날 미국과 일본의 플라자 합의(Plaza Accord)로 인해 엔화에 비교해서 달러 가치가 하루아침에 약 46%나 폭락했기 때문이다. 이와 반대로 엔화는 46% 폭등했다.

[그림 20]은 48년간 엔·달러 환율 변동에 따른 니케이 지수와 주택지수의 변동관계를 한눈에 비교가 가능하도록 엔·달러 환율, 니케이 지수와 일본의 주택지수의 시작 일자를 서로 맞춰 놓은 그래프이다. [그림 20]의 수직점선①은 1985.2월인데 이때의 엔·달러 시세는 262.80을 나타내고 있다.

실제로 플라자 합의는 1985.9.22.이지만 사전부터 이미 소문 등으로 엔·달러 환율은 약세였을 것이므로 실제로는 엔·달러는 46%보다 더 많이 내렸을 것은 뻔하다.

어쨌거나 미국인 입장에선 일본의 자산이 하루 사이에 46% 비싸졌고, 일본인 입장에선 미국의 자산들이 46% 싸진 것이다. 미국인은 하루 사이에 더블로 비싸진 엔화를 환전해서 일본 자산을 사야 한다. 한편 일본인은 폭락한 달러를 사서 미국의 자산들을 사는 것이 된다.

미국의 재산 가격은 그대로였지만 일본인이 본 미국의 재산 가격은 하루아침에 반 토막이 된 것이다. 일본인들이 일본 국내에서 달러를 사면 하루아침에 절반 가격으로 살 수 있기 때문이다.

반면에 일본인들이 보면 미국의 모든 재산들은 실제로는 그대로이지만 가격이 절반으로 내린 것과 같다. 이 결과 결국에는 "Japan Money '뉴욕의 상징'을 사다"라는 기사까지 뜬 것이다.

반면에 미국인이 본 와타나베의 집은 실제로는 가격이 그대로였지만, 엔화가 46% 폭등했으니 미국인 입장에서 보면 일본 주택 가격은 하루 사이에 더블 가까이 오른 것이 된다.

이처럼 달러 가격의 변동, 즉 환율의 변동은 모든 나라의 자산 가치를 무차별적으로, 또 강제로 변동시키는 것이다. 달러 가치의 변동이 각 나라들의 자산 가치를 무차별적으로 변동시키며, 달러는 이에 맞춰 이익을 좇아 움직일 수밖에 없다.

미국 달러 자금은 항상 이익이 많이 발생하는 국가로 그 투자 방향을 정한다. 이는 미국 내에만 투자하는 미국인은 관계가 없지만 해외 투자를 하는 미국의 펀드, 연금, 기금 등은 달러 가격이 급등 혹은 급락하는 국가를 찾아다니며 투자하면 투자 기회가 전 세계에 항상 열려 있는 것이다.

유럽의 투자 자금도 거의 전부 미국 달러 자금들이다. 이들도 미국에서 달러를 조달해야 달러 확보가 가능하다. 각 국가의 국부나 자산의 평가는 달러로 환산하여 비교한다. 파운드나 유로의 위기가 닥친다고 해도 결국에는 달러의 위기가 되는 이유이다.

따라서 국내 투자가들도 미국인의 시각으로 전 세계 자산들을 평가하고 투자하는 습관을 길러야 한다. 또한, 국내 자산 시장을 항상 달러로 평가해 보는 습관을 들여야 한다.

우리는 늘 무역 흑자 누적으로 인한 제2의 플라자 합의 사태나 이보다 훨씬 간단한 환율조작국 지정으로 인한 원화 급등 위험 요인을 지니고 있다. 2023년에는 관찰 대상국에서 벗어났지만 일시적일 것으로 본다.

이런 일이 생긴다면 IMF 사태와 반대로 원화 급등, 달러 급락 사태가 온다. 이렇게 되면 1985년의 일본 플라자 합의 때와 상황이 같아진다. 따라서 미리 연구하고 생각을 정리해 둬야 한다.

환율조작국으로 지정되어 원화 환율을 강제로 조정하게 되면 일본의 플라자 합의와 같은 상황이 된다. 일반인들이 생각하는 상황 즉 주식과 아파트의 대폭락이 아니라 한국 자산 시장이 대폭등세로 돌아서는 것이다. 그래서 미국인들의 달러자금은 한국 자산시장으로 돌진하게 되는 것이다. 플라자 합의 후의 일본 자산 시장처럼….

바로 다이아몬드 달러 투자법의 원리에 따라, 국내 자산 가격은 원·달러 환율 폭락에 맞춰서, 일시에 폭등하게 된다.

[그림 20]의 B②C'선 이전의 일본 상황은 정상적인 경제 상태 구간이다. 즉 다이아몬드 달러 투자법이 그대로 적용되는 구간이다.

이 구간(1971.1.4.~1988.12.1.)을 보자.

엔·달러 환율이 18년 정도 지속적으로 내림에 따라 다이아몬드 달러 투자법에 따라 일본 니케이 지수도 같은 기간 동안 엔·달러 환율 하락률만큼 니케이 지수는 급등하고 있다. 주택지수는 발표조차 되지 않는 시대였지만 다이아몬드 달러 투자법에 따라서 역시 급등했을 것으로 추론할 수 있다.

1985.9.22. 플라자 합의 당시엔 하루아침에 240엔이던 환율을 140엔으로 46%나 낮췄지만 일본 내의 모든 자산은 다이아몬드 달러 투자법에 따른 가격 조정을 전혀 하지 못한 상태로 플라자 합의가 하루 사이에 시행된 것이다.

따라서 환율 하락에 따른 일본 내 자산들의 가격이 46% 폭등하여 시간을 두고 조정되는 동안 내내 일본의 주식과 아파트 등 자산 시장은 폭등에 폭등을 거듭하게 된 것이다.

B②C'선 이전의 다이아몬드 달러 투자법에 따른 엔·달러와 주식 시장의 폭등을 일견하면 대충이라도 알 수 있다. 이 수직점선 이후는 롱텀 디플레이션이 진행된 구간이다.

일본은 이때부터 롱텀 디플레이션 국가가 되었고 그 후 아베노믹스 정책으로 간절하게 롱텀 디플레이션에서 탈출하고 싶어 했다. 2023.11월 초 현재 엔·달러가 151엔 정도이니까 이제는 롱텀 디플레이션에서 완전히 벗어난 것으로 봐야 한다.

플라자 합의 이후, 일본인들은 바빴을 것이다. 일본 국내의 주식과 아파트는 일시에 급락한 엔·달러 환율 하락분만큼 급등하는 시세를 즐겨야 했다.

또 상대적으로 싸진 미국 부동산과 영화사 등 기업체도 인수해야 했을 것이다. 다이아몬드 달러 투자법에 따라 미국 내의 자산들은 46%가 일시에 급락했으니까 욕심이 얼마나 생겼을까 상상해 보라.

반면에 미국인들은 플라자 합의로 엔화 기준으로는 폭락했고 미국 입장에서는 가격이 그대로인 안 팔리던 부동산이나 기업체를 일본인들에게 제값을 받고 팔아 치울 절호의 기회가 왔을 것이다.

이것이 바로 플라자 합의 때 엔·달러 가격 조정으로 인해 달러가 미국과 일본의 재산 가격을 조정해 준 기록이다. 바로 환율 변동과 자산 가치의 변화의 구체적 사례이다. 플라자 합의 이후 일본 자금이 미국의 유명 기업을 매수한 건은 수없이 많다.

1989.11월에는 일본의 미쓰비시 이스테이트가 미쓰이 부동산과 서로 인수 경쟁을 하던 맨해튼 심장부 록펠러센터를 경쟁 끝에 여타 비용을 포함해 총 20억 달러에 사들인다. 당시 이 사건은 일본 엔화에 의한 '제2의 진주만 기습'이라고 대서특필되었다.

그러나 1995년 미쓰비시 부동산은 채무 인수 조건으로 록펠러센터를 다시 채권단에 거의 공짜로 넘겨줘야 했다. 투자액 거의 전부를 날린 것과 같다.

1989년 11월 인수 당시 엔·달러 가격 143엔이 1995년 팔 당시에는 84엔으로 일본 국내 자산 가격이 폭락했으니 환차손만도 매수 가격의 41%나 되었다. 엄청난 손실을 본 것이다.

이렇게 금융 지식이 짧으면 단 한 번의 실수로 회사가 망할 지경까지 추락하는 것이다. 그래서 핀테크(FinTech, Financial Technology)가 중요한 것이다.

그들은 롱텀 디플레이션 때에는 국내 자산 가격이 계속 내린다는 것을 몰랐고, 일본 국내 자산 가격이 계속 내리면 수출 대기업이 중견 기업보다도 더 힘들어진다는 것도 물론 모르는 금융 문맹 수준이었던 것이다. 이른바 저환율의 효과를 전혀 모른 것이나 마찬가지다.

이런 일련의 과정들은 아마도 유태인들의 기획이거나 이들은 이미 이러한 결과를 미리 예측한 거래였을 것이다.

우리 정부도 비슷한 재무 투자 실패를 경험한 적이 있다. 대한민국 정부도 외환은행 매각 시 엄청난 손해를 본 것은 누구나 다 아는 사실이다. 2001년 8월 23일, 한국의 IMF 사태가 완전히 끝났다.

IMF 사태로 한국의 덩치 큰 자산이 폭락한 후, 시세가 회복되기 전인 2003년 8월 27일 정부는 외환은행을 론스타에 1조 3,833억(매각 당시 환율: 1,175원)에 팔아 치웠다.

그 후 론스타는 2006년 2월 9일 하나금융지주에 4조 6,635(환매수 당시 환율: 970원)억에 외환은행을 매각하고 한국을 떠났다.

매각 차익만 매수 가격의 2.37배가 남은 3조 2,802억이다. 환차익만 (1,175원-970원=205원) 해도 2,413억으로 투자액 대비 17.4%가 환차익이다.

환차익 + 매각 차익을 합친 총수익률은 무려 254.6%다. 2년 5개월 만에 올린 수익률이다. 이 내용은 뒤에서 다시 자세히 설명하기로 한다.

핀테크(FinTech) 기술이 뛰어난 일부 미국인들도 플라자 합의 직후에 일본에 달러를 들여와 일본 주식이나 아파트 매수 행렬에 나섰다면 시세 차익으로 약 250% 이상의 폭등을 즐길 수 있었을 것이다.

그 후 롱텀 디플레이션에 본격 진입한 1989.12월에 일본 주식을 다 팔고 은행에 예금했다가 일본 국내 자산이 가장 쌀 때 즉 76.34엔(2012.1월)에 달러를 사서 미국으로 귀환했다면 역시 이들도 큰돈을 벌었을 것이다.

지나고 나서 보니 그런 것이지 어찌 미리 이런 결과가 나오리라고 생각할 수 있냐고 말하겠지만, 롱텀 디플레이션 이론을 안다면 이런 대박 사례는 이미 답이 나와 있는 거래이다.

이 책을 읽은 뱅커(banker)나 일반 투자자들은 롱텀 디플레이션 때마다 오는 이런 큰 기회를 놓치지 말아야 한다. 달러 가격의 변동이 이렇게 무서운 것이다. 이것이 핀테크요, 환테크이다.

다른 나라와 달리 한국은 달러 가격의 변화에 더 신경을 써야 하는 또 하나의 이유는, 한국은 항상 전쟁 위험이 존재한다는 점이다. 전쟁이 나면 한반도에서의 달러 가격은 급등할 것이다.

1985.9월 플라자 합의(Plaza Accord)로 미국은 수출이 증대되었음은 물론이다. 또한, 일본인들은 거의 절반 가격에 미국 자산을 저렴하게 구입할 수

있게 되어 결국 미국은 외국인 투자 유치에도 긍정적인 영향을 미쳤다. 일본인들은 미국 자산을 46% 폭락한 가격에 인수할 수 있었다.

이런 경우 미국이 46% 세일 판매하는 자산을 취득하지 않는 일본인은 바보가 되는 것이다. 이는 환율이 오른 나라에서 환율이 내린 나라로 달러를 급격히 이동시키는 요인이 된다.

한편 일본은 엔화 가치 상승으로 중장기적으로 수출이 줄고 성장률도 줄어들었다. 플라자 합의로 인해 엔화가 상승하면서 일본은 수출 중심의 경제 구조에서 내수 중심의 경제 구조로 전환시키는 계기도 되었다.

무엇보다 중요한 변화는 엔화가 급등한 46%만큼 수입 물가를 무조건적으로 하락시켜 롱텀 디플레이션적인 상황을 만들었다는 것이다.

하루아침에 엔화 가치를 46%를 인하시켰으므로 일본 내의 모든 물건의 수입 가격은 46%가 즉각적으로 가격이 폭락한다. 이 수입 물가 하락은 품목에 따라 일시에 혹은 천천히 시간을 두고 물가에 반영되었다.

결과적으로 물가의 끊임없는 하락인 롱텀 디플레이션에 본격적으로 진입하게 된 것이다. 그 결과 롱텀 디플레이션이 만들어질 가장 근본적인 조건인 엔화 가격 상승이 이루어졌다. 수입 물가의 하락은 서서히 시간을 두고 모든 물건에 꾸준히 반영되어 롱텀 디플레이션은 계속 진행된 것이다.

환율의 하락은 모든 수입 물가를 떨어뜨린다. 환율의 상승은 모든 수입 물가를 급등시킨다. 그래서 뒤에서 설명할 다이아몬드 달러 투자 기법의 원리가 더욱 중요한 것이기도 하다.

저자는 미국의 기준 금리 인상으로 시작된 이번 금리 인상은 시장의 기대와는 달리 아직도 더 남아 있다고 본다. '폴 볼커의 실수'처럼 파월도 '파월의 실수'를 할 것으로 보기 때문이다.

금리 인상기를 지나고 약 1년 이상 지속되는 금리 고원 지대인 2024.5월 정도를 지나면서 기준 금리를 너무 조급하게 인하하게 된다고 본다. 그 바람에 치솟는 인플레로 인해 또다시 기준 금리를 급격히 인상해야만 해 금융위기는 본격적으로 도래할 것이다. 그때의 국내 달러 환율은 또 치솟아, 1,500~1,600원 정도가 꼭대기로 판단된다.

이 경우 국내 재산들은 다이아몬드 달러 투자법의 원리에 따라 폭락할 것이다. 달러 가격은 먼젓번 서브프라임 금융위기 시의 최고 시세 정도가 될 것으로 본다.

그러고 나서는 롱텀 디플레로 본격 진입하게 되므로 일본처럼 한국도 달러값이 지속적으로 폭락할 것으로 본다. 600원대도 가능할 것으로 본다.

마크 파버의 연구 결과에 따르면 올랐던 환율이 급락할 경우에는 주식이 부동산보다 더 강력하게 빨리 오르는 것으로 증명된 바 있다. 이는 한국의 경우 6개월 시차가 나는 것으로, 일본은 5개월 시차가 나는 것으로 확인할 수 있다.

[그림 1]은 IMF 전후의 한국 내의 달러 가격, 코스피 주가 지수, 한국의 주택 지수 변동 관계를 하나로 합친 그래프이다.
아래에서 자세히 설명한다.

이 그래프를 이용하여 한국의 IMF 당시의 3가지 그래프의 변동 관계를 확인하면 저자가 주창한 연속 다이아몬드형 달러 투자법의 유용성을 또 한 번 더 검증하게 된다.

마크 파버의 연구 결과도 당연히 확인할 수 있다. 마크 파버의 연구에서 더 나아가 아파트 등 부동산은 주식보다 6개월 더 늦게 움직인다는 것도 알아 둬야 한다.

[그림 1]은 1997년 12월 3일 한국의 IMF 전후의 그래프이다. 원·달러 환율과 코스피지수는 서로 즉각 반응하므로 1982.1.1일을 시작일로 같이 맞추고, 맨 밑의 주택지수 그래프는 1981.7.1일을 시작 일자를 조정한 그래프이다.

한국의 경우 주택지수가 원·달러 환율보다 6개월 늦게 후행하므로 3가지 상황을 한눈에 비교하기 쉽도록 그렇게 맞춘 것이다. 따라서 임의의 수직점선을 그어 비교하면 같은 일자의 원·달러 환율과 주가 지수, 주택지수를 알게 되는 편리함이 있다.

이를 이용하여, 환율의 변동과 이에 따른 주가의 변동 및 아파트 등 주택 가격의 변동을 일목요연하게 비교해 볼 수 있다. 따라서 세 그림을 동시에 비교하면 한국의 IMF 사태 전후의 달러 가격 움직임에 따른 주가, 주택 가격을 동시에 비교할 수 있다.

이 그래프는 어느 나라든 위기에 처한 국가의 환율, 주가, 부동산의 가격 변동 관계를 간접적으로 예측할 수 있는 자료로 활용할 수 있다.

즉 달러가 변할 때 나타나는 현상을 미리 파악하여 이런 위기들을 이용한 주식과 주택의 매매 시점을 파악하는 데 유용하게 쓸 수 있다.

서브프라임 때인 수직점선⑤와 수직점선③ 사이를 [그림 1]을 통해 확인해 보면, 원·달러 환율은 급등하고 주식은 급락하고 있다. 주식의 정점인 ⑤ 정도에서 주식을 팔고 아파트(주택)로 가도 아직 투자 기회가 남아 있음을 맨 밑의 주택지수 그래프로 확인할 수 있다.

즉, 위기가 발생하면 주식은 환율 급등에 맞춰 즉각적으로 폭락한다. 아파트는 환율 급등으로 인해 주식이 폭락하더라도 6개월 동안은 폭등한다. 그리고는 폭락한다. 그러니까 주식을 팔고 아파트를 사더라도 6개월 동안 세금 등 다른 경비가 없다면 폭등하는 아파트 가격 상승 폭을 벌 수 있다.

이와 같이 주식을 팔고 아파트로의 교체매매는 숏텀 디플레 즉 인플레 경제 하에서 가능한 투자 방법이다. 그러나 ⑤에서 주식을 팔고 달러를 사는 것이 훨씬 더 유리함을 알 수 있다. 수직점선⑤와 ③ 사이에서 달러 가격이 급등하고 있음을 보면 안다. 반면에 같은 기간에 주식 가격은 급락하고 있다.

그러나 이 방법들은 롱텀 디플레이션 경제가 진행되고 있는 지금의 한국과 전 세계에서는 지금은 해서는 안 되는 투자이다.

여기에서 독자들이 저자의 판단을 오해할 여지가 있다. 즉, 지금 주가나 부동산이 잘 오르고 있는데 웬 디플레 타령이냐고 항변할 수 있다.

하지만 저자는 지금의 세계 경제 상황은 2016년부터 디플레 경제가 진행되고 있다가 서브프라임 사태와 코로나 위기로 풀린 막대한 자금으로 인해서 디플레 기간 중간에 잠깐, 즉 3~4년의 짧은 인플레가 나타난 것으로 보기 때문이다.

또 한 가지 고려할 사항은 맨 밑의 주택지수 그래프는 주거시설 전체의 통계이다. 상업 시설이나 임야 건물 등을 포함하여 부동산 지수를 다시 만든다면 그래프의 내림세 시기보다 실제로는 상당 기간 더 늦을 것이라는 점이다.

이로써 급락 시기와 회복 시기가 더 늦은 아파트(주택)와 주식 간에는 짧은 기간이지만 교체투자가 가능함을 알 수 있다.

2017.5월에 시작된 이번의 경기 순환 중 2021년 6월에는 주식 시장이 대세하락을 시작했으며 6개월 후인 2021.12월 아파트 시장이 대세하락을 시작했다.

달러는 주식이 꺾인 후 4개월 후인 9월 20일에 최고 시세를 나타냈다. 아파트는 예상처럼 6개월 급등했다가 폭락을 시작했다.

즉 주식을 팔고 아파트를 샀다가 팔고 달러를 샀다가 다시 팔면, 달러 최고 시세를 지나서 달러를 팔게 된다. 아파트는 양도소득세 면제 기간인 2년이 경과되기 전에 팔아야 하므로 양도소득세를 내야 하며 매매 시기를 맞추기도 쉽지 않으므로 주식과 아파트에 자금을 양분해서 투 트랙으로 투자하는 것이 더 좋다고 볼 수 있다.

이런 현상은 달러를 일상 통화로 쓰진 않는 모든 자본주의 국가에서는 똑같이 발생한다. 그러기에 해외에 거주하고 있는 약 750만 명의 우리나라 해외 교포들과 장기 체류 중인 사람들은 이 기법으로 재산을 10배 정도로 쉽게 불릴 수 있다.

멀리 타국에서 생활전선에 뛰어들어 열심히 살아가는 한국인들을 보면 자랑스럽기도 하고 때로는 측은하기도 함은 나뿐이 아닐 것이다. 이 책을 정독하면 이민국이나 체류국에도 10년마다 찾아오는 위기 시에 오히려 더 큰돈을 벌 수 있음을 알게 된다.

펜타곤 투자법은 미국을 제외한 자본주의 국가 어느 나라에서나 어느 시기에나 위기 시에는 똑같이 적용할 수 있는 일반적인 Dollar Swapping 투자 기법이다. 달러 가격의 변동이 내 자산 가치를 무차별적으로 변동시킨다는 점을 항상 주지해야 한다.

나는 아무런 투자도 하지 않았지만 달러 가격의 급등락으로 내 재산은 반토막이 나거나 더블로 오르는 것이 바로 달러 가격의 변동으로 인한 내 재산 가격의 급등락 현상이다. 이에 따라서 투자 자산의 포트폴리오를 변경해야 하는 이유도 된다.

IMF 당시의 반등 시기를 [그림 1]을 통해 이를 확인해 보자.
주식의 단기 반등 시기는 1998년 8월~1999년 12월까지, 1년 5개월간, 주택은 2001년 2분기~2003년 4분기까지, 2년 6개월간이 반등기였다.

주식은 반등 후 1999년 12월부터 2001년 10월까지 본격적으로 반락하기 시작했는데, 주택은 겨우 2001년 4월 정도에 반등을 시작했다.

단기에 급반등한 주식을 팔고, 단기 반등을 시작하지도 않은 아파트나 주택을 사면 양쪽의 단기 반등 차익을 다 취할 수 있었음을 알 수 있다.

주가는 1년 5개월의 반등기에 38.1% 폭등하였고 주택지수는 2년 6개월의 반등기에 19.34% 폭등하였다. 마크 파버의 연구 결과처럼 주식이 더 짧은 기간에 더 많이 오름은 이로써도 알 수 있다.

그러나 중장기적으로는 결국 두 자산의 상승률은 같아진다는 것이 저자의 생각이다. 이것이 바로 저자가 창안한 다이아몬드 달러 투자법의 기본 원리이기 때문이다.

주식의 등락 시기와 아파트 등 부동산의 등락 시간 차이, 6개월을 활용하는 매매를 하면 주식과 아파트 상승폭을 다 취할 수 있다. 게다가 주식 시장은 이미 반등 후 재반락기로, 즉 주식은 내리고 있을 때 얻을 수 있는 아파트 상승에 대한 매매 차익이므로 꽤 매력 있는 투자법이다.

그러나 수익률 면에서는 주식과 아파트에 자금을 양분해서 투 트랙으로 투자하는 것이 더 좋을 것으로 보인다. [챕터 13]에서 다시 자세히 설명한다.

챕터 12) Diamond 달러 투자법

다이아몬드 달러 투자법이란 세상의 모든 재화의 가격결정 이론이라고 할 수 있다. 주식·아파트·원유·금 등 세상의 모든 자산은 정상적인 경제 상태하에서는 달러 가격과는 반대 방향으로 움직인다.

즉 달러 가격이 내리면 주식·아파트·달러·금·은·구리 등은 오른다. 반대로 달러 가격이 오르면 주식·아파트·원유·금·구리 등은 내린다. 이 경우에 내림 폭과 오름 폭은 거의 같다.

여기에서 상식의 허실 한 가지를 짚어 보면 일반적으로 사람들은 원·달러 환율이 오르면 수출이 늘어날 것으로 보지만 이 경우에는 오히려 수출은 줄어든다는 사실이다.

이는 1985.9.22일의 플라자 합의 이후의 일본 자산 시장의 움직임과 [그림 25]의 우리나라의 환율조작국 지정(1988.4.~1989.10.) 기간 동안 원·달러 환율 가격과 코스피지수 및 주택지수의 변화를 봐도 알 수 있다. 그즈음의 일본 중국의 환율조작국 지정 당시의 수출액 추이를 봐도 알 수 있다.

이 반비례 현상을 그래프로 보면 [그림 9], [그림 10]처럼 이 두 섹터가 마치 다이아몬드 모양처럼 반대로 움직임을 알 수 있다. 따라서 달러와 반대로 움직이는 이 원리를 이용해 투자하면 항상 투자에 성공하므로 이를 다이아몬드 달러 투자법이라고 한다.

평상시에는 항상 반대 방향으로 움직이던 달러와 각종 재화가격이 어느 순간부터 같은 방향으로 움직이는 때가 발생한다. 즉 어느 나라의 국내 자산 가격이 오르면 어느 나라의 국내 주식 가격도 같은 비율로 오르는 현상이 생겨나기도 한다.

또, 국제 달러 가격이 오르면 국제 금 가격이 비례 관계로 오르기도 한다. 이런 경우가 바로 롱텀 디플레이션이 발생한 순간이 된다.

이 원리를 응용해서 투자 기회로 활용하면 큰 기회를 얻는다. 이 경우는 엄밀히 얘기하면 다이아몬드 달러 투자법과는 달리 달러 가격과 다른 재화 가격이 같은 방향으로 움직이므로, 즉 비례 관계로 움직이니까 또한 이를 응용하여 투자하면 남들과 달리 큰 투자 기회를 갖게 되는 것이다. 이를 역(逆)다이아몬드 달러 투자법이라고 할 수 있다.

다이아몬드 달러 투자법과 역다이아몬드 달러 투자법을 응용하여 투자하면 단기간에 2~8배의 투자수익을 거둘 수 있다. 달러와 다른 재화를 교체투자를 하는 것이므로 미국 거주자는 자국 내에서는 이런 투자 기회를 향유할 수 없다. 반면에 미국 비거주자는 항상 이런 대박 기회를 가질 수 있음은 물론이다.

2009년 10월 13일 월스트리트저널(WSJ)에서는 다음과 같은 보도를 한 적이 있다. 달러 가격이 하락하면 달러로 표시되는 유가가 오른다거나, 또 유가가 오르면 미국의 무역 적자 확대로 달러가 매도 압력에 노출된다는 식의 설명을 했다. 이 말은 부분적으로만 맞는 얘기이다.

월스트리트 기사와는 달리 저자는 외환위기, 정치 위기 등으로 위기에 처한 국가에서는 항상 달러와 주식, 부동산 등의 가격은 항상 역의 관계가 성립된다는 것을 주장한다. 게다가 금 가격과 원유 가격 또한 달러와 뚜렷한 반비례 관계에 있음도 설명하였다.

바로 저자가 독창적으로 주장하는 다이아몬드 연속형으로 자산 간 교체투자를 할 경우 위기에 처한 나라에서 단기간에 대박이 날 수 있다. 다이아몬드의 중간 수평선의 교차점들이 정상적인 경제하에서의 달러와 여타 자산 간의 가치 균형점이 아닐까 추정한다.

[그림 10]의 소문자 알파벳 (a), (b), … (g)의 교차점과 E(equilibrium) 균형선이다. 이 교차점들은 가치선으로 보면 될 것 같다. 물건의 본질적 가치와 달러의 가치가 균형을 이루는 곳이다.

미국을 제외한 어느 나라든 위기에 처한 국가에서는 다이아몬드 연속형으로 달러 가격이 변동되며, 달러와 여타 모든 자산의 가격은 뚜렷한 반비례 관계가 성립한다.

이 두 자산 간의 교체투자로 단기간에 큰돈을 벌 수 있다. 이 한 줄이 이 책의 또 다른 키포인트이다. 월스트리트의 최근 기사는 기자 한 사람의 생각이지 월스트리트 회사의 의견과는 다를 수 있다.

게다가 그들은 미국 내에서의 현상만을 취재하여 기사화한 것으로 본다. 그 기자는 위기 국가의 달러와 자산 간의 드라마틱한 가격 변화를 구경하지도 못했을 것이다.

두 자산 간의 교체투자가 항상 성립한다고 본다. 그렇게 되어야만 위기 국가의 자산은 제대로 평가받는 것이고 제 가격에 거래되기 때문이다. 보통 일상의 경제 상태하에서는 두 자산 간의 반비례선인 수직점선의 길이가 짧다. 즉, 다이아몬드의 크기가 작아지는 것이다.

하지만 어느 나라가 외환위기, 금융위기, 재정위기, 전쟁 위기 등 비상 경제 상황에 처하면 아주 강하게, 즉 진폭이 극대화되며 직접적인 관계가 나타난다.

바로 수직점선의 길이가 가운데 다이이몬드형처럼 커지는 것이다. [그림 9]의 가운데 있는 다이아몬드처럼 다이아몬드의 크기가 크게 그려진다. 이 다이아몬드의 크기는 위기의 정도에 따라서 더 큰 형태로 나타난다. 위기가 작은 것이라면 작은 형태의 다이아몬드형이 되며 위기가 크다면 더 큰 다이아몬드가 만들어진다.

달러와 주식, 부동산, 금, 원유, 은 등의 자산들과는 항상 대칭적 반비례 관계를 만든다. 이러한 달러와 자산 간의 반비례는 미국 내에서는 발생한 적이 없다. 발생할 수도 없다. 달러는 기축 통화이고 그들에게 달러는 현금에 불과하기 때문이다.

그러나 각종 자산들과 달러의 반비례 관계는 국제적으로는 항상 나타나고 있다. 이 2~8배 달러 투자 기법은 바로 달러 가격이 최고일 때, 즉 주식 가격이나 아파트 가격이 최저일 때에 달러 융자 제도를 언제나 이용해야 하는 것이다.

A) Diamond 달러 투자 기법으로 부를 창조하는 첫 단계는 달러 가격이 가장 비쌀 때에 달러 자금을 융자받는 것에서 출발한다. 융자받는 즉시 환전하고, 달러의 1차 하락기가 완성되는 즈음에 주식을 팔고 환전해서 갚으면 된다. 단기간에 4배짜리 부의 창조 게임을 즐길 수 있다.

[그림 11]의 ②, ④, ⑧이 달러 자금 융자로는 최적의 차용 시기이다. 즉, 달러 가격이 최고로 치솟았을 때임은 말할 것도 없다.

그 후 최적 상환 시기는 ②는 (점1)로부터 18개월 후, ④는 (점2)로부터 15개월 후, ⑧은 5개월 후쯤이다. 수익률은 개략적으로 1차 하락의 바닥시세를 기준으로 하면 각각 53.4%, 38.3%, 15.6%이다.

최적 상환 시기가 될 때까지는 금융위기, 경제위기 등으로 급등했던 달러가 급락하는 시기이므로 이 시기에는 주식과 아파트는 단기간에 급등한다. 이때에 달러를 사서 달러 융자금을 갚으면 된다. 이때가 4배짜리 게임이 완성되는 타임인 것이다. 소요 기간은 27개월, 15개월, 3개월에 불과하니까 융자금 이자는 몇 푼 되지도 않는다.

B) 4배짜리 투자수익을 올리려면, [그림 1]의 ⓐ, ⑤, ⑥의 시점에, 즉 코스피 지수가 최고치일 때 주식을 팔고, 달러를 사면 된다. 이후 과정은 A)와 같다.

C) 8배짜리 투자수익을 올리려면 [그림 1]의 ⓐ, ⑤, ⑥ 시기에 B)처럼 최고 가격인 주식을 팔고 달러 스와핑한다. 동시에 달러자금을 융자받아서 A)와 B)처럼 투자하면 된다.

D) 위기가 최고에 달했을 때 달러 대출을 받아 환전한 후에 그냥 현금 등으로 보유하다가 달러 가격이 제자리를 찾으면 달러를 사서 상환하는 방법도 있다.

E) 미국에 거주하는 투자자, 즉 달러를 일상의 화폐로 쓰는 사람은 문제의 나라의 국내 자산이 가장 비쌀 때 그 나라에 투자했다가 달러 가격이 내려 진정되기 시작하면 다시 달러를 사서 미국 거래 은행에 갚으면 된다.

평균 2배는 보장되는 투자이며 현지에 투자한 자산까지 2배 오른다면 간단하게 4배짜리 돈벌이 게임에 나설 수 있는 것이다. 미국을 제외한 나라에서는 다이아몬드 달러 투자법이 항상 그대로 적용되므로 이 4배짜리 투자 기법은 미국에 거주하는 투자자 입장에서는 너무나 쉬운 투자 기법으로 Pentagon 투자법의 3단계 Dollar Swapping 투자법이다.

전 세계에는 항상 금융위기 재정위기 경제위기에 처한 나라가 있으며 전쟁 중인 나라도 항상 존재한다. 미국 달러를 일상의 화폐로 쓰는 투자자는 항상 매의 눈으로 전 세계의 투자 시장을 바라보아야 한다. 2배에서 4배짜리 투자 기회는 항상 있다.

즉, 한국 기준으로 보면, 달러 가격이 가장 비쌀 때가 코스피지수가 가장 쌀 때이므로 이때에 달러 대출을 받아서 KODEX 200 ETF 등을 샀다가 코스피지수가 적당히 오르면 이를 팔아 환전 후 상환하면 간단히 재산을 4배로 불릴 수 있음은 물론이다. 아파트도 물론 단기간에 급등하지만 역시 양도소득세와 취득세, 등록세를 빼고 나면 남는 게 없을 것이니 투자 대상으로 삼지 않는 게 좋다.

투자의 기초 이론 중에 현지 통화가 강세인 나라에 투자하라는 말이 있다. 이 말은 투자수익뿐만 아니라 환차익도 챙기라는 말이다.

예를 들어 설명해 보자.

달러당 원화가 1,200원이었던 시절이라고 하자. 그때 반입된 달러 자금으로 한국의 자산(주식, 부동산, 채권 등)에서 이익을 본 후, 이를 매도하고 한국을 떠나려는데 달러당 원화가 1,000원으로 떨어졌다는 가정이다.

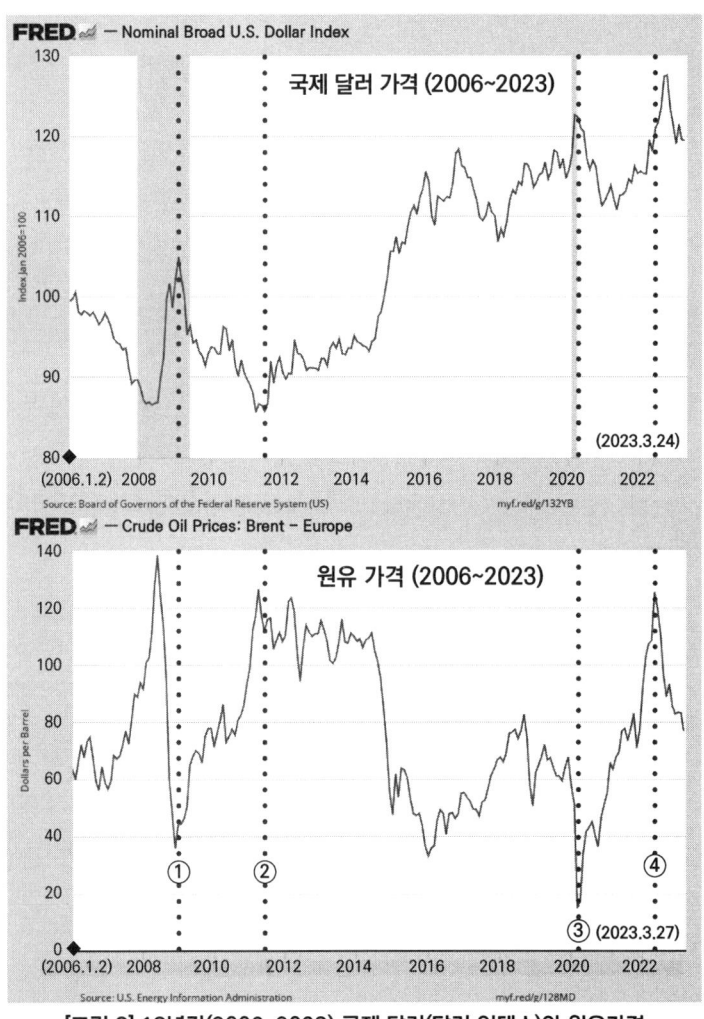

[그림 8] 18년간(2006~2023) 국제 달러(달러 인덱스)와 원유가격

외국 투자자는 단순하게 국내 투자 자산을 팔고 자금을 회수해 갈 때, 즉 달러를 환전할 때 이미 20%의 환전이익 [(1,200원−1,000원)×100%=120%], 즉 환차익을 본다. 이러하니 현지 통화가 강세인 나라에 투자하라는 말이 맞다.

세상의 모든 물건(주식, 부동산, 채권, 원유, 금, 은 등)은 국제간 거래 및 가격 비교 시에 달러 가격으로 환산하여 비교하고 매매한다. 이것이 바로 달러 기축통화제인 것이다.

최근에는 원유 거래 시에 예전의 Petrosystem에서 벗어나 위안화로 거래를 시작하고 있다고는 하지만 미미한 금액이므로 아직은 아니다.

또한, 세상의 모든 물건은 달러 가격과는 교차 관계(Trade Off)에 있다. 즉, 달러 인덱스(달러 가격과 주요 6개국의 가격 변동을 나타내는 달러의 가격 지수)와는 모든 물건은 반대 방향으로 움직인다.

원유 가격이 오르면 달러 가격은 내리고, 달러 가격이 오르면 원유 가격은 내린다. 어느 한 나라의 대 달러 환율과 비교하지 말고 [그림 8]의 수직점선①, ②, ③을 보자.

달러 인덱스와 원유 가격을 비교해 보면 달러와 반비례 관계가 확연히 드러남을 알 수 있다. 그럼, 실제로 우리는 주식이나 부동산 등에 투자할 경우 이 달러 가격의 변동을 어떻게 자산 시장에 적용시켜야 할까?
바로 다이아몬드형으로 현물을 달러로 교체투자하면 된다. 이 방법은 저자가 고안 내지는 창안한 기법이다. 역시 이 달러와 기타 자산 간의 교체투자 기법은 미국 안에 거주하는 사람들은 해당되지 않는다.

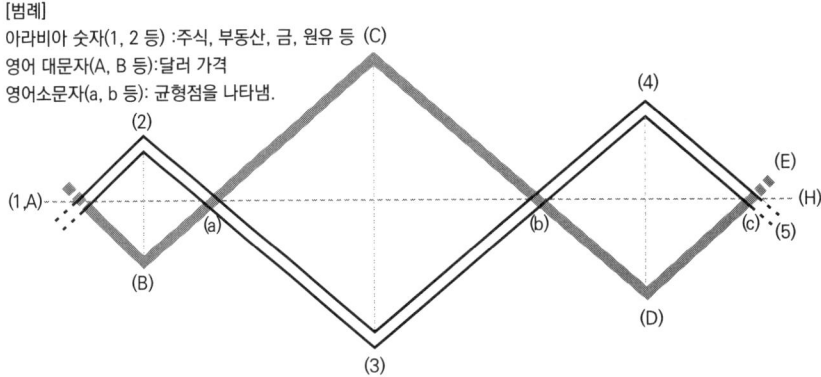

[그림 9] 다이아몬드형 달러 교체투자도

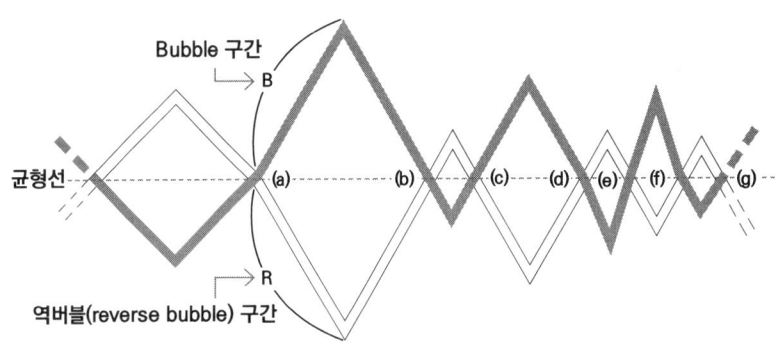

[그림 10] 버블과 역버블 과정을 통한 균형점 수렴 과정도

그 이유는 달러는 그들에게는 일상 통화이자 현금이기 때문이다. 이 연속 다이아몬드형 달러 투자 기법은 미국 밖의 나라들에서만 적용되는 저자의 독창적인 달러와 다른 자산 간의 교체투자 기법이다.

[그림 10]의 투자도처럼 다이아몬드의 크기가 전후의 다이아몬드형보다 더 크거나 작은 경우도 있다. 그러나 항상 달러와 다른 대체 투자 자산의 가격

변동은 반비례 관계에 있음을 주지하기 바란다.

적정 투자 자산의 탐색과 잘못 투자했던 자산의 오류 수정과 재투자에 필요한 투자 기간 소요 등으로 인한 시차가 날 수는 있을 것이다.

그러나 이 반비례 관계는 평상시에도 적용됨을 코스피 종합 지수의 [그림 11]의 수직점선②, ⑧, ⑨로도 확인할 수 있다. [그림 8]의 수직점선①, ②, ③, ④ 원유와 달러의 관계로도 즉시 확인 가능하다.

즉, 주식, 부동산, 원유, 금 등의 최고 가격 시점이 바로 달러 가격의 최저점 근처가 되고, 반대로 달러 가격이 최고점일 때가 주식, 부동산, 원유, 금 등이 최저점인 부근이 된다.

다이아몬드의 크기는 각 국가의 금융위기나 경제위기의 크기 정도로 보면 된다. 어느 나라의 경제에 심각한 위기가 생긴다면 [그림 10]의 버블과 역버블 연속 다이아몬드형의 다이아몬드처럼 가운데 다이아몬드가 크게 만들어진다.

즉, 달러는 높게 급등하고 원유, 구리, 금 등의 대체 자산은 큰 폭으로 폭락하는 것이다. 그림과 같이 주식, 부동산, 원유, 금 등이 오르기 시작하면 달러 가격은 이에 맞춰서 내리기 시작한다. 아라비아 숫자는 주식 등 자산들의 시세 변동을 의미하는데, 주식 등의 가격은 1 → 2로 오르거나, 2 → 3으로 내린다.

달러 가격은 알파벳으로 표시하는데, 주가가 오름에 따라서 A → B로 서서히 내리기 시작한다. 이는 달러의 반입, 즉 Hot money 등 외국인 투자가 늘어나는 것이 주요 원인 중의 하나이다.

한국의 아파트는 주식에 약 7개월(저자는 6개월로 봄) 후행한다고 본다. 이 사실은 세일러의 『착각의 경제학』의 분석 결과를 차용한 것이다. 1981~2013년(약 33년) 사이의 한국의 국제수지 흐름과 주식, 아파트의 가격 변동을 1년간 래깅(Lagging) 처리, 즉 국제수지 그래프를 뒤로 1년 늦추어 비교 분석한 결과이다.

이 자산 간의 관계를 그림으로 만들어 본 결과 [그림 10]처럼 연속된 다이아몬드형이 된다. 이러한 과정은 균형선(E)를 기준으로 즉 [그림 10]처럼 많은 크고 작은 다이아몬드 그림처럼 균형점을 찾아가는 무한 반복형이다.

이를 연결해서 보면 다이아몬드의 연결형이 됨을 알 수 있다. 이것이 바로 버블과 역버블 과정을 통한 균형점 수렴 과정의 다이아몬드 달러 투자도이다. 즉, 미국 달러를 일상의 화폐로 쓰지 않는 국가의 모든 투자가에게 유용한 투자 기법이다.

미국 거주자가 아닌 투자가들은 자국의 모든 자산에 투자할 시에는 다이아몬드형 투자 기법을 준수하면서 투자하면 된다. 국채 현물 투자 시에도 같다. 간혹 달러와 다른 자산군의 상관관계가 연속 다이아몬드형으로 변화하지 않고 종잡을 수 없이 한동안 변화하기도 한다. 그 이유는 주로 다양한 수요 변동 요인과 사람들의 판단 착오에 의한 최적 투자 자산을 찾아가는 시행착오적 투자 행위 때문으로 보인다.

즉, 투자자들이 시행착오적 방법으로 투자에 적합한 투자 자산을 찾아 헤매는 것으로 보인다. 하지만 결국에는 연속 다이아몬드형으로 귀착하게 된다. 한국의 아파트, 즉 주거 시설은 경기가 대세하락기이거나 위기 시에 급락할 경우에도 원·달러 환율이나 주식시세에 6개월 후행함을 IMF 당시의 그래프로도 확인할 수 있다.

즉, [그림 1]의 수직점선①이 IMF 때이고, 수직점선③은 서브프라임 사태 때의 환율, 수직점선⑦은 코로나 사태 때의 코스피, 주택지수의 관계를 한눈에 볼 수 있는 점선이다.

환율은 ①과 ③ 및 ⑦이 최고점으로 항상 환율 주가 지수 주택지수 3변수 중에 가장 빠르다. 즉 환율이 선행 변수이다. 주가는 환율의 급등보다 조금 늦거나 오히려 더 빨리 내린다. 맨 밑의 주택지수는 매번 환율보다 약간 더 늦게 즉 6개월 더 늦게 내리는 것을 볼 수 있다. 지금까지, 다이아몬드 달러 투자법의 투자법과 그 결과까지 같이 검증해 본 것이 된다.

이것이 바로 보통의 경제 상태, 즉 인플레 경제 시의 재테크법으로 모든 재테크 대상 자산, 즉 주식·아파트의 2가지 재산을 Dollar Swapping 투자로 단기간에 재산을 8배로 불릴 수 있는 투자 기법이다.

즉 달러 가격이 가장 비쌀 때의 재테크 대상 자산에의 투자법과 달러 가격이 가장 쌀 때의 재테크 투자 기법이 완전히 달라야 함을 알 수 있다.

[그림 1]과 [그림 8]을 통해서 실제로 달러와 다른 자산 간에는 [그림 9]와 [그림 10]의 다이아몬드 달러 투자도처럼 반비례 관계가 존재함을 볼 수 있다.

대세하락 시에나 외환위기, 금융위기 등 경제위기 시에는 달러는 항상 폭등하고 이에 맞춰 주식이나 아파트가 폭락한다.

이런 사실들을 정리하여
『달러스왑 핀테크만으로 800% 수익 난다! ― (일본의 눈물) 주식이나 아파트에 장기투자하면 누구나 다 망한다』의 원리를 도출해서 이론화하고 이를 출간한 것이다. 이 교체투자 기법을 통해서 3단계인 주식과 아파트를 Dollar Swapping과정을 거치고 나면 자산을 **최대 8배까지 획기적으로** 불려 갈 수 있다.

주식 → 아파트 → 달러 → 예금 → 국채까지의 펜타곤 투자법의 5단계 순환투자 사이클 패턴 재테크 과정은 숏텀 디플레이션이거나 롱텀 디플레이션이거나 금융위기 등의 경우에도 미국 밖에서는 항상 같음은 당연하다.

챕터 13) 달러스왑 핀테크만으로, 단기간에 재산 2~8배 불리는 비법

이번 챕터에서는 본 저서의 핵심 포인트인 달러를 단기간 투자해서 재산을 2~8배로 불려 주는 구체적인 투자 기법을 소개한다. 새로운 핀테크(FinTech) 기법이자 Dollar Swapping 재테크의 핵심적인 달러 투자 기법이다.

미국 달러와 다른 재테크 대상 자산을 단기간에 걸쳐 교체매매함으로써 투자 재산의 2~8배의 수익을 올릴 수 있다.

미국을 제외한 어느 나라에서나 가능하다. 숏텀 디플레이션, 즉 보통의 경기 순환 과정 중 불황으로 디플레가 찾아왔을 때 달러에 투자하여 단기간에 재산을 2~8배까지 불려 가는 기법이다.

다음 [그림 11]은 42년간 한국의 원·달러 환율 변동에 따른 한국 코스피지수와의 관계를 1982.1.1.부터 비교한 그래프이다.

그래프의 출발 일자가 같고 기간에 따른 간격이 같으므로 그래프상의 아무 곳에나 수직점선을 그으면 같은 일자의 원·달러 환율에 맞는 코스피지수를 알아볼 수 있다.

내국인의 Dollar Swapping 재테크 요령:

한국인이 한국 내에서 투자하는 경우와 미국인이 위기가 닥친 한국에 투자하는 경우로 나눠서 하나하나 분석해 보자.
우선 한국 내에서 투자하는 경우를 보자.

1) 달러가 가장 쌀 때 달러를 샀다가 가장 비쌀 때 팔면 보통 2배가 된다. [그림 11]의 수직점선은 같은 날짜의 달러 가격과 코스피 시장의 관계를 나타낸 그래프이다.

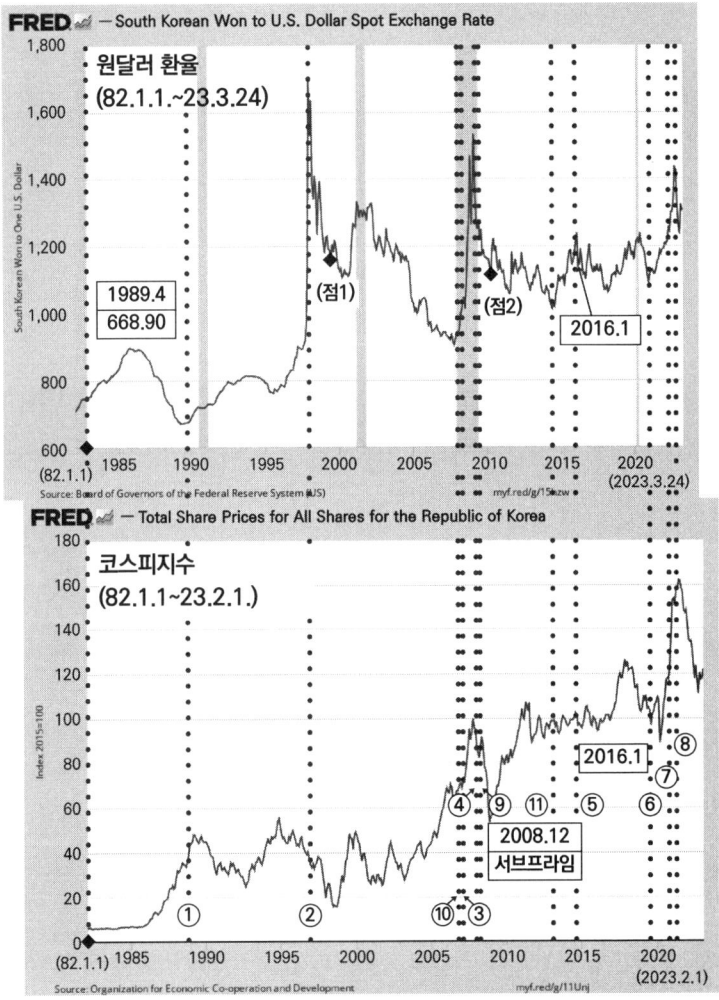

[그림 11] 한국의 42년간(1982.1.1.~2023.3.24.) 원·달러와 42년간(1982.7.1.~2023.2.1.) 코스피지수의 관계.

수직점선①을 먼저 보자. 이때의, 즉 1989.4월경의 환율은 개략적으로 668원 90전이었다. 즉 약 33년의 기간 동안 달러 가격이 국내에서 제일 쌀 때의 가격이다.

수직점선②는 1997.12월 IMF 당시 상황인데, 이때의 달러 가격은 1,695원이었다. 단순하게 수직점선①에서 달러를 사서 수직점선②일 때 팔기만 했어도 1달러 당 (1,695-669.40)=1,025원 60전이나 번 것이다. 153%나 남은 것이다.

또 다음으로 수직점선⑩의 2007.10월 시세인 903.20에 달러를 샀다가 수직점선⑪인 2009.2월에 1,372,30에 팔았다면 1달러당 469.10이 남았고 수익률은 52% 정도이다.

2) 달러가 가장 비쌀 때 달러 대출을 받아 환전한 후 달러가 진정되면 달러를 사서 갚아도 2배가 된다. 즉 [그림 11]의 수직점선②처럼 달러 가격이 제일 비쌀 때에 1,695원에 달러 대출을 받고 환전한 후에 예금을 한다.

예금 이자는 고려하지 않는다 해도 수직점선⑩일 때, 즉 903.20원에 예금을 찾아 달러를 사서 갚으면 된다. 달러 가격이 가장 비싼 ③의 시세일 때 달러 융자를 받아서 그 후 가장 달러가 쌀 때, 즉 ⑪의 시세일 때 달러를 사서 갚아도 마찬가지로 큰 이득을 취하게 된다.

3) 당연한 이야기지만 달러가 가장 쌀 때, 즉 수직점선①이나 ⑩일 때 달러를 샀다가 가장 비쌀 때 달러를 팔고 동시에 달러 대출을 받아서 팔고 달러가 진정되면 달러 대출을 갚아 4배짜리 Fintech(Financial Technology, 재무관리)를 할 수 있다.

사실 이 단기간의 달러 투자 기법은 어느 나라, 어느 시대에도 통하는 투자 기법이다. 하지만 단기간에 달러 투자로 재산을 2~8배 이상 불려 갈 수 있는 달러 투자 기법을 쓰기에 가장 좋은 환경을 갖춘 국가는 통칭 달러 ATM 국가라는 한국임은 분명하다.

한국은 물론이고 어느 나라이든 투자자들은 금융위기나 경제위기 시에 자국 내의 달러 가격 변동률과 자국 화폐의 변동률을 비교해 보면 투자 기법을 이해할 수 있을 것이다.

한국에서는 미국 달러, 일본 엔화, 유로화, 중국 위안화, 영국 파운드화 등 기축 통화만 외화 대출이 가능한데, 대출을 각 화폐로 받을 수 있다. 대출 자격은 수시로 바뀔 수 있다.

간혹 은행에서 달러 대출을 안 해 주는데 거론한다고 항의하는 독자가 있는데, 이럴 경우에는 달러 인버스 ETF나 레버리지 ETF 등 달러 ETF를 활용하면 아무 때에나 항상 해결할 수 있다.

4) 마지막으로 더 욕심을 내서 투자하는 8배짜리 투자 방법도 알아보자. 어느 나라든 국내 자산 가격이 가장 쌀 때에는 해당국의 주가 지수가 가장 높을 때이다. [그림 11]의 수직점선①과 수직점선③을 보면 알 수 있다. 이때에 즉 주가 지수가 가장 높을 때에 달러를 사면 달러를 가장 싸게 사는 것이 된다.

주식을 할 줄 안다면 수직점선①과 ③ 이전에 주식에 투자하고 있었을 것이다. 지금은 당연히 펜타곤 투자법상 마지막 순환투자 단계인 국채에 투자 중이어야 한다.

이 기간에는 국제수지는 당연히 적자 상태이다. 하지만 이제 서서히 경기가 호전되고 있을 것이다. 적자를 보이던 경제가 약 1년 전부터 연간 국제수지가 흑자로 돌아선 이후에 투자를 시작하면 된다.

주식에 투자하기 전에 기조변환일을 확인하고 삼선 전환도로 다시 한번 확인하고 주식시장에 진입하면 된다. 미국의 주도주와 비슷한 산업의 한국 주도주나 테마형 ETF에 투자하면 수익이 극대화될 것이다.

이렇게 3~4가지 변수를 확인한 후에 투자를 시작하면 적중률은 거의 100% 수준이 된다. 왜냐하면 한국의 주가 지수 상승과 한국의 국제수지의 관계를 약 33년간 분석 비교해서 얻은 결론이기 때문이다.

[그림 11]을 보면 주식투자로 약 2배 정도를 남길 정도로 주가 지수가 올랐음을 개략적으로 알 수 있다.

수직점선① 혹은 ③에서 주식을 팔고 달러를 산다. 그 후 달러가 최고점이 되는 수직점선② 혹은 ⑨에서 달러를 팔면 달러 매매로 최고의 수익을 올릴 수 있다. 계산해 보면 수직점선②와 ③구간의 주가 지수 상승률로 약 2배를 남겼다.

다시 수직점선③과 ⑨의 기간의 달러 가격 급락으로 돈을 벌 수 있다. 수직점선⑨에서 임의의 금액(여기에서는 같은 금액으로 가정한다)을 달러 대출을 받아서 수직점선⑪쯤에 상환하면 다시 약 2배 정도의 수익을 올릴 수 있다. 지금까지 총 2×2×2=8배의 수익을 올릴 수 있음을 알 수 있다.

만약에 달러 스와핑을 하지 않고 주식이나 아파트에 장기투자하면 결과는 어떻게 될까?

1) 만약, 재테크 투자 대상 자산인 주식·아파트·달러·예금·국채에 마켓 사이클에 따라 차례대로 순환투자를 하지 않는다면, 대세상승 기간 중에 약 3~4년간, 4~20배까지 올랐던 주도주와 주도 아파트는 최고가격에서 50~90%가 폭락한다. 결국, 주식과 아파트는 제자리 이하 수준으로 회귀한다. 지나친 욕심 때문에, 투자자들은 최고점에서 레버리지를 활용하여 더 많이 투자하기도 하므로, 투자수익은 마이너스까지 도달하는 경우가 허다하다.

2) 달러 스와핑에 따라 달성 가능한 이익, 약 800%를 포기하는 것이 된다. 따라서 마켓 사이클 순환투자공식에 따라 순환투자하지 않고, 단순하게 주도주나 주도 아파트에 장기투자하면, 부자가 될 것을 기대하지만, 오히려 완전히 망하게 되는 것이다. 결과는 미국 거주자인가 혹은 비미국거주자인가에 따라서 현저히 달라진다. 즉 달러와 스와핑마저 하지 않으면, 이중으로 손해를 보게 되어 누구나 거의 다 망하게 된다.

타국에 위기가 닥쳤을 때 미국인의 Dollar Swapping:
이제 미국인이 타국에 위기가 닥쳤을 때 단기간에 걸쳐 투자하는 방법을 살펴본다.

1) 달러를 일상의 화폐로 쓰는 미국 거주자는 자국에서 대출을 받아서 위기국가로 달러를 반입하기만 하면 된다. 반입하자마자 현지 화폐로 환전한 뒤에 이미 이율이 높아졌을 정기 예금에 가입한다.

높아졌던 달러 가격은 위기의 정도에 따라 다르지만 대체로 1년 수개월 이내에 진정되거나 평상시의 제자리 가까이 떨어진다는 것이 그동안의 경험이다.

이때쯤 예금을 찾아 달러로 환전한 후에 본국으로 송금하여 융자금을 상환하면 된다. 이렇게만 해도 기본적으로 약 2배 정도의 이득을 취할 수 있는 달러 투자 기법이 된다.

2) 이번에는 수직점선⑤인 2016.1월부터 전 세계에 롱텀 디플레이션이 진행 중이므로 이 달러 자금을 현지의 국채에 롱텀 디플레이션 기간 동안 투자하면 더 큰 수익 올릴 수도 있다. 위기국의 금리는 지속적으로 내릴 것이기 때문이다.

일본의 금리는 롱텀 디플레이션이 시작된 후 마이너스 금리까지 장기간에 걸쳐 폭락한 바 있다. 롱텀 디플레이션이 시작되면 국내 자산 가격은 꾸준하게 내린다. 이를 이용하여 단순하게 달러를 매매하기만 해도 52~153%의 수익률이 발생함을 뒤에서 설명한다.

타국에 위기가 닥쳤을 때 미국에서 거주 중인 미국인이 할 수 있는 Dollar Swapping 재테크 요령은 위기 국가의 달러가 가장 비쌀 때 달러를 들여온 후에 달러를 팔면 된다.

그 후 달러 가격이 정상화될 때쯤 달러를 사서 본국으로 송금하여 융자금을 상환하면 된다. 또는 위기에 처한 국가에서 직접 달러로 융자를 받고 환전 후 예금에 2년 정도 가입 후에 달러 가격이 정상화되었을 때 달러를 사서 갚으면 되는 아주 간단한 투자 기법이다.

금융위기는 개략적으로 10년에 한 번쯤 오므로 10년에 한 번쯤 크게 벌 수 있는 기회가 오는 셈이다.

평상시에는 달러는 변동이 거의 없으므로 일반인들에게 달러는 투자 대상이 아니다. FX 마진 거래(증권사들이 개인들에게 일정 금액의 증거금만 받고 10배의 Leverage로 달러 매매를 하게 하는 제도)를 하는 경우도 있으나 이는 위험하기 그지없어 권하지 않는다.

다음으로는 달러 재테크에 나선 달러 자금의 회수 기간에 대해서 생각해 봐야 한다. 즉 달러 투자 기간이 너무 길면 효율적인 투자 수단이 될 수 없기 때문에 이 회수 기간의 판별은 아주 중요함을 알아야 한다. 국가별·위기별로 각기 다른 달러 가격의 정상 회복 기간에 관해서는 [챕터 18]에서 자세히 설명한다.

챕터 14) Diamond 재산 이분법

전통적으로 재산을 지키는 방법, 즉 재산 보전법으로 재산 삼분법이 전해져 오고 있다. 재산을 부동산, 주식, 예금으로 3등분해서 보관하면 재산의 안전성과 수익성, 유동성 3가지를 동시에 지킬 수 있다는 재산 보전법이다.

재산 삼분법이 그동안 가장 인기 있던 전통적인 재산 보전법이다. 결국 부동산 33% + 주식 33% + 예금 33%로 나누어 두면 안전성과 수익성을 유지시켜 주므로 재산을 보전한다는 뜻이다.

그런데 현재 우리나라 사람들은 아마도 부동산으로 90% 이상을 보관하고 주식이나 예금으로는 10% 이하를 보유할 것이다.
한국도 3050 클럽에 7번째로 가입하여 이제는 실제적인 선진국이다.

선진국이 되면 재산 포트폴리오 중 금융 자산 비중이 늘어난다. 보통 10년 이상씩 금융 자산으로의 머니 무브(Money Move) 현상이 일어난다. 통계에 따르면 자기 나이만큼 금융 자산 비중이 될 때까지 금융 자산으로 이동한다고 한다.

70세면 자산의 70%를 금융 자산으로 구성하는 것이 선진국 시민들의 자산 포트폴리오다. 우리나라도 현재 롱텀 디플레이션 시대를 맞았으니 선진국형으로 재산 포트폴리오를 구성할 절호의 찬스를 맞은 것이다.

그냥 예전처럼 재산 삼분법 혹은 재산 이분법에 따라 버티기만 하면 재산이 보전되는 것은 인플레 경제하에서만 통하는 방법이다.

롱텀 디플레이션(Long Term Deflation)하에서는 부동산, 금, 은 등 실물자산의 부는 몰락 과정을 거쳐 현금성 자산 보유자에게 자동적으로 이동된다는 점을 알아야 한다. 흔히들 축성(築城)이 어려운지 수성(守城)이 어려운지를 가지고 왈가왈부한다. 재산이 5천억 혹은 수조쯤 되는 사람이 재산을 완전하게 100% 지킬 방법도 바로 새로운 다이아몬드 달러 재산 이분법이다.

저자가 Diamond 달러 투자법의 원리를 응용하여 창안한 재산 이분법과 전통적인 재산 보전법 중 재산 이분법이 또 하나 더 있다.

이는 부동산과 현금이나 주식, 예금 중 또 한 가지를 더하여 재산을 이등분하여 보관하면 재산을 지킬 수 있다는 이론이다. 이 전통적인 재산 이분법은 유용성이 많이 떨어져서 별 인기가 없는 재산 보전법이다.

Diamond 재산 이분법:
저자의 독창적인 연구 결과물인 재산 이분법은 달러 50% + 기타 재산 50%로 구성하는 것으로 전통적인 재산 이분법과 명칭을 달리해야만 한다. 사람들이 헷갈리지 않게 **Diamond** 재산 이분법이라고 명칭을 정해서 사용하기로 한다.

달러 50%와 달러 이외의 개별 재산 혹은 개별 재산의 합을 50%로 나눠 놓으면 어떤 경우에도 재산을 100% 영원히 지킬 수 있는 재산 보전법이다. 이 방법은 인플레 경제와 숏텀 디플레 시대하에서만 100% 통하는 재산 보전법이다.

롱텀 디플레이션 시에는 절대로 따라 해서는 안 되는 재산 보전법이다. 왜냐하면 롱텀 디플레이션이 도래하면 달러도 재산도 전부 다 같이 폭락하기 때문이다. 숏텀 디플레이션, 즉 평상시의 경제하에서만 유용한데, 이 방법은 바로 다이아몬드 달러 투자법의 기본 원리에 따라 재산을 달러에 50%, 보전할 재산에 50%를 배분하는 방법이다. 달러와 부동산, 주식 등 자산과는 반비례 관계가 성립되기 때문이다.

재산을 보전하는 일이, 즉 평상시와 숏텀 디플레이션 시에 재산을 수성하는 일이 다이아몬드 달러 투자법을 따르면 너무나 간단명료하게 정리된다. 물론 **Diamond** 재산 이분법에 의한 재산 보전법은 달러를 일상 통화로 쓰는 사람과 나라에서는 안 된다. 즉 다이아몬드 달러 투자법은 미국 내에서는 통하지 않는 재산 보전법이 된다.

이 다이아몬드 재산 이분법을 안다면 축성과 수성 중에서 단연코 축성이 더 어려움을 간단히 알 수 있다. 수성은 이 **Diamond** 재산 이분법으로 너무나 완벽하게 간단히 확보되기 때문이다.

사람들이 흔히 말하는 4대 안전자산에는 금, 달러, 프랑, 엔화가 들어간다. 안전자산이란 재산 가치가 안전하지 않을 때, 즉 자산 시장이 불안할 때 투자자들이 선호하는 자산을 말한다. 지금 허공에 떠 있는 금값을 생각하면서 사람들은 안전자산으로 금을 선호하는 것 같다. 하지만 금값은 결국에는 롱텀 디플레이션을 맞아 대폭락을 맛보게 된다.

인플레 경제하에서는, 즉 숏텀 디플레이션 시대에는 **Diamond** 재산 이분법이 그대로 적용되지만 일본처럼 5년 이상 지속되는 롱텀 디플레이션하에서는 Diamond 재산 이분법도 위력을 발휘하지 못함을 꼭 유의하여야 한다. 왜냐하면 롱텀 디플레이션이 되면 달러와 모든 재산은 같이 폭락하기 때문이다.

이 다이아몬드 재산 이분법은 재산을 100% 지켜 주긴 하지만 늘려 주지는 못하는 결점도 있다. 즉 다이아몬드 재산 이분법은 축성과 수성 중에서 하나를 선택할 경우에 유용한 재산 보전법이다.

숏텀 디플레이션이든 롱텀 디플레이션이든 디플레 시의 최고 강자는 역시 현금이다. 현금 그 자체여도 되고 현금 등가물이어도 된다. 현금과 현금 등가물이면서 수익을 창출해 주는 맥쿼리인프라 펀드나 국채가 있다. 주택연금은 현금보다도 더 좋은 전통적인 현금 등가물 투자법이라고 할 수 있다.

최근에는 KODEX 인버스 ETF와 국채, 금, 곡물 등 각종 인버스 ETF 상품들도 생겨났다. 곡물, 원유, 달러 등의 인버스 ETF 상품들도 활용하면 모든 가격이 내리는 롱텀 디플레이션 시에도 수익을 창출할 수 있다.

인버스 ETF류의 상품들이 탄생하기 전에는 디플레이션 시에는 정말로 투자할 상품이 없었다. 주식, 아파트, 금, 원유 등 가치가 있는 것들은 전부 가격이 폭락했고, 일반인들은 기관들과 달리 공매도 막혀 있었다.

대응할 방법이 전무했다고 해도 과언이 아니다. 오로지 파는 방법만이 자산을 지킬 수단이었다. 그럼 이제 숏텀 디플레이션이든 롱텀 디플레이션이든 디플레이션이 도래했을 때 투자하기에 좋은 상품을 알아보자.

재산 보전보다 재산을 크게 불려 갈 수 있는 상품들을 소개하기로 한다. 이 상품들은 숏텀 디플레이션 시에도 투자하기에 유용하지만, 롱텀 디플레이션 시에 훨씬 더 수익을 많이 가져다주는 상품들이다. 주식 아파트 금리 등이 장기간 내릴 것으로 예측되기 때문이다.

주택연금은 아파트 가격이 폭락해도 연금 액수는 처음 계약과 같아서 처음 계획대로 생활에 전혀 지장이 없는 것이 최대 장점으로 부각되기 시작한다.

'파월의 실수(볼커의 실수를 빗대서 저자가 예상하는 파월의 인플레 대처 실수를 말함)' 이후에는 맥쿼리인프라 펀드와 국채의 가격은 롱텀 디플레이션이 진행되는 동안 잃어버린 30년의 일본처럼 근 30년 이상 금리가 지속적으로 많이 내릴 것이기에, 금리 인하율에 따라서 저절로 천정부지로 뛰어오른다.

일본 등 서구의 여러 나라들의 국채 금리는 심지어 마이너스 금리까지 내린 적이 있음을 기억해야 한다.

챕터 15) 엔·캐리 트레이드의 비극, 일본인들의 30년간 눈물이 되다.

와타나베 부인들이 세계 외환 시장을 주름잡던 시기는 2005~2007년 엔저, 즉 달러 강세가 지속될 때였다.

즉, 2005.1월~2007.6월 정도까지, 2구간 **약 2년 6개월간 지속적인 달러가 강세**를 나타내던 시기이다. 엔화 가격이 103.5 → 123.4엔 정도로 지속적인 약세일 때다.

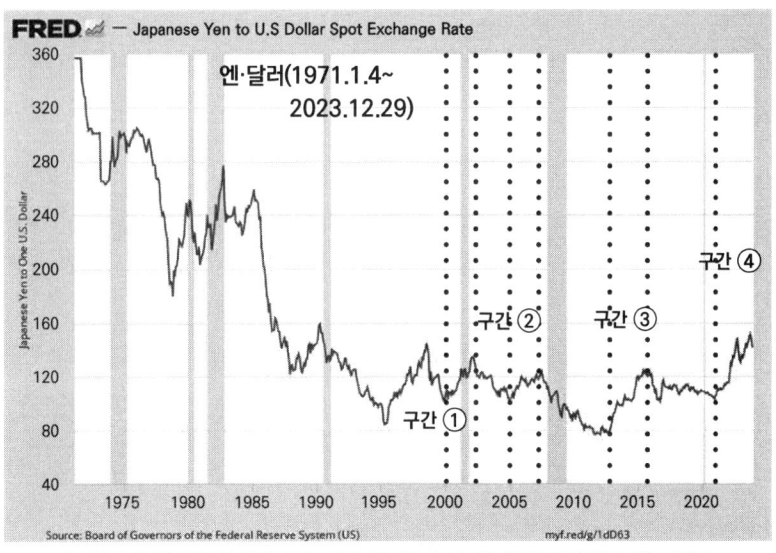

[그림 12] 엔·달러(1971.1.4.~ 2023.12.29.) 엔·캐리 트레이드 가능 기간
① 2000~2002, ② 2005~2007, ③ 2012~2015, ④ 2021~?

[그림 12]는 1971.1.4.~2023.12.29.까지의 엔·달러 그래프이다. 이를 보면 엔·캐리 트레이드 시기로 좋은 때는 1구간(2000~2002년), 2구간(2005~2007년) 사이는 물론이고, 3구간(2012~2015년) 사이 및 4구간(2021~?)에 가능해진 엔·캐리 트레이드 시대는 언제 끝날지 모르지만 저자는 상당 기간 지속될 것으로 본다.

전 세계에서 유일하게 일본은 2024.3월 19일까지 8년간이나 국채 금리가 마이너스였다. 반면에 미국의 기준 금리는 2023.9월 현재 이에 비해 현저히 높은 5.5%나 된다.

플라자 합의 당시 엔화 가격은 240엔 정도였다. 현재의 일본을 판단한 결과 아베노믹스는 大성공했으며 일본은 이제 정상적인 경제 국가로 회귀했음을 알 수 있다. 이에 관해서는 [챕터 32]에서 자세히 설명한다.

지금도 엔·캐리 트레이드(Yen Carry Trade, 금리가 낮은 엔화를 빌려 상대적으로 금리나 수익이 높은 곳에 투자하는 것을 말함)가 가능한 구간이다.

이 4구간의 시작 연도쯤이 바로 해외 투자에 나서야 할 때이다. 해외로 나갈 때 엔화 가격보다 들여올 때 엔화 가격이 계속 비싸므로 들여올 때에는 환전 이익도 발생하기 때문이다. 이 기간에 해외 투자 이익까지 발생했다면 금상첨화가 되는 것이다.

달러로 환전한 후에 해외 투자에 나서지 않고 있다가 달러가 내리고 나서 엔화로 환전만 해도 환산 이익이 발생함은 물론이다. 반대로 엔·달러 환율이 약세라면 환율 면에서는 손해를 보게 된다. 즉 자산 투자 이익−환전 차익이 총 이익이 되는 것이다. 그래프상으로는 위의 4군데의 구간이다.

일본은 롱텀 디플레이션 중 아베노믹스 정책으로 거의 계속적으로 엔·달러 환율이 약세 국면이었으므로 와타나베 부인들의 엔·캐리 트레이드가 가능했던 것이다.

와타나베 부인은 국경을 넘나드는 엔화 캐리 트레이드를 통해 고수익을 추구하는 일본인 일반 투자자를 말한다. 당시에는 일본 경제가 '잃어버린 20년'을 보내면서 제로 금리가 오래 지속됐고, 똑똑한 개인 투자자들이 해외에 눈을 돌렸던 시절의 얘기이다.

일본의 와타나베 부인(Mrs. Watanabe), 미국의 스미스 부인(Mrs. Smith), 유럽의 소피아 부인(Mrs. Sophia)이 각각 엔·캐리 트레이드, 달러 캐리 트레이드, 유로 캐리 트레이드의 주인공들이다. 와타나베 부인이라는 말이 부인만을 의미하는 것은 아니다.

명칭과 관계없이 남녀를 불문하고 쓰는 용어이지만, 주로 우리나라처럼 일본도 가계의 저축 및 투자 등은 주부들 몫이기에 그렇게 부르게 된 것이다.

2000년 무렵부터 이 단어가 등장했다. 한때 와타나베 부인은 300만 명에 달하고 일본 외환 시장의 30%를 점유했었다.
이들은 주로 엔화를 팔고 달러, 즉 미국 국고 채권을 사들였다.

이런 현상은 국가 간 일정 정도 이상의 이자율(수익률) 차이가 존재하는 한, 어디서든 나타날 수 있는 현상이다.

2008년 서브프라임 금융위기 이후에는 달러 캐리 트레이드가 나타났고, 유로 캐리 트레이드도 나타났었다.

그러나 와타나베 부인이 투자한 돈, 즉 은행에서 빌리거나 자기 돈이더라도 엔화가 약세로 돌아서면 이들은 날벼락을 맞게 된다.

경제 논리상 엔화는 약세가 맞다. 2024.3월까지 8년간이나 마이너스 금리를 유지했던, 유일한 국가가 바로 일본이었기에 더욱 더 엔화는 강세일 수가 없다. 아베노믹스 이후 엔화는 지속적으로 약세를 유지하고 있다. 아베노믹스는 성공한 것이다.

2006.7월에도 미 연준이 금리를 5.25%로 급격히 올리던 동안 일본은 0%대 금리를 고수한 적이 있다. 이때 엔·캐리 트레이드가 폭발했었다. 이때에 중국에 대한 수출 증대와 지금처럼 달러 대비 엔화 약세와 원화 강세가 맞물려 2007년 7월 9일에는 100엔당 원화 환율이 **746.15원**까지 폭락한 적도 있다.

지금 당장 즉 2023.11월 현재, 엔화를 달러로 바꿔도 미국 국채로 연간 5% 이상의 수익을 낼 수 있다. 하지만 투자에 따른 부대 비용을 항상 유의해야 한다. 엔·캐리 트레이드는 2021년 말 대비 현재에도 약 48% 증가했다고 블룸버그 통신은 보도한 적이 있다.

1988.12월부터 32년이 지난 2020.12월부터 일본은 장장 32년간의 기나긴 롱텀 디플레이션에서 벗어났다. 32년간 일본 국내 자산 가격은 하락했다. 즉 같은 기간 동안 일본 엔화는 강세였다. 과연 일반 투자자들의 예측처럼 머잖아 일본 엔화는 다시 강세로 돌아설 것인가?

워런 버핏은 일본의 은행에서 엔화를 빌려 일본의 5대 종합상사 주식에 투자했다. 왜 그랬을까? 그 이유를 생각해 보고 투자해야 한다. 엔화가 다시 강세를 보이면 일본에 투자한 자금은 엔·달러 환차익을 얻게 된다.

당연히 저자는 일본에 투자하지 않는다. 일본 자산 시장은 기나긴 세월 동안 오르지만 엔·달러 환율은 지속적인 약세를 보일 것으로 보기 때문이다. 저자는 워런 버핏 생각과 다르다.

환차손을 부담하면서까지 일본에 투자할 생각은 없다는 것이다. 1985년 플라자 합의 당시 260엔이던 엔화 가격은 하루아침에 140엔이 되었다는 점을 잊지 말아야 한다.

그런데 엔화가 왜 안전자산인가?
개인적으로는 동의할 수 없다. 그러나 현실은 아니다. 20년 이상을 장기 불황에 허덕였고, 국채이자율까지도 마이너스 국가였다. 오히려 가장 불안전한 통화다. 그래서 엔화는 당연히 약세여야 하는데 위기 때마다 일시적 강세인 이유를 와타나베 부인의 리턴으로 설명하는 사람들에는 저자도 포함됨은 물론이다.

이들이 해외 투자한 주식이나 채권, 부동산 등 자산을 팔고서 금융위기 등으로 조금이라도 엔화가 강세를 보일 때 일시에 일본으로 쏟아져 들어와 엔화를 사들여 위기 시마다 엔화가 강세를 띠기 때문이라는 거다. 즉, 달러를 엔화로 환전하기 때문이라는 것이다.

집단 논리, 집단 사고에 강한 일본인들은 무언의 동행이나 구전 마케팅이 통한다. 이들은 수익이 난다면 짧은 시간에 집단으로 몰려가고, 나올 때도 비슷하게 움직인다. 이른바 아줌마 부대이다.

한때 그들은 미국 국채 시장에서 손을 떼고 일시에 자기 나라로 귀국해서 일본 국채로 바꿔 탔다. 그러자 일본 국채 가격은 급등했다. 엔화가 강세로 돌아섰다. 이로 인해 한순간에 아베노믹스는 무용지물이 된 적이 있다.

경제의 펀더멘털(기초 여건)과 달리 엔화가 강세를 보일 때는 자주 있다. 1990년 연초부터 일본이 장기 불황에 돌입한 이후 지난 30년간의 궤적을 돌이켜 보면, 1998년 아시아 외환위기, 2008년 리먼 브라더스 사태로 인한 글로벌 위기 때다.

사람들은 세계적인 금융위기가 올 때 엔화를 안전자산으로 대우하고 투자하는 경향을 보이고 그로 인해 엔화 강세가 나타난다. 그 중심에 와타나베 부인들이 있다.

엔화 강세로 인해 환율만으로도 큰 환차손을 본 와타나베 부인들의 귀국, 이른바 환차손이 조금 줄어드는 때를 이용하여 눈물을 머금고, 즉 손해는 보았지만 그래도 부득이 일본 국내로 리턴하는 것이다.

조금 얻은 해외 투자 이익을 포기하기 싫어 지속적인 엔화 강세로 나타난 환차손 때문에 귀국도 못해 유령화되었던 일본인들의 해외 달러가 일본 귀국을 단행하는 것이다.

개인들이 피땀 흘려 번 돈이기 때문에 환차손이 큰 평상시에는 가슴 아파하며 귀국도 못 하는 것이다. 안타까운 일이다. 일본인들의 눈물로 얼룩진 이 돈은 바로 엔화가 쌀 때 나가서 귀국도 못 해서 국제 금융 시장을 떠도는 유령 달러(Ghost Dollar)가 된 것이다.

거기에다가 1970년대 이후에 기업들이 해외에 투자한 엔화 자금의 리턴도 있다. 이 자금들도 엔화 강세로 귀국 시에는 항상 환차손이 예정된 상태다.

[그림 4]의 일본 엔·달러 장기 그래프를 잠시 살펴보자. 일본의 해외 순자산은 2021년 말 기준으로 약 4조 달러가 넘는 어마어마한 규모로 세계 1위지만, 1970년 이후에 투자된 일본 자금들은 엔화 고평가로 환차손을 입지 않고서는 한 번도 일본 국내로 반입할 기회를 얻지도 못했다.

1970년대에는 1달러를 환전하기 위해 360엔을 내야 했지만, [그림 4]의 2023.11월 시세인 150엔 정도에 1달러를 살 수 있다. 30년 이상 계속해서 달러 가격은 내리고 엔화가 오른 것을 그래프로 간단히 알 수 있다. 달러가 가장 쌀 때는 2012.1월의 1달러에 76.34엔 정도까지 엔화 가치가 오른 적이 있음을 [그림 4]를 통해 개략적으로 확인할 수 있다.

그러나 2012년 12월 아베노믹스 시행으로, 엔화 가치를 떨어뜨렸다. 엔·달러 환율 변화 추이를 다시 한번 보라!
일본의 해외 투자자는 얼마나 답답하겠는가?

같은 1달러지만 일본 엔화로 환산하면 반출 당시보다 최대 59%(360-146)/360=약 59% 정도가 환율 차이에 의한 손해인 것이다.

그래서 이전에 해외에 돈을 투자한 일본인들은 자기 재산을 가까이 두지도 못하는 것이다. 엔고로 인해, 달러를 국내로 반입하는 순간 손해를 확정하게 된다.

회복 불가능한 손해로 확정된다. 해외 투자 자산의 수익성 자산에서 수익이 매년 발생한다고 해도 반입할 경우에는 과거 해외 투자 당시의 예상 수익률보다 59%가 줄어든 수익이 된다.

일본의 개인 투자자들은 해외 투자한 자신이 얼마나 후회스럽겠는가? 아베노믹스로 인해 비행기에서 돈을 일본 상공에 뿌린다 하여도 1달러가 360엔이 될 수는 없다.

만약에 엔화가 이처럼 급락하는 일이 생긴다면 근린 궁핍화로 인해 일본의 경쟁국과 주변국 간에는 환율 전쟁이 벌어질 것이다.

일본인들은 어쩌면 해외에 투자한 자기 돈을 평생 써 보지도 못하고 죽을 것이다. 자기 돈을 맘대로 써 보지도 못할 뿐 아니라 투자한 재산을 가까이 두고 만지거나 수시로 방문하거나 친구들에게 자랑하지도 스스로 즐기지도 못하는 것이다.

우리는 일본 해외 투자자들의 비극을 30년 이상 구경하고 있다. 즉, 엔화는 약 30년 이상이나 오름세였다. 약 30년째 이 일본의 해외 투자 자금은 국적 불명의 달러가 된 셈이다. 이 돈이 바로 유령 달러(Ghost dollar)요, 일본의 눈물이다.

일본인들의 해외 투자 자산들(=유령 달러)이 호시탐탐 일본 국내 반입 기회를 노릴 것은 너무나 자명하다. 심지어 경제위기 등으로 달러값이 조금 올라 환차손으로 인한 손실 폭이 조금 줄어들기라도 하면 신속히 반입을 시도할 것이다.

이 달러는 공격적이지도 않으며 조그만 환차손도 받아들이기 싫은 소심한 성격의 일본 개미 투자자들의 돈이다. 아주 작은 이득 아니 환차손만 조금 줄어도 일본 진입을 시도하는 소심한 국제 유령 달러(international ghost dollar)인 것이다.

이와 같은 와타나베 부인의 귀소본능 이외에도 글로벌 위기 시 엔화가 선택되는 또 다른 이유가 있다. 일본은 세계 최대의 순채권국이다. 부도가 날 확률이 가장 적은 나라인 셈이다. 엔화가 안전자산으로 간주되며 강세로 갈 때 글로벌 경제가 와병 중이라는 것이 아이러니하다.

엔화는 [그림 4]의 그래프상의 최고치인 360엔 대비 59%가 폭등했다. 그래서 평범한 일본인의 해외 투자 자산에서 환차손만 해도 최대 2조 6,000억 달러가 예상되고 있는 것이다.

거의 다 개인들의 주식, 채권, 부동산 투자 자금이다. 국내로 반입하지도 못한다. 일본인 대중 투자가들의 해외 유령 달러(Ghost dollar)는 엔화로 환산 시 손실이 없는 본전으로 들여올 수 있을까?

일본은 누가 뭐래도 세계 제조업 1위 국가이고 최고의 기술력을 가졌으며 노벨상 수상자만도 29명 정도이다.

그러나 FinTech(금융 기술), 즉 재테크 기술 면에서는 너무나 낙후되어 있다. 금융 문맹국 수준이다. 한국보다도 더하다.

수출로 벌어들인 돈을 국민 복지를 위해서 쓴 것이 아니라 해외 투자로 날려 버린 것이다. 이것이 바로 일본의 해외 유령 달러(Ghost Dollar)가 탄생한 이유이다.

위기 시마다 엔화가 강세가 되는 이유는,
1) 1970년대 이후 투자된 해외 투자 자산인 유령 달러(ghost dollar)가 귀환을 시도한다.
2) 개인투자자들인 와타나베 부인들의 눈물의 귀환도 있다.
3) 엔화를 안전자산이라고 여기는 사람들의 엔화 구입 자금의 합체로 본다.
이것들이 바로 위기 시에도 다른 나라들과 달리 달러에 비해 오히려 엔화 강세가 나타나거나 달러 상승세가 약화되는 원인이자 결과다.

물론 일본도 일상적인 자국 내의 일반 위기 시에만 그렇고 외환위기 시에는 그렇지 않았다. 이 경우에는, 즉 1998년 일본의 준(Quasi) IMF 사태 시에는 일본에서도 달러가 급등한다.

엔·캐리 트레이드의 구체적인 예를 하나 들어 보자. 일본의 와타나베 여사께서 일본 은행에서 100엔(이자율 1%, 1달러는 100엔이라 가정한다)을 대출해 이자가 비싼 나라로 가서 6%짜리 예금에 가입한다.

Ceteris Paribus(세테리스 파리부스), 즉 환율 외에 다른 것이 불변한다면 이론상 5%가 남는다.

1) 만약 엔·달러 환율이 떨어져서 80엔이 된다면 이자 차익(6-1=5엔) 5엔은 벌지만, 엔화로 환전 시에는, 20엔의 환차손실을 보게 된다. 결국 15엔이 손실이다. 이것이 바로 일본의 눈물어린 유령 달러가 탄생하는 이유이다.

2) 반대의 경우, 즉 환전 시에 1달러가 120엔이 되었다고 하자.
일본의 와타나베 부인은 이자수입으로 5(6-1=5엔)엔을 번다.
환전 시에도 일본 돈으로 바꿀 때에는 환율 차익 20엔을 보게 된다. 결국 전체 이익금은 (환차익 20엔+이자 수입 5엔=25엔) 25엔이 된다. 이것이 와타나베 부인이 탄생하는 이유이다.

2008년 금융위기 때, 우리나라에서도 FX 마진 거래가 강남의 일부 아줌마들을 시작으로 유행했던 적이 있다. FX 마진 거래는 선물 회사나 증권사를 통해 달러를 매매할 수 있는데 10배의 레버리지, 즉 10배나 신용을 써서 베팅하는 것과 같다.

위험한 게임이다.
FX 마진 거래를 정 하고 싶다면, 달러 강세가 예측될 때에는 상장되어 있는 'KOSEF 미국 달러 선물 ETF'에 투자하고, 반대로 원화 강세일 때 수익이 나는 'KOSEF 미국 달러 선물 인버스 ETF' 두 가지를 교체투자하면 된다. 이들에 투자하되 급등락이 예상될 시에만 투자하라.

평상시에 투자하게 되면 기회비용(opportunity cost)이 발생한다. 평상시에는 가격 변동이 거의 없기 때문에 달러는 투자 대상도 못 된다.

환율 예측은 전문가들의 일이다. 아니, 전문가들도 환율 예측은 거의 매번 틀린다. 아무나 할 수 있는 분야가 아니다. 그러나 본 저서를 통하면, 시장 사이클 투자공식을 이용하여 달러 스와핑 투자로 큰 기회(2~8배 대박)를 잡을 수 있다.

달러는 잦은, 짧은 매매가 아니라, 큰 그림을 보고 매매해야 한다. 나무도 보고, 숲도 보고, 산도 보고, 산맥도 봐야 한다. 이렇게 크고 긴 시야를 가지지 못했다면 달러 투자 즉, 해외 투자에 나서서는 안 된다.

설령 해외 투자로 평가 이익을 좀 봤다고 해도, 일본의 개미 투자자들처럼 이 돈은 국내로 반입되는 순간 환차손으로 회복 불능의 상처를 입을 수도 있다. 2016.1월부터 한국을 포함한 전 세계는 롱텀 디플레이션 상태이므로 그동안의 일본인들의 눈물과 비극을 보면 해외 투자에 나서면 안 된다는 것을 알아야 한다.

그러나 일본의 이 유령 달러(ghost dollar)는 엔·달러 환율의 상승에 따라 이제는 영광의 귀국을 할 것으로 보인다. 일본의 눈물 즉 일본의 롱텀 디플레이션은 이제 끝났다. 앞으로 일본 금리는 얼마나 오를 것인가? 엔·캐리 트레이드를 위해 나간 자금이 귀환하면서, 세계 경제에는 어떤 영향을 끼칠 것인가?

일본 자금은 타국의 국채 매입을 중단하게 될 것이다. 더 나아가 타국 국채를 투매까지 해, 세계 채권 금리를 갑작스럽게 끌어올릴 수도 있다. 반면에 한국을 비롯한 세계는 2016년부터 롱텀 디플레이션의 고통 속으로 들어가 있다.

저자는 전 세계가 일본의 롱텀 디플레이션을 타산지석으로 삼아 조기에 롱텀 디플레이션에서 벗어나기를 기원한다.

챕터 16) 유령 달러(Ghost Dollar)의 정체

정확한 금액은 누구도 알 수 없지만 지금 현재 약 6~10조 달러 이상의 달러가 국제 금융 시장을 정처 없이 유령처럼 떠돌고 있다.

이 중 가장 큰돈은 일본인들이 해외의 주식이나 채권, 수익성 부동산 등에 투자한 돈이다. 엔화 강세로 인한 잠재적 환차손 때문에 근 30년 이상이나 일본 국내로 들여오지도 못하고 해외에서 떠도는 달러만도 약 4조 달러가 넘는다.

다음으로는 세금 부과를 피하기 위해 미국 내로 들여오지 못하고 있는 미국의 애플, 마이크로소프트 등 IT 기업들의 해외 영업 이익금 2조 6,000억 달러이다. 이 자금들 중 일부는 미국의 리쇼어링(Reshoring) 정책으로 인해 감세조치가 내려져 상당 금액은 미국으로 귀환하였다.

우리나라도 법인세를 낮췄더니, 해외 자회사에 쌓아 두었던 유보금 즉 이익금 중 현대차 8조, 삼성도 8조를 국내 투자로 돌렸다.

배당소득세를 95% 비과세로 하니까 해외에서 떠돌던 유령 달러를 귀국시켜 국내에 투자하게 된 것이다. 한국경제연구원·한국은행에 따르면 2022.4월 기준으로 한국 기업들의 해외 유보금 규모는 1,077억 달러(약 138조 8,250억 원)에 달하는 것으로 추산된다고 한다.

이 큰 자금들이 정처 없이 해외 금융 회사를 떠돌고 있다. 해외를 떠도는 이런 달러 자금들을 통틀어 저자는 유령 달러(ghost dollar)라고 명명(命名)한다.

유령 달러(ghost dollar)란 한마디로 귀국 시의 손실 발생을 피해서 본국으로 귀국하지 못하고 국제 금융 시장을 정처 없이 떠도는 부랑 달러를 말한다.

해외에 투자되었던 달러나 해외 사업으로 벌어들인 정당한 돈이지만, 귀국 시에는 막대한 환차손이나 세금 부과 문제로 귀국하지 못하고 세계를 정처 없이 떠도는 달러가 바로 유령 달러다. 이것이 바로 유령 달러의 정체다.

이 자금은 핫머니(Hot money)와는 그 성격이나 발생 이유가 완전히 다름을 알 수 있다. 핫머니는 투기적 이익을 좇아서 국가 간을 단기간에 이동하는 달러 자금을 말한다.

핫머니들은 국제 경제에 악영향을 끼치므로 핫머니가 국경을 넘나들 때 부과하는 토빈세 도입을 서두르는 나라도 많고, 또한 외환 보유고 사정이 좋지 않은 나라들에 결정적인 해를 끼치기도 하는 골치 아픈 자금이다.

이들은 경제 원리대로 움직이기보다는 어떤 나라에 위기가 닥쳤을 때 진입하여 단기적 이득을 취하고는 유유히 빠져나가는 자금이다. 이들 때문에 국내 자산 시장인 주식, 부동산, 국채 등에 영향을 주는 경상수지보다도 자본수지가 더 중요해지는 세상이 되어 가고 있다.

반면에 대부분의 유령 달러는 발생 동기도 정당하고 성격도 순하다. 블룸버그에 따르면 애플·마이크로소프트·알파벳 등 IT 기업이 해외에 보유 중인 현금은 2조 6,000억 달러에 달한다고 한다. 이 돈들은 해외에서 사업으로 벌어들인 정당한 자금들이다. 이 돈은 미국에 도입하는 순간 그동안 약 35%의 세금을 부과한다.

즉, 국제적으로 떠도는 유령자금 중 가장 큰 자금은 일본인들의 해외 순자산보다 큰 금액인 10조 달러 정도의 일본 자금이다. 주식, 채권, 부동산에 투자된 일본 기업과 개인 투자 자금이며, 차액은 현지 융자금으로 보면 맞다.

환차손 예상액만 최대 6조 4,000억 달러다. 해외 투자에서 59%가 남아야만 일본으로 반입할 시에 본전이 되는 것이다.
그들의 투자액은 환전하는 순간 약 40년간 누적된 엔고로 엄청난 환차손이 실제로 발생한다. 다시는 회복할 수 없는 상처를 입게 된다. 그래서 대중 투자가들은 약 30년 이상 자기 재산을 국내로 반입하지도 못하고 있다.

핫머니와는 근본과 성격과 행동이 완전히 다른 일본인 소유인 이 유령 달러(Ghost Dollar)는 과연 일본으로 귀국할 수 있을까?

한국 주식 시장에 투자된 외국인 달러를 전부 합쳐 봐야 7,000억 달러 정도다. 한화로 600조를 조금 넘는다. 일본인 개인 투자자 등의 해외 유가 증권 투자액은 실로 어마어마한 규모임을 알 수 있다. 외국인이 한국 증시에 투자한 돈보다 약 6.5배나 된다.

일본은 금융 문맹국 수준이고
한국은 금융 후진국 수준인 것이다.

유령 달러 중 위에서 살펴본 경우는 정당한 자금들이지만 이 밖에 해외 도피

자금이나 조세 피난처(tax haven) 등에 몰래 숨겨진 탈세 등 불법 자금도 유령 달러임은 마찬가지다.

이 유령 달러(ghost dollar)들은 아직까지는 세계 경제나 떠도는 나라들에게 악영향을 끼치지는 않는다. 일본인들의 이 자금은 거의가 다 미국에 투자되고 있고 나머지 30% 정도가 유럽 등에 분산되어 있다. 물론 이 자금 중에는 해외 기업을 인수한 M&A 자금도 섞여 있다.

하지만 해외 순자산이 많다고 항상 좋은 것만은 아니다. 대규모 해외 자산은 약점도 된다.

일본인들의 자산 가치가 해외의 경기나 환율 변동의 영향을 고스란히 영향을 받게 된다. 이는 또한 일본 국내 경기에 영향을 준다. 이 유령 달러들은 현재까지 온순한 달러지만, 장차는 성격이 변할 수도 있음을 알아야 한다. 이 유령 달러의 운명은 바로 일본의 롱텀 디플레이션과 그 궤를 같이할 것이다.

1970년대의 달러 가격이 비쌀 때, 즉 최고치 360엔과 대비해보면 엔화는 [그림 4]의 2023.9월 시세인 146엔이라고 쳐도 약 59%의 환차손이 이미 확정적이다. 2023.11월 초 현재는 151엔이다.

해외 순자산이란 것은 한 국가의 소득이나 재산이 국내에서 소비되지 않고 해외로 나간 것이다. 이로 인해서도 일본 국내 경기가 침체될 것은 너무나 당연하다.

만성적인 일본의 경기 침체, 즉 잃어버린 30년의 주요 원인 중 하나로 본다.

2년 치나 되는 국민들의 전체 소득 해당액을 써 보지도 못하고 고스란히 해외에 투자하고 있는 셈이다.

지금은 다른 얘기지만 그동안 환차손이 예정됨에도 불구하고 신규 투자의 절대금액이 계속 늘어났다니 가히 금융 문맹국 수준이지 않은가? 일본인의 무모한 해외 투자를 보면 마치 그림 형제의 동화 『피리 부는 사나이』가 연상되는 건 나뿐인가?

우리나라의 서학 개미, 동학 개미, 중학 개미 등도 같은 결과를 초래할 것으로 본다. 우리나라는 지금 롱텀 디플레이션 중이고 경제적 위상도 좋아져 원화 강세가 곧 나타나기 시작할 것이기 때문이다.

챕터 17) 달러의 급등 시기와 급락 시기 판단법

달러는 평상시에는 잔잔한 파도와 같다. 움직임이 거의 없다. 그래서 달러는 평소엔 관심의 대상도 아님은 물론 투자의 대상은 더욱더 아니다.

하지만 경제위기 금융위기와 함께 달러는 가장 매력적인 자산이 된다. 즉 평상시에는 달러는 그냥 현금 기능만 있다가 위기가 닥치면 가장 중요한 재산적 기능이 추가로 생겨난다.

달러가 언제 급등하는가, 급락하는가를 맞추기는 쉽지 않다. 아니, 주가처럼 누구도 맞출 수 없다. 하지만 달러의 급등 시기는 아래와 같은 경우에 나타남을 그동안의 경험으로 알 수 있다.

1) 어느 나라에 IMF 사태처럼 외환위기나 금융위기 등이 닥칠 경우다. 한국은 북한과 대치 중이니 전쟁 위기도 포함된다.

2) 9·11 사태, 2008년 서브프라임 사태 등과 같이 미국의 경제위기가 전 세계 경제에 영향을 미칠 정도로 크게 발생하는 경우이다.

3) 한 나라의 주식 시장, 아파트 시장의 대세 상승 후, 즉 잔뜩 부풀어 오른 주식과 부동산의 가격 거품이 터질 때 등이다.

2017년 5월에 시작된 이번의 대세 상승은 2021.6월 주식 시장의 하락으로 대세하락이 시작된 것으로 본다. KTB 투자 증권이 약 30년간의 한국의 대세 상승 패턴 연구 결과를 그대로 적용해서 판단하면 2021.6월이 주식 시장의 대세하락 시점으로 판단된다. 결과론적으로 정확히 시기가 맞았다.

대세 상승과 대세하락 패턴의 분석 결과를 한 줄로 요약하면 주도주는 약 3~4년간 상승하며, 최대 4~20배까지 오른다는 것이다. ETF는 2002년에 탄생했으므로 테마형 ETF 투자결과는 별도로 연구된 적은 없으나 주도주보다는 조금 더 약하게 오를 것이다.

이번 대세 상승 기간 중에는 2008년 서브프라임 금융위기와 2020년 코로나 사태로 막대한 달러 자금이 풀린 관계로 대세 상승 기간이 약 4년간 지속되었다. 위기가 닥치면 잔잔하던 달러 가격은 급등하기 시작한다. 이때부터 미국을 제외한 나라에서는 어느 나라, 어느 시대에도 달러 투자로 2~8배까지 횡재하는 경우가 생겨난다.

우리는 뉴스에서 외환 딜러는 꿈의 직장, 최고의 연봉을 주는 직업 등과 같은 얘기들을 많이 접하고 살아 왔다. 사실 외환 딜러가 소속된 은행이나 개인 투자가나 달러 가격만 정확히 예측하면 부자 되는 것은 식은 죽 먹기다.

외환 딜러들은 하루에도 수십억 달러에서 수백억씩 달러를 거래한다. 그러므로 이들은 주로 '오늘'의 환율에 신경을 많이 쓴다. 즉, 장래 예측은 약할 수밖에 없다. 그들은 초 단위로 돈을 벌거나 잃는다. 그러나 우리는 알다시피 연 단위로 예측하고 매매하는 팀이다. 여기서 팀이라고 한 것은 이 책의 매매 기법에 따르는 투자자들이 많아질 것으로 예상해서이다.

이제는 달러를 매수, 매도할 시기를 알면 된다. 이 시기를 맞추는 것은 쉬운 일이 아니다. 그러나 몇 가지 팁이 있다.

우선 대세 상승과 대세하락 패턴을 평소에 살펴 두고 있어야 한다. 즉 주식 시장은 대개의 경우 대세 상승 후 3~4년이 지나면 어느 날 금융위기 등과 함께 주식은 급락하고 환율은 급등하는 일이 생겨난다.

이번의 대세 상승 시작일은 2017.5월로 판단되었으므로 대세 상승 후 3년이면 2020.6월이 되며, 4년이라면 2021.6월이 된다. 항상 대세상승이 끝나 갈 3~4년차가 되면 주식 시장을 예의 주시해서 살펴봐야 한다. 이번에는 2008년 서브프라임 사태와 2020년 코로나 사태로 풀린 돈으로 2021.6월이 주식 시장의 대세하락 시점이 되었다.

기간 판별법으로 미리 주식 시장의 대세하락 시점이 예측되었지만, 이 매수나 매도 시기를 한번 확인하기 위해서는 기조변환일 판단법으로 다시 한번 더 확인한다. 기조변환일 투자법이란 한마디로 말하면 주식 거래량 폭발과 종합 주가 지수의 하루 1.5% 이상의 급등락이 시작되는 날로부터 사흘 내외를 매수나 매도 타임으로 보는 것이다.

바로 기조 전환일(=기조변환일, reversal day)이란 주식 시장이 대세하락을 시작하거나 대세 상승을 시작하는 날인데, 이날이 되면 주가 지수의 큰 변동과 함께 큰 폭의 주가의 변동이 생기면서 그동안의 주가의 움직임과는 다른 현상이 생겨나면서 그동안의 기조가 변했음을 알려 주는 날이다.

이렇게 대량 거래와 큰 폭의 주가의 변동을 통해서 이날이 바로 기조 전환일

(=기조변환일, reversal day)이라고 만천하에 고지해 주는 셈이다. 즉, 기조변환일을 미리 예측할 수도 없지만 미리 예측해서 매매를 하지 않아도 된다. 이렇게 시장에서 통지가 오는 대로 따라서 하면 되는 아주 간단한 일이다.

기조변환일은 또한 달러 가격의 급등락 시작일이나 하락 시작일을 알려 주는 것이다. 환율의 변동이 주가와 비교해서 보면 항상 선행 변수이다. 기조변환일(reversal day)로 추정되는 날부터 1~3일 내외의 달러 시세 변동 원인을 확인·분석해 본다. 당연히 TV 뉴스, 신문 등을 통해서 정보를 얻고 정보를 스스로 재해석 혹은 융합해 내야 한다.

이 정보들 중에서 정부나 전문가들의 장래 시세 예측 분야는 무시해도 된다. 아니 무시하는 것이 더 좋다. 대개 장래 시세에 대해서는 진실한 얘기를 이들에게서는 들을 수 없다. 항상 복선이 깔려 있다고 봐야 한다. 또한, 그들은 항상 단기간의 환율만 예측해 준다. 우리에게 필요한 것은 약 2년 후의 시세다.

한국은 더욱더 그러하니 주로 외신으로 확인해야만 한다. 원래 전문가라는 사람들은 사후 해설을 위해 존재하는 것이지, 예측가가 아니다. 또한, 대개의 경우 가격 예측과는 이해관계가 있는 사람들이다. 따라서 스스로 결론을 얻어 내야 한다. 즉, 논리적인 결론을 얻어 내야 한다. 시세 변동 원인이 타당하다고 판단되면 1~3일 이내에 바로 주식이나 달러의 매수 혹은 매도 행동을 개시한다.

이 날짜가 바로 주식의 매도 혹은 매수일이고 이날이 바로 달러 대출을 받을 날이거나 대출받았던 달러를 상환해야 하는 날이다. 시장이 알려 주는 이 팁에 따르면 간단히 은행뿐만 아니라 모든 전문가들이라는 사람들의 예측을 뛰어넘는 예측력을 발휘하게 되는 것이다.

기조변환일 매매 기법은 주식의 대세 상승의 시작 혹은 대세하락의 시작과 반등장 시작일 확인 시 아파트, 원유, 금 등 모든 자산 가격의 변동에 투자할 경우에 적용하며 적중률은 80~90%에 달한다. 특히, 주식투자 시에 유용하다.

이 기조변환일은 은행은 말할 것도 없고 세계적으로 날린다는 워런 버핏, 골드만삭스 등 날고 긴다는 사람이나 업체도 전혀 못 맞춘다. 지나 봐야 알게 되고, 발생된 이후에야 판단되는 것이기 때문에 그렇다. 적어도 시장에서 이것 하나는 공평하다. 다들 예측할 수 없으니까….

기조 반전일 투자법은 신뢰할 만하다.
또 한 가지 더 말한다면 요즘은 달러를 사겠다고 혹은 팔겠다고 은행으로 달려가는 어리석은 짓을 해서는 안 된다. 왜냐하면 이미 주식 시장에 상장되어 여러분을 기다리고 있는 달러 관련 ETF 매매를 해도 되기 때문이다. HTS를 이용하여 집에서 편히 매매해도 결과는 같다.

이 달러 관련 ETF 상품들이 새로 나온 펀드이다. 은행에서 달러 현찰을 사거나 팔 때는 왕복 수수료를 약 5% 정도나 은행 측에 줘야 한다. 달러 관련 ETF들은 왕복 수수료는 다 합쳐서 1%도 안 된다.

하지만 KODEX200, TIGER 200 등 순수한 국내 주식형 ETF 종목을 제외한 모든 ETF 상품들은 이익이 발생할 경우 15.4%의 배당소득세를 내야 한다. 일반 주식이 아니므로 양도소득세는 아직은 과세되지 않는다.

해외의 각종 ETF도 몇 종목을 제외하고는 모든 ETF는 15.4~22%의 배당소득세 혹은 양도소득세를 내야 한다. 그러하니 편리함과 경비를 감안하여 결정하면 된다. 저자는 경제학자도 아니고 외환 딜러 출신도, 증권 전문가도 아니어서 저자의 글에 믿음이 안 가는 사람들도 꽤 있을 것이다. 하지만 50년간 투자해 왔고 30년 정도는 기록하며 예의 주시하며 경험을 쌓아 왔다.

한마디로 저자는 신문이나 잡지 광고에서 수백억(?)을 벌었다고 떠들어 대는 명사도 아니다. 그러니 이런 허무맹랑한 광고에는 속지 말기 바란다. 경매의 달인도 마찬가지다. 미국에도 영국에도 일본에도 경매 제도는 시행되고 있다. 우리가 이들의 제도를 도입한 것이다. 누구나 시중의 이런 허무맹랑한 광고나 광고성 책에 속아서는 안 된다.

챕터 18) 국가별·위기별 환율 변동의 차이

한국의 IMF 당시의 환율과 이자 및 주가의 구체적인 데이터와 1996년 6월 준(Quasi) IMF 사태에 처했던 일본의 디플레이션 경제하의 동 수치들의 변동 사항과 영국의 브렉시트 등의 기록을 통해서 달러는 어떤 경우에 얼마나 급등하고 급락하나를 확인해 보기로 한다.

이 기록들을 다 알면 다가올 위기 때에는 일확천금의 기회를 잡게 된다. 달러 투자만으로도 간단히 2~8배까지 수익을 챙길 수 있음은 이미 앞에서 자세히 설명한 바 있다. 먼저 A) 1997년 한국의 IMF 사태와 2008년 금융위기와 B) 1998년 일본의 준(Quasi) IMF사태와 금융위기, C) 2016년 영국의 Brexit 당시의 환율 변동 폭과 달러 가격의 회복 기간 등을 차례로 알아보자.

1) 한국의 IMF 시절

1997년 12월 3일 IMF 구제 금융 상황에 처했던 한국의 주요 경제지표를 요약하면 아래 [표 2]와 같다.

1997년 11월 22일 평상시의 달러는 1,060원이었으며, 코스피지수는 580포인트, 은행의 대출 금리는 14.85%였다.

1997년 11월 30일에는 달러 가격, 코스피지수, 이자율은 각각 1,163원, 407포인트, 이자율 17.46%이었다. 누군가는 눈치를 챘을 법한 의미 있는 데이터들의 수치 변화가 보인다.

1997년 11월 22일부터 약 1주일이 지나면서 대출 금리가 3% 정도나 폭등했고, 환율이 100원이나 올랐고 종합 주가 지수가 180포인트나 폭락하였다.

1997년 12월 23일, 평상시로부터 불과 한 달 만에 달러 가격, 코스피지수, 이자율은 1,950원, 366포인트, 이자율 25.43%에 이르렀다.

1999년 6월 30일, 달러 가격이 최고치를 기록한 날로부터 약 1년 7개월 만에 각 수치는 거의 정상화(1,157원, 883포인트, 이자율 10.42%)되어 평상시 시세 근처로 회귀하였다.

당시를 요약 정리한 아래 표를 살펴보자.

날짜	대출 금리	기준 환율	코스피지수
1997.11.22. (평상시)	14.85%	1,060원	580
1997.11.30.	17.46%	1,163원	407
1997.12.23.	25.43%	**1,950원**	366.36
1997.12.24.	27.86%	1,810원	351.45
1997.12.26.	31.43%	1,490원	375.15
1997.12.27.	34.43%	1,490원	376.31
1997.12.29.	36.29%	1,400원	376.31
1997.12.30.	37.43%	1,600원	376.31
1997.12.31.	38.86%	1,680원	376.31
1998.01.31.	29.00%	1,500원	567.38
1998.02.28.	26.00%	1,630원	558.98
1998.12.30.	12.14%	1,120.50원	562.46
1999.06.30.	10.42%	**1,157.50원**	883

*1997년 11월 22일은 평상시의 경제 상황

[표 2] IMF 당시의 금리, 환율, 코스피지수 변동치

1997년 11월 22일 평상시의 경제 상황과 IMF 사태 직후의 1997년 12월 23일과 비교하면,

불과 한 달 만에 달러 환율은 83.9% 폭등하였고, 같은 기간 코스피지수는 36.8% 폭락하였다. 위의 표에는 안 나오지만, IMF 당시 코스피 최저 지수는 1998년 6월 30일에 기록한 277.37이다.

[그림 11]의 그래프로 더 자세히 살펴보자. 위 그래프는 원·달러 환율 그래프이고, 아랫부분은 원·달러 환율 변동에 따른 코스피의 변동 그래프이다. 즉, [그림 11]은 원·달러 환율 변동과 코스피지수의 변동을 같은 시점인 1982.1.1.부터 비교한 것이다.

앞의 수직점선②, ③, ⑩은 1997년 한국의 IMF 당시의 환율 변동에 따른 같은 시점의 코스피지수의 변동을 나타낸다. 두 그래프의 출발 시점을 1982.1.1.로 맞춰서 만든 그래프이므로 아무 곳이나 수직점선을 그으면 그날의 원·달러 환율에 대응하는 코스피지수를 알 수 있게 만든 그래프이다.

간략히 살펴보면, 첫 번째 수직점선②는 IMF 당시 달러 가격이 최고 가격일 때인 1997년 12월 말경이다.

이 수직점선의 밑의 코스피 그림이 같은 연도 월말의 코스피지수를 나타낸다. 달러 가격과 코스피지수는 [표 2]를 보면 각각 1,680원/376.31 포인트였다.

[그림 11]의 위 그래프, 검은 다이아몬드 형태의 (점 1)은 IMF 사태가 진정되면서 달러 가격이 1차 급반락이 마무리된 2000년 10월 말경이다. 10월 말의 달러 가격과 코스피지수는 1,139원/509.23포인트 정도였다.

수직점선②, ④, ⑧로 알 수 있는 것은 달러 가격이 최고치일 때 코스피지수는 항상 최저치 근처로 급락했다는 사실이다. 반대로 달러 가격이 최저일 때에는 코스피지수가 최고치 가까이 급반등했다는 사실이다.

IMF 상황이 발생한 후 약 10년 후인, 즉 서브프라임 금융위기 직전인 2007년 10월 말경 달러 가격은 903원이다. [그림 11]의 수직점선③ 정도 시기이다.

달러 가격이 폭등했던 수직점선② 정점에서 많이 내렸지만 그래도 IMF 사태 전과 국내 자산 가격이 많이 차이가 난다. 하지만 최고 가격에서는 많이 내려온 가격이다.

만약 2007년경 시작했던 서브프라임 사태가 없었다면 이론상으로는 IMF 상황 이전의 달러 가격까지 달러 가격은 내렸을 것이다. 달러 가격이 정상화도 되기 전에 서브프라임 사태 발발로 달러 가격은 다시 폭등을 시작한 것은 주지의 사실이다.

암튼 이처럼 IMF로 급등했던 달러 가격이 평상시의 환율 근처로 되돌아오는 데 무려 10년 가까이 걸린 것이다. 약 10년 동안이나 한국은 정상 달러 가격으로 도달하기 위한 달러 하락의 과정을 겪었었고, 그동안 자산 시장들은 달러 가격 하락에 맞춰서 가격 상승이 나타나게 된다.

[그림 11]의 수직점선③을 보면 달러 가격이 거의 정상으로 되돌아오니까 주가 지수는 최고치 근방이 됨을 알 수 있다. 즉 다이아몬드 달러 투자법에 따라서 마음 편히 자산 시장에 투자를 하면 되는 시기였다.

다음으로,
2008년 서브프라임 금융위기 당시의 달러 가격 급등 기간은 2007년 10월 ~2009년 2월까지로 약 1년 4개월간이었다. [그림 11]의 수직점선③과 ⑨의 구간이다.

서브프라임 위기로 폭등했던 달러 가격 또한 수직점선⑪처럼 IMF 사태 당시의 달러 가격이 회복된 것처럼 개략적으로 정상 가격으로 회귀했다. 그러나 아직 금융위기 전의 평상시의 달러 가격을 찾지 못했음도 확인할 수 있다. 미처 제자리까지 달러 가격이 회귀하기도 전에 2020.3월부터는 다시 코로나 사태가 발발했기 때문으로 본다.

결론적으로,
IMF 사태로 인한 달러 가격 폭락과 회복 기간은 개략적으로 10년, 서브프라임 금융위기 시에 폭등했던 달러 가격이 정상 가격을 회복하는 데에는 개략적으로 5년 6개월이 걸렸다.

한국의 IMF 상황은 마지막 구제 금융 잔액 1억 4,000만 달러를 2001년 8월 23일 상환함으로써 3년 9개월 만에 공식적으로 종료되었다. 서브프라임 금융위기 당시의 달러 가격 하락폭과 원상회복 기간은 IMF 때보다 더 하락폭이 적고 단기간임을 알 수 있다.

2) 2008년 한국의 서브프라임 당시

앞의 [그림 11]의 한국의 42년간(1982.1.1.~2023.3.24.)원·달러 환율과 42년간(1982.7.1.~2023.2.1.) 코스피지수의 관계 그래프들을 이용하여 2008년 미국의 서브프라임 사태 당시의 한국의 금융 시장을 다시 자세히 살펴보자.

2008년 미국의 서브프라임 상황이 더욱 악화되어 2009년 2월 말경 한국의 달러 가격, 코스피지수는 [그림 11]의 수직점선④처럼 달러 가격은 폭등하고 코스피지수는 급락하였다.

이때 즉, 2009년 2월 말경 지표는 달러는 1,532.80원, 코스피지수는 1,063.03 포인트를 각각 기록하였음을 그래프로 개략적으로 확인할 수 있다. 또한, 서브프라임 위기가 제법 진정되었다고 판단되는 수직점선⑪의 2014년 8월까지 서브프라임 당시 급등하였던 달러는 급락하고 코스피지수는 급등을 하게 된다.

2008년 서브프라임 금융위기 당시, 1년 4개월 만에 달러는 77.6%가 급등하고, 코스피지수는 같은 기간 동안 49.5%나 폭락했다. 수직점선⑩으로 확인해 보면 이 당시의 코스피지수가 2,070.86포인트로 최고점 근방이었음을 알 수 있다. 즉, 달러 가격이 최저일 때에 코스피지수는 항상 최고치라는 사실을 알아 두자.

3) 일본의 1998년 준(Quasi) IMF 시절

1998년에는 일본도 한국처럼 IMF 사태 위기에 직면했었다.
1996년 6월 니케이 지수와 달러 가격은 22,530/109.48엔이었지만, 1998년 6월 15일에는 15,830/150엔이었다.

즉, 약 2년 사이에 달러는 37% 급등하였고, 니케이 지수는 29.7% 폭락하였다. 당시 일본의 상황도 [그림 13] 그래프로 간략히 확인해 보자. 이는 당시 세계 2위의 경제 대국인 일본도 달러 가격 급등, 급락에 따라 주식이 급등, 급락하는 것을 확인할 수 있는 소중한 데이터이다.

1998년 당시, 만약 일본이 IMF 위기 직전에 150엔이었던 엔화를 미국과 협력하여 130엔 선에서 잡지 못했다면 일본도 우리처럼 IMF 상황에 처했을 것이고, 달러 가격이 더블 가까이 올랐을 것이다.

[그림 13] 1996.6.~1998.6. 사이 엔·달러와 니케이 지수 변동

4) 2008년 일본의 서브프라임 당시

다음의 [표 3]을 보면 일본은 서브프라임 사태 때 한국의 달러 급등 사태와는 달리 오히려 일본 내의 달러가 10.6% 폭락하고, 니케이 지수도 51.6%나 폭락했다.

날짜	엔화 환율	니케이 225 지수
2007년 10월 30일	111.02엔	16,785포인트
2009년 3월 초	99.15엔(10.6%▼)	8,109포인트(51.6%▼)
2009년 12월	93.08엔	10,546포인트

[표 3] 일본의 2008년 서브프라임 금융위기 시절

[표 3]에서 확인해야 할 것은 2008년 미국의 금융위기 당시의 한국 내의 달러와 코스피지수의 변동, 일본 내의 달러와 니케이 225 지수의 변동의 움직임이 서로 다른 이유를 알아야 한다. 즉 롱텀 디플레이션이 진행 중인 일본 같은 나라에서는 경제 위기 시에도 환율과 니케이 지수는 항상 같은 방향으로 움직인다는 사실이다. 즉 다이아몬드 달러 투자법이 적용되지 않는다는 사실이다. 이를 항상 기억해 둬야 한다.

2008년 서브프라임 사태로 인해 급락했던 일본의 주가 지수는 7년이 지난 2014년 10월에 16,173포인트를 회복하였고, 엔화도 2014년 10월 112엔으로 아베노믹스의 본격 시행 등으로 7년여 만에야 회복되기 시작하였다.

5) 다음으로 영국의 브렉시트(2016.6.23.)

영국도 Brexit(브렉시트)가 결정된 날 파운드화는 달러 가격과 비교해서 약 4%나 폭락하고, FTSE 100 영국 주가 지수는 약 6%나 폭락했다. 당시의 파운드의 폭락을 그래프로 확인해 보라.

브렉시트 투표일 이후 2017년 연말 현재 파운드화는 달러에 비해 약 12% 정도 폭락한 상태이다.

즉, 영국 내에서 달러는 12% 정도 급등하였고, 2017년 연말 현재 영국의 고급 부동산도 평균적으로 12.5% 폭락한 상태였다.
세계적인 도시의 부동산들은 서브프라임 사태로 풀린 자금으로 지난 10년 동안 평균적으로 약 56%나 폭등한 상태였다.

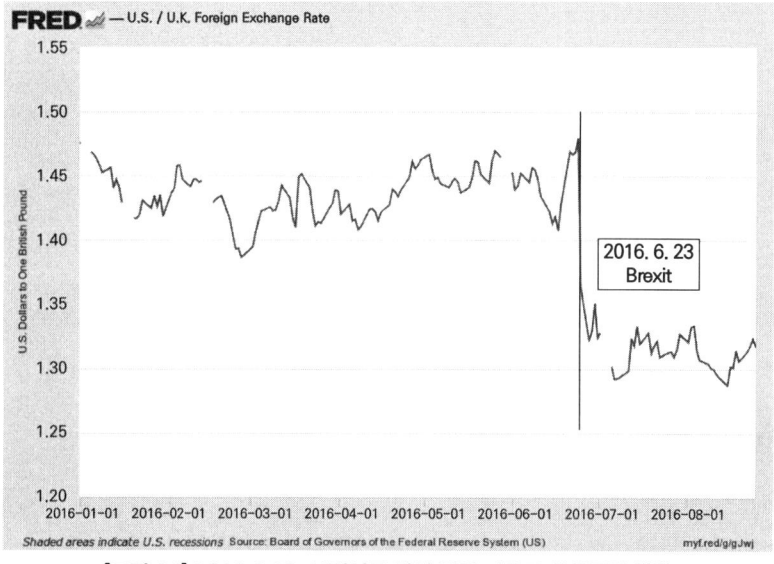

[그림 14] 2016.6.23. 브렉시트 당시 달러·파운드 환율급락 현황

그러나 브렉시트 충격으로 오로지 런던의 부동산만이 내린 상태였다. 영국의 주식 또한 달러 상승률에 거의 비례해서 폭락했음은 물론이다.

자세한 FTSE 100 그래프는 구하기 쉽지 않아 당일의 수치만을 알려 드리지만 역시 달러 가격 변동과 반비례 관계일 것임을 지금까지의 사례들에 비추어서 짐작할 수 있을 것이다.

[그림 15]는 달러·파운드 장기 그래프인데 브렉시트가 결정되기 전, 즉 [그림 15]의 수직점선①의 2016년 5월 '1파운드 =1.45달러'였던 환율이 [그림 15]의 수직점선③인 브렉시트 후 2016년 10월에는 '1파운드=1.22달러'로 급락하였음을 알 수 있다. [그림 15]의 수직점선②는 2016.6.23일의 브렉시트 발생일이다. [그림 14]와 같이 보면 더 확실히 느낄 수 있다.

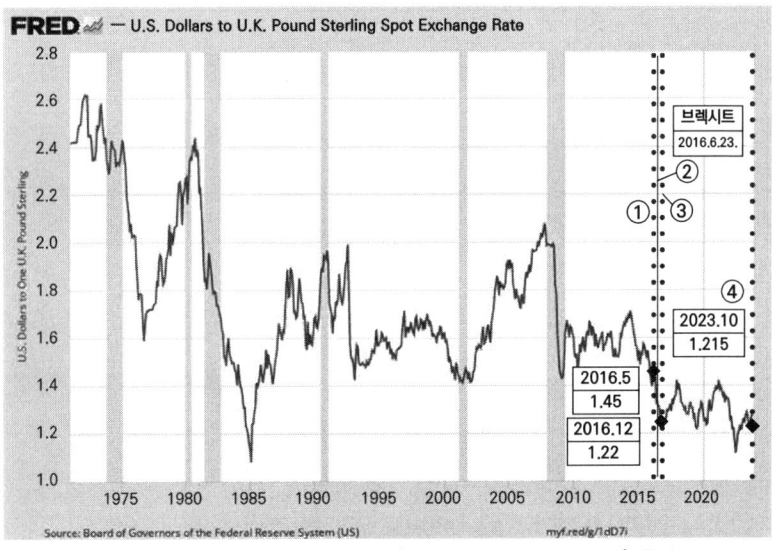

[그림 15] 브렉시트와 파운드 시세(1971.1.4.~2023.12.29) 추이

향후 영국이 위기가 진정되고 정상 경제 상태가 되면 어떻게 될까를 감안하면 그 당시 세계에서 가장 좋은 투자처는 바로 영국의 부동산과 금융 자산이었다.

그 당시 영국 부동산은 국제 시세에 비교해서 평균적으로 약 12.5%(환차익 예상치) + 56%(국제 시세 평균 상승률)를 감안하면 68.5%나 폭락한 시세로 거저줍는 가격으로 판단되었지만, [그림 15]의 수직점선③인 2023.10월 현재 파운드화 가격은 브렉시트 직전 시세인 1.45달러를 아직도 회복하지 못한 1.21달러임을 그래프로 개략적으로 확인할 수 있다.

즉 파운드화의 힘없는 회복력을 보면 앞으로는 영국은 좋은 투자처가 아니라고 시장이 말해 주는 것인지도 모른다. 즉, 브렉시트 이후 영국은 옛날보다 못한 평가를 받을 것인지도 모른다. 그러나 달러를 제외한 모든 화폐는 지금 약세임을 감안하면, 즉 지금의 인플레이션이 진정되고 나서 달러가 하락세로 돌아설 때 영국은 과거의 자리를 되찾을 것으로 보이므로 앞으로 최적의 투자처가 될 것으로 믿는다.

한편, 2001.8.23. 한국의 IMF 사태는 완전히 끝났다. 한국의 덩치 큰 자산이 폭락한 후, 미처 시세가 회복되기도 전에 론스타가 외환은행을 인수한 때와 같은 때가 브렉시트 발생 당시의 영국 부동산 상황이다. 론스타의 한국 내의 매매기록은 [챕터 20]에서 자세히 설명한다.

몇 나라의 Case Study(사례 분석)를 통해서 일시적인 충격으로 인한 경제 위기는 대개 3년이면 진정되고 원상으로 되돌려짐을 보아 왔다.

1997년 한국의 IMF 사태와 2008년 서브프라임 금융위기 시절, 1998년 일본의 준 IMF 사태와 2016년 영국의 Brexit처럼 자국의 외환위기, 경제위기 등에서 위기가 유래된 경우에는 주가의 폭락 사태와 달러 가격의 폭등 현상이 반드시 나타난다는 것이다.

외환위기, 경제위기에 처하게 되는 경우에는 선진국, 후진국과 관계없이 1997년, 2008년의 한국이나 1998년의 일본처럼 또 2016년 영국의 브렉시트처럼 달러 가격이 급등하고 해당 국가의 자산 시장은 대폭락을 겪게 된다는 것이므로 누구에게나 본 내용은 중요하다.

더 중요한 것은 위기 국가의 달러 가격 급등뿐만 아니라 위기 상태가 진정되면 올랐던 달러 가격은 짧은 기간 안에 원위치로 되돌아간다는 사실이다. 즉, 오르내리는 때를 잘 활용해 Dollar Swapping 거래로 좋은 투자 기회를 잡아야 한다.

나라별로 위기들의 영향이 다르게 나타나는 원인과 결과를 디테일하게 분석하고 연구한 학자나 전문 연구 기관의 연구 논문은 아직 없다. 한국의 IMF 상황이 임박했을 때에는 롱텀 디플레이션 중이던 일본도 [그림 13] 1996.6.~1998.6. 사이에는 엔·달러와 니케이 지수 변동도 정상적으로 움직였다.

하지만 위에서도 살펴보았듯이 서브프라임 당시에는 환율과 니케이 지수는 같은 방향으로 움직였다는 사실이다. 즉 다이아몬드 달러 투자법이 적용되지 않는다는 사실이다.

같은 롱텀 디플레이션 중에 있더라도 위기의 강도에 따라서 경제지표는 달리 움직인다는 것이다. 이를 항상 기억해 둬야 한다. 금융위기의 강도와 종류에 따라 달러의 복원력과 복원기간은 나라별로 차이가 남을 알 수 있다.

챕터 19) 국가별·위기별 달러 가격의 회복 기간

세계는 약 10년마다 금융위기나 경제위기를 겪으며 성장해 왔다. 이때마다 달러 가격은 요동을 한다.

국제 달러도 변동 폭이 커지지만 외환 보유고가 적은 국가이거나 위기가 노출된 국가의 국내 자산은 그 가격의 변동 폭이 최대 80~90% 정도까지 오르고 내린다.

특히 한국은 외국인들에게는 달러의 유동성이 풍부하고 유출입이 자유로워 달러 ATM(automatic teller machine, 현금 자동 입출금기) 국가 역할을 하고 있다.

한국은 해외 무역의존도가 약 70% 정도나 되며 거의 모든 제품을 생산하고 수출입을 하는 제조업 기반의 국가이므로 해외의 호황·불황이 그대로 반영된다고 볼 수 있어 그렇기도 하다.

주식과 달러를 교체투자하는, 단기간의 dollar swapping 투자는 아주 좋은 재테크 투자 방법이 될 것이다. 단기간에 100% 이상의 수익을 올리기에는 너무 확실하고 간단한 투자 기법이기 때문이다.

FX 마진 거래처럼 달러의 움직임을 미리 예측하고 거래하는 것이 아니라 달러의 움직임을 확인하고 투자를 시작하는 추종 매매이므로 안전하고 간편하다.

좀 심하게 표현하면 평상시에는 Dollar Swapping 재테크 달러 핀테크(FinTech)에 전혀 관심을 두지 않다가 위기 시에만 달러에 투자하고 평상화 즉 노말한 경제 상황이 되면 달러 자금을 회수하고 다음 위기를 기다리는 투자법이다.

우선 나라별로 위기가 닥쳤을 때 각국의 달러 가격의 회복력을 체크해 보면 평균적으로 달러 투자를 했을 때 자금의 회수 기간 즉 수익의 실현 기간을 판단할 수 있을 것이다.

1997.12.3. 한국의 IMF와 서브프라임 사태 당시:

누구든 단기간에 달러에 투자한 자금을 회수하면 더 좋을 것은 당연하다. [그림 11]은 한국의 42년간(1982.1.1.~2023.3.24.) 원·달러와 42년간(1982.7.1.~2023.2.1.) 코스피지수의 관계를 나타낸 소중한 그래프이다.

[그림 1]은 42년간 원·달러와 코스피·주택지수의 관계를 동시에 볼 수 있도록 저자가 세 가지 그래프를 하나로 합친 중요한 그림이다. 맨 밑의 주택지수 그래프의 처음 시작 일자는 이미 6개월 래깅(Lagging) 처리 되어 있음을 알 수 있다.

저자가 인용한 그래프 자료 출처가 Federal Reserve Bank of St. Louis(세인트 루이스 연방은행)의 FRED(Federal Reserve Economic Data) 자료이므로 100% 정확하다고 할 수 있다.

[그림 1]은 주택지수가 시작된 일자를 인위적으로 1982.7.1.로 맞추어 한국의 환율과 코스피 주가 지수의 시작 일자와 6개월의 시차가 나도록 만든 그래프이다.

그래프상의 어느 곳에든 수직으로 된 점선을 그으면 해당 점선에 해당되는 날짜의 코스피지수와 같은 날짜의 원화 환율을 알 수 있고, 원화 환율과 코스피지수보다 6개월 더 늦은 주택지수를 알 수 있기에 아주 유용한 그림이다.

[그림 11]을 읽어 보면
1997.12월 수직점선②는 한국의 IMF 상황 당시인데, 이후에 정상적인 달러 가격이 될 때까지의 기간은 2007.10월 수직점선⑩까지 개략적으로 10년 2개월이 걸렸다. 하지만 1차 하락기 2000.4월, 수직점선①까지의 회복 기간은 **1년 7개월**이 소요되었다.

또한 2009.2월 수직점선④는 서브프라임 금융위기 당시의 상황이다. 2014.8월 수직점선⑪의 달러 가격 되돌림까지는 5년 6개월 걸렸음을 알 수 있다. 2010.4월, 점②까지의 회복 기간은 약 **1년 2개월** 걸렸다. 그래프로 볼 수 있듯이 적당히 하락한 중간의 적당한 곳에서 교차매매를 정리해도 수익은 많기만 하다.

2016년 Brexit 당시 영국:

[그림 15]처럼 2016년 6월 23일의 영국의 브렉시트 당시 폭락했던 파운드화는 2023.11월 현재까지도 완전히 회복되지 못했다.

1998년 일본의 준(Quasi) IMF 시절:

[그림 13]처럼 급등했던 일본의 국내 자산 가격은 무려 24년만에야 거의 비슷한 정상 가격으로 회복되었다. 이처럼 짧은 기간 안에 급등했던 달러 가격은 정상화까지 긴 기간이 지나야 회복되는 것을 알 수 있다. 일본의 경우는 롱텀 디플레이션으로 장기적인 달러 가격 하락에 기인한 결과로 판단된다.

이처럼 국가별로 사례별로 살펴본 결과 금융위기나 경제위기의 충격은 국가별로 다 다를 것이지만 급등했던 달러 가격이 정상적인 가격으로 회귀하는 기간은 개략적으로 **1년 2개월~1년 7개월** 정도 밖에 걸리지 않는다는 것이다.

즉 우리의 다이아몬드 달러 투자 기법을 응용한 자금 회수 기간은 길어도 1년 7개월 정도에 불과하다는 사실이다. 달러 가격의 완전 정상화까지를 감안한다면 투자 기간 대비 수익은 더 안 좋을 것이다. 즉, 달러 가격의 1차 되돌림 가격 정도에서 투자금을 회수하는 것이 자금의 효율성 면에서 더 효율적이라고 판단한다.

사실 은행 입장에서 보면 보유하고 있는 달러는 평상시에는 수익에 큰 기여를 하지 못한다. 달러는 마치 판매업체의 재고처럼 은행 창고(금고)에서 무한정 고객들의 환전을 기다리고 있는 것이다.

은행들은 이 자금으로 달러 대출을 해 주는 게 유리함은 말할 것도 없다. 그러하니 은행들은 이미 꽤 오른 달러값을 보고 앞으로도 달러 가격이 더 오를 것으로 판단될 때 고객을 상대로 달러 대출에 나서는 것이다. 롱텀 디플레이션인 일본에서 달러 투자를 했다면, 달러 투자로 돈을 벌기는커녕 쪽박을 차게 됨을 [그림 4]를 보면 알 수 있다. 달러 가격은 근 30년간 꾸준히 내림세였기 때문이다.

1971.1월 1달러당 357.56엔을 줘야 살 수 있었는데 2012.1월 즉 42년 후에 76.34엔에 살 수 있었다. 이 기간 동안 일본 국내에서 미국 달러 가격은 78.6%나 폭락하였다.

그 후 아베노믹스의 시행으로 일본 내의 달러 가격은 다시 올라서 2023.9월에는 146.20엔으로 무려 91.5%가 폭등하였다.
2023.11월 현재에는 151엔대에 달한다. 즉 아베노믹스로 일본의 경제는 이제 정상적인 상태로 돌아섰다.

간단히 요약해 보면 일본 내의 미국 달러 가격은 78.6% 폭락 후 → 91.5% 폭등하였다. 그러나 1971년 최고 시세에 비하면 아직도 59.1%가 더 올라야 한다. 금, 은, 원유, 구리 등의 모든 원자재도 롱텀 디플레이션 시절에는 달러와 비례하므로 이들 원자재도 동시에 끊임없이 내린다는 것은 뻔한 얘기가 된다.

롱텀 디플레이션이란 3년 이상 지속되는 물가 하락 현상을 말한다. 롱텀 디플레이션적 현상을 미리 다 안다면 마음 놓고 주식이나 아파트 기타 모든 원자재를 공매도할 수 있다.

일본의 경우에 비추어 롱텀 디플레이션은 약 30년은 지속되는 것이 정상이며 달러 등 모든 자산들의 하락폭은 상상을 뛰어넘는 80~90%였다. 일본의 롱텀 디플레이션을 연구하여 이를 미리 알게 되었으므로 2016.1월에 롱텀 디플레이션을 맞은 전 세계에서는 마음 놓고 모든 자산을 공매도를 할 수 있는 것이다.

롱텀 디플레이션이 진행 중일 때의 달러의 움직임을 미리 알 수 있으므로 이를 통해서 FX마진 금 거래도 가능할 뿐 아니라 아파트의 공매도도 가능한 것이다. 즉 달러 인버스 ETF나 금, 은 등 원자재 인버스 ETF도 좋은 매매 대상이 된다.

이렇게 위기 시의 각국의 국내 자산과 주식, 아파트, 금 등 자산 시장과의 관계를 분석하여 새로운 투자 방법을 찾아낼 수 있다. 이를 응용하면 원자재 시장의 진입 여부도 즉 사고팔 시기도 간단히 파악할 수 있다.

New FinTech. 달러 투자로 재산 2~8배 불리기 프로젝트는 한마디로 달러가 제일 쌀 때 사서 제일 비쌀 때 팔면 재산이 2~8배로 늘어난다는 사실이다.

하지만 한국을 비롯해 전 세계는 이미 롱텀 디플레이션이 진행 중이기에 다이아몬드 달러 투자법에 의한 2~8배의 핀테크 투자 기회는 롱텀 디플레이션에 벗어나서 정상적인 경제 상태가 될 때까지 투자 기회는 없다.

일본을 제외한 전 세계는 현재 롱텀 디플레이션으로 장차 마이너스 금리까지 가야 할 운명이다. 이 경우 미국에서 한국 등 복원력이 큰 나라로 들여온 달러 자금이라면 이 자금으로 한국 국채에 대한 투자 기간을 늘린다면 실제로는 2~3배 정도의 수익을 더 올릴 수 있을 것이다.

참고로 1990년 일본의 이자율은 8.3%에서 내리기 시작해 2016.1월에는 0%가 되었다. 그 후에는 마이너스 금리와 0%대 금리를 오르락내리락하고 있다.

엔, 위안 파운드 등의 자금을 들여온 것이라면 각기 자국 화폐와의 환율도 감안해야 하므로 수익은 달라질 것이다. 또 베네수엘라, 브라질, 아르헨티나 등의 나라는 위기 시에 폭락했던 달러 가격의 원상 복원력이 거의 없는 것도 미리 알아 두어야 한다.

영국도 아직 브렉시트 당신의 파운드화 가치를 회복하지 못하였음은 앞에서 설명한 바 있다. [챕터 16~18]까지의 결과들을 결합하여 총정리하면 다음과 같다.

1) 한국 IMF 당시

달러 환율 83.9% 급등, 주가 지수 36.8% 폭락, 환율 1차 회복 기간 1년 7개월 소요

2) 한국 서브프라임 당시

환율 77.6% 급등, 주가 지수 49.5% 급락, 환율 1차 회복 기간 1년 2개월 소요

3) 일본 유사 IMF 상황

환율 37% 급등, 니케이 지수 29.7% 급락, 환율 1차 회복 기간 24년 소요

4) 일본 서브프라임 당시

환율 10.6% 급락, 니케이 지수 51.6% 급락, 환율 1차 회복 기간 7년 소요

5) 영국 브렉시트

환율 15.1% 급락, 당시 환율을 아직도 회복치 못하고 있다.

결론적으로,
위 3개국의 5가지 경우를 분석해 본 결과는 이렇게 요약된다. 정상적인 경제 국가, 즉 숏텀 디플레이션 국가에서는 금융위기·경제위기 등이 경제에 미치는 영향이 클수록 환율은 더 많이 급등하고 주가는 환율보다는 더 적게 급락한다.

보통 급락했던 환율이 1차 회복 기간까지의 소요 기간도 금융위기가 경제에 미치는 영향이 클수록 더 길지만 1년 7개월 정도 후에는 80~90% 정도가 회복된다.

따라서
1) 숏텀 디플레이션 국가에서는 금융위기나 경제위기가 닥칠 경우 주가의 대세하락과 동시에 주식을 팔고 달러를 사면 좋은 투자가 된다. 길어도 환율 1차 회복 기간인 1년 7개월 후쯤에는 달러를 팔고 다시 주식을 사야 한다. 달러의 2차 가격 상승이 시작될 때 주식을 팔면 총 4배 정도의 이득을 취할 수 있다. 달러 융자금까지 활용하여 매매하면 최대 8배까지 이득을 취할 수 있음을 앞에서 자세히 설명한 바와 같다.

2) 롱텀 디플레이션이 닥치면 주가 지수도 급락하고 환율도 급락한다. 게다가 롱텀 디플레이션 상황에서는 환율과 주가 지수는 비례한다는 것을 잊지 말아야 한다.

따라서 롱텀 디플레이션이 진행 중인 국가에서는 주식이나 아파트 등 부동산을 Dollar Swapping 투자를 해서는 절대로 안 된다.
롱텀 디플레이션 시에는 환율도 주식도 아파트도 원유도 금·은도 비트코인도 전부 내리기만 한다. 즉 투자할 자산이 완전히 사라진다. 단지 국채와 맥쿼리 인프라 펀드는 이자율이 계속 내리므로 이에 맞춰 계속 오르는 재산이 된다.

챕터 20) 해외 투자는 허들(Huddle) 경기

저자는 1987년쯤 하와이에 특집 「생방송 태평양은 지금」 제작을 위해서 출장을 갔다. 당시 하와이 해변 일주도로인 'Sunset Blvd.'에는 일제 스즈키 2인승 미니 트럭을 탄 일본의 젊은 남녀들로 가득 차 있었다.

그들은 마이클 잭슨의 대표곡 「빌리 진(Billie Jean)」을 크게 틀어 놓고 그가 썼던 선글라스를 쓰고서 스즈키 미니 트럭을 타고 하와이 해변 도로를 휩쓸었다.

당시, 길거리에 한국인은 보이지도 않고, 일본인이 하와이를 가득 메운 것처럼 많았다. 그만큼 국력의 차이가 나던 시절이었다.

더구나 인터뷰를 해 보니 그 젊은이들의 직업은 배달원이었으니 부러움을 느낄 수밖에 없었다. 당시 하와이 빌딩의 90%는 일본인이 소유한다고 했다. 당시 이러한 사실들을 인터뷰하여 방송하면서 부러워했던 기억이 난다.

게다가 그 시절에 미국의 자존심인 영화사 MGM을 일본 SONY가 인수하여 세계를 놀라게 한 적이 있었다.
아무튼 그 당시에 넘치는 달러로 일본은 정신을 못 차리고 있었다. 60개월째 대규모 무역 흑자가 나던 시절이었다.

특히, 1986~1989년 사이는 일본의 최고 전성기 중 하나이며 본격적인 거품 형성기였다. 당시 해외 투자는 일본의 자존심처럼 추앙받았다. 그러나 일본에 큰 시련기가 다가오고 있음을 안 것은 한참 뒤였다.

우리나라도 한때 무려 71개월째 무역 흑자가 진행되다가 얼마 전에는 무역 적자가 1년 이상 진행된 적도 있다. 무역 적자는 일시적인 것으로 보이며 늘어나는 한국의 무역 흑자를 줄이기 위해 미국은 1985년 일본 플라자 합의에 버금가는 달러 약세를 초래하는 조치를 한국에 강요하게 될 수도 있다.

전과 달리 이제는 미국의 일방적인 조치인 환율조작국 지정이라는 제도까지 도입되어 있다.
이런 시대적 흐름을 잊은 채, 한국의 연·기금 기관 투자가, 개인 투자가 등은 이미 해외 투자에 나선 지 오래다.

브라질 국채, 미국의 각종 주식과 ETF 등에 상당한 돈을 투자했다. 특히 기관들은 미국의 부동산 등에 막대한 자금을 쏟아붓고 있다. 장기 환율을 예측하고 투자하는 것인지 심히 궁금하다. 약간의 시세 차익은 불과 몇십 원의 환율 인하로 한꺼번에 물거품처럼 사라질 것을 대비했는지 궁금할 수밖에 없다.

장기적으로 한국의 원화는 강세로 갈 수밖에 없다. 아직도 IMF 당시의 환율인 800원대를 회복하지도 못했음을 알아야 한다. 그 후의 한국 경제 상황은 굉장히 좋아졌고, 무역 흑자 누적액은 눈덩이처럼 불어나 있다.

해외 투자에 성공하려면 투자한 자산의 가격 상승과 원화 강세가 전제되어야 한다. 만약 일본처럼 대외 자산은 가격이 상승되더라도 원화 약세가 지속된다면 어찌 되겠는가?

1985년 9월 22일 레이거노믹스가 시행되던 시절에 일본에게는 플라자 합의가 있었다. 바로 그다음 날 1달러에 260엔이던 엔화는 140엔으로 폭등했다. 당시 일본인 입장에서는 상대적으로 절반가량이나 싸진 해외부동산과 인프라 자산을 손쉽게 사들일 수 있는 계기가 되었다.

반면에 미국의 부동산과 주식에 이미 투자된 일본의 자산들의 가치는 하루아침에 120÷260×100=46%가 폭락한 것은 너무나 당연하다.

기나긴 엔화 강세로 일본의 연·기금, 기관 투자가, 개인 투자가들의 해외 자산은 평가액이 하루아침에 46% 폭락한 후에 시간을 두고 서서히 폭락에 폭락을 거듭하면서 시세로 반영되었다.

단순히 엔화로 환산한 일본인들의 미국 투자 재산 가치는 반입되는 순간 환율 차이로만 46% 정도나 환차손을 보게 되었다. 해외에 투자된 일본인들의 이 자산은 환율 차이로 인한 대폭적인 환차손 예정이지만 일본 국내로 반입을 하는 순간 손실로 현실화된다.

그 이후에도 엔화 강세는 지속되었고, 2012년 1월에는 1달러가 76.34엔까지 떨어졌다. 즉, 1970년대부터 해외에 투자된 일본 투자가들의 재산은 일본 국내 반입도 못 하는 신세가 되었고, 투자한 지 벌써 50년 가까이 지난 경우도 많을 것이다.

잘 알다시피 일본은 1985년의 플라자 합의 환율 조정 이전의 달러 가격에는 한 번도 가 본 적도 없다.

그들은 1985년 이후 줄곧 일본 내에서 달러 가격이 상승되기만을 기다리고 있다. 일본인들은 눈물을 머금고 엔화 가치가 내리기만 기다리고 있다. 즉, 아베노믹스가 성공하기만을 손꼽아 기다리고 있는 것이다. 엔·달러 환율로 봐서 아베노믹스는 성공했다고 본다.

우리는 일본의 대규모 해외 투자는 1985년 플라자 합의 이전부터도 이뤄졌음을 짐작할 수 있다. 일본이 하와이 빌딩을 거의 다 소유했다던 1980년대의 엔화 환율은 260엔 정도다.
다시는 이런 환율은 있을 수 없다고 본다.

이런 사실을 아는지 모르는지 일본인들은 수출로 벌어들인 돈을 지금도 쓰지 않고 돈을 싸 들고 해외로 나가고 있다. 40년 이상 눈물을 흘리고서도 말이다.
지혜인가?
무지함인가?

일본이 準 IMF 위기 시에 직면했던 1998년 6월 15일의 150엔이 1985년 이후 최고가였다. 지금 한국인 중 해외에 투자하는 투자자들은 [그림 4]의 엔·달러 장기 그래프를 확인해 보고, 1970년대 이후의 일본 투자자들이 자기 자산을 일본 국내에 반입도 못 하고 있는 이런 사실을 알고 투자에 나서야 하는 것이다.

[그림 12]의 엔·캐리 트레이드가 가능했던 시기가 바로 해외 투자에 나설 적기인 것이다. 그래프로 보듯이 4회 정도의 기회가 있었다. 따라서 장기간의 달러 가격의 변화 예측이 가능한 사람만이 해외 투자에 나서야 한다. 저자는 국내 자산 가격이 860원대 이상에서는 결코 해외 투자에 나서지 않을 것이다.

그러나 저자의 이런 생각과는 달리 정부나 금융 회사들은 해외 투자를 적극적으로 권유하게 될 것이다. 해외의 투자 자산 가격이 올라도 자국 내의 달러 가격 하락으로 오히려 큰 손실을 볼 수도 있음을 알아야 한다. 원화로 환전할 때 손실은 확정된다. 한국에서도 달러의 장기 예측 가격은 지금보다 한참 아래일 것이라는 것은 알 사람들은 다 안다.

하지만 이미 나가 있는 해외 투자금은 마지막 주식, 부동산 대세 상승 이후에 거품이 붕괴되는 시점에 국내로 반입할 기회가 한 번은 주어진다. 아직은 달러 가격이 너무 비싼 타임이어서 해외로 나가면 안 된다. 단언하건대 지금은 해외 투자 붐에 편승할 타임이 아니다.

앞으로 한국에서는 한 차례의 환율 대폭등 이후에 다시 기나긴 상승이 남아있을 것으로 예측한다. 서브프라임 금융위기와 코로나 사태로 무진장 풀린 달러로 닥친 인플레가 퇴치된 직후에는 지속되는 미국 달러의 약세를 대비해야 한다.

해외 투자는 허들(Huddle) 경기다. 아무나, 아무 때나 하는 것 아니다. 적어도 2개의 높은 허들을 통과해야 한다. 원·달러 환율의 첫 번째 벽을 통과해야 한다. 투자 이후에는 원·달러 환율이 지속적으로 하락해야 한다.

둘째로는 현지 투자 자산이 가격 상승을 가져와야 하는 것은 당연하다. 아주 어려운 경기이다. 평지에서도 달리기 실력이 제대로 안 나오는 사람이 허들 경기에 도전하는 것은 무리이다.

한마디로 지금은 롱텀 디플레이션 중이므로 아직은 외화 예금 저축이나 해외 투자에 나설 시기가 아니다. 정부나 전문가라는 사람들의 목적을 띤 멘트를 재분석해야 할 타임이다.

이 책을 읽는 투자자 중 혹 이미 해외에 투자한 자산이 있다면 2025년 5월 정도에 끝날 금리 고원 지대 이후에 닥칠 마지막 금리 급등기에는 금융위기로 달러 가격이 치솟을 것에 대비해야 된다고 본다. 2024.5월이 아니다. 2025.5월경으로 본다. 이때에 반드시 국내로 반입하여야 할 것이다.

그렇지 않으면 일본인들처럼 영원히 자기 재산을 국내로 반입하지 못할 수도 있다. 바로 유령 달러(ghost dollar)의 보유자가 된다. 해외에 투자한 일본인들은 오랜 기간 자기 재산을 가까이 두지도 못하고, 따라서 돈을 써 보지도 못했다. 이것이 바로 일본인들의 비극이요, 일본의 눈물이었다.

환율의 장기적인 예측이 가능해야 해외 투자 여부를 결정할 수 있다. 해외 투자는 아무나 하는 것이 아니다. 또한 아무 때나 하는 것도 아니다.

누구나 32년간의 일본의 롱텀 디플레이션을 타산지석의 지혜로 삼아야 한다. 환율 예측에 자신이 없다면 국내 투자로 만족하여야 한다. 저자는 해외투자에 나서지 않고도 국내에서 달러 투자로 재산을 2~8배 불리는 기법을 집중 소개하고 있다.

어느 나라나 보통 자국 내에서 약 10년마다 한 차례씩 찾아오는 경제위기나 대세하락 시에 무작정 따라 하기만 하면 재산이 2~8배로 불어나는 횡재를 하게 됨을 알아야 한다.

미국 내에서는 달러는 단순히 현금이므로 이렇게 달러 가격이 약 100% 정도씩 아래위로 급등락하는 이런 상황이 생겨나지 않는 것은 너무나 당연하다.

따라서 미국의 재테크 전문가나 학자들도 외국에서는 이 기회가 단순히 달러와 주식 아파트를 교체투자함으로써 큰 이익을 볼 수 있는 Dollar Swapping 재테크, 달러 핀테크(FinTech) 기회임도 알지 못한다.

그렇기에 이 내용들을 저술할 이유도 없고, 저술하지도 연구하지도 못한 것이다. 또 미국을 제외한 나라의 재테크 전문가 즉 미국 非거주 재테크 전문가들도 주로 미국의 재테크 전문가들이 쓴 책들을 단순히 번역하거나 이에 준거해서 생각하고 글을 쓰기에 이런 Dollar Swapping 투자법을 알려 주지도 못한 것이다.

그러다 보니 달러 가격 변동에 따른 자국 내의 자산 투자 요령이나, 달러가 어느 경우에 급등하고 급락하는지도 알려 주지 못하게 된 것이다.

평소 투자 대상 자산은 주식·아파트·달러·예금·국채 등 5가지뿐인데 정상적인 경제 상태라면 달러나 예금, 국채는 투자 대상도 되지 못한다. 왜냐하면 이들 3가지 자산들은 평상시에는 가격 변동이 거의 없는 자산이어서 매매 차익이 거의 발생하지 않는 자산들이기 때문이다.

투자 대상 지역이 미국이 아니라 일본이나 중국 등 제3국이라 하여도 사실상 달러에 투자하는 것과 같다.
예를 들어 일본의 미쓰비시 상사 주식에 투자한다면 원화 인출 → 달러로 환전 → 엔화로 환전 → 미쓰비시 주식 매수의 과정을 거쳐야 하므로 달러와 엔화로의 환전 수수료만도 2회, 팔고 자금이 귀환할 때까지를 감안하면 4회분을 내야만 한다.

주식 매매 수수료는 별도로 하고서라도 평균적으로 환전 수수료는 회당 2.5% 정도이므로 환전 수수료만도 투자액의 10.0% 이상이 들어간다.

투자금을 회수할 때에는 일본 현지 주식 매도 시에는, 엔화-달러로 환전-원화 환전의 과정을 거쳐야 함은 물론이기 때문이다. 즉, 비싼 환전 수수료를 똑같이 4회 총 10% 이상의 환전 수수료를 부담해야 함은 물론이다. 또한 현지에 투자했던 주식에서도 매매 차익이 발생해야만 투자한 이유가 된다.

매매 차익이 생긴다면 약간의 기초 공제 후에는 양도소득세도 내야 하므로, 투자 결과가 여간 좋아서는 본전도 회수하지 못하게 된다.

최근에는 영업을 위해서 몇몇 증권 회사에서는 해외 투자의 경우 환전 수수료를 면제해 준다고 하는 경우도 있다. 하지만 이미 거래할 주식 가격에 환전 수수료 이상을 포함했을 가능성이 더 크다. 꾐에 속지 말아야 한다. 한마디로 웬만해서는 해외 투자에 나서지 말길 바란다.

증권 회사들도 해외 리츠용 부동산이나 주식투자에 나서서 회사가 흔들릴 정도의 큰 손실을 보는 것이 너무 흔하다.
그만큼 어려운 투자 방법이 바로 해외 주식이나 부동산에의 투자이다. 두세 가지 관문을 무사히 통과해야 하는 허들 경기인 것이다.

국내 증권 회사들은 해외 투자에 성공하기가 거의 불가능하지만 해외의 IB

뱅크나 증권 회사들은 뛰어난 시세 판단으로 한꺼번에 큰돈을 벌어 가기도 한다.

우리나라의 IMF 당시 미국의 론스타는 한국의 외환은행을 단기간 매매해서 3조 7,200억 정도의 큰 성공을 거두게 된다. 그 당시 한국외환은행은 한국 정부의 소유였으니까 국유 재산에서, 즉 국고에서 손실을 본 것이다. 오늘날 이런 큰 기회는 전 세계에서 수시로 일어난다.

문제는 금융기술이다. 핀테크(FinTech) 기법을 배우고 익혀야 하는 것이다. 이 기법을 모르고 단순히 주식과 아파트에 장기투자하면 누구나 다 망하는 것이다.

자본 이득과 환차익을 누릴 수 있을 때 해외에 투자해야 한다.
해외 투자는 장애물 경주와 같다. 해외에 투자하기 가장 좋은 시기는 해외 국가의 주식, 아파트, 국채 시장이 폭락한 이후이다.

즉, 해당 국가의 주식, 아파트, 국채를 매수하기 가장 좋은 시기는 현지 달러가 급등하고 현지 통화가치가 폭락한 이후이며, 이때 자본 이득과 환차익을 모두 얻을 수 있는 것이다. 한 가지 고려해야 할 사항은 현지 달러 가격의 회복 가능성과 회복에 걸리는 시간이다. 그러므로 섣불리 해외투자에 나서면 안 된다.

챕터 21) 달러핀테크(FinTech), 8배 대박 투자법과 대박 사례 분석

(외환은행 매매 차익 3조 2,800억, 환차익 2,400억 사례 분석)

일본은 달러 가격의 하락:

1989년 12월부터 시작된 롱텀 디플레이션으로 일본 국내의 달러 가격의 지속적인 하락으로 경제가 망가졌다. 디플레이션은 더 가속화되고 장기화되면서 국내의 모든 물건이 끊임없이 내렸고, 봉급생활자의 월급도 근 30년간 제자리 수준이었다. 이에 따라 일본은 사회적으로 경제적으로 활력을 잃어 감으로써 일본의 롱텀 디플레이션이 되었다.

한국은 달러 가격의 폭등:

1998.12.3. 동아시아에 불어온 외환위기로 한국은 결국 IMF의 구제 금융을 받게 된다. [그림 1]의 수직점선①의 시기이며 이때의 금을 뺀 한국의 외환 보유고는 203억 달러에 불과함을 보여 주고 있다. 이에 따라 한국의 국내 자산 가격은 무려 **1,955원**까지 치솟은 적도 있다.

단기간에 대외 지불 능력을 상실할 위기에 처한 한국은 달러 자금 마련을 위해 국가 시설도 매각하고 외평채 등을 발행하여 달러 자금도 추가로 조달하였다.

저자가 정리한 다이아몬드 달러 투자법에 따르면 달러 가격이 폭등하면 국내 자산 가격은 이에 비례해서 폭락한다. 즉 달러가 1,995원까지 치솟았을 때, 국내 주식, 아파트 등 부동산을 비롯한 모든 자산은 가장 쌀 때가 되는 것이다. [그림 1]의 수직점선⑧인 1989.4월 1달러의 가격은 불과 **668.40원**이었다.

반면에 국내 자산 가격이 가장 쌀 때 국내 주식과 아파트 등 부동산을 비롯한 모든 자산은 최고 가격이 됨을 이미 [그림 1]과 [그림 11]을 통해서 수차례 설명한 바 있다. 이런 기회를 Dollar Swapping 재테크 기회로 활용하여 단기간에 재산을 2~8배 정도 불려 갈 수 있다고 수차례 설명하였다.

이의 구체적인 사례가 바로 한국외환은행의 매매가 그 대표적 사례가 된다. 미국의 론스타는 한국외환은행을 단기간 매매해서 매매 차익으로 3조 2,800억, 환차익만으로도 2,400억을 벌어 갔다.

1998년 한국의 IMF의 금융위기를 이용한 전 세계 최고의 Dollar Swapping 재테크 매매 성공 사례는 한국외환은행을 단기간에 매매한 미국의 론스타일 것이다. 2003년 8월 27일 외환위기가 발생한 지 5년 후 한국 정부는 외환은행을 론스타에 1조 3,833억(매각 당시 환율: 1,175원)에 팔았다.

2006년 2월 9일 론스타는 하나금융지주에 외환은행을 4조 6,635억(환매수 당시 환율: 970원)에 매각하고 한국을 떠났다. 론스타가 한국외환은행을 매매해서 벌어들인 총수익은 3조 5,215억, 투자수익률은 254.6%였다. 소요 기간은 겨우 2년 5개월이다.

어느 나라에 위기가 닥쳤을 때 달러 자금을 반입하여 환율 때문에 폭락한 위기 국가의 재산을 사들인 후 위기가 진정되고 달러 가격 제자리를 찾아갈 즈음 사들였던 자산을 팔고 환전하여 나가면 된다.

사실은 이 기법은 미국 거주자라면 누구나 할 수 있는 기법이라고 이미 앞에서 수차례 설명한 바 있다. 이 사례를 보면 2년 5개월 만에 재산을 2배 반이나 늘린 사례이다.

Dollar Swapping 재테크, 달러 핀테크(FinTech)의 핵심 재테크 기법은 위기에 처한 나라의 주식, 아파트 등 부동산은 달러 가격 상승과 반비례해서 폭락한다는 사실에서 출발한다. 2001.8.23. 한국의 IMF 사태가 완전히 끝났다. 한국의 자산 가격이 폭락한 후, 회복되기 전에 론스타가 외환은행을 인수한 때와 같은 때가 지금의 영국 부동산 시장인 것이다.

매각 차익만 3조 2,802억이고 환차익만 2,413억(1,175-970=205원)이다. 투자액 대비 17.4%가 환차익이다. 2년 5개월 만에 획득한 환차익만 2,413억이다. 환차익 + 매각 차익을 합친 총수익률은 무려 254.6%다. 겨우 2년 5개월 만에 올린 수익률이다.

이런 큰 투자는 수익률보다는 수익의 절대 금액이 더 중요한 판단 기준이어야 한다. 풀 베팅을 했기 때문이다. 이런 투자, 즉 브렉시트 이후의 영국을 살 줄 아는 IB 뱅크가 한국에도 있어야 한다.

지금 똑같은 형태의 부동산 투자 기회가 영국에서 기다리고 있다. 즉 지금은 미국에 투자할 것이 아니라 영국에 투자해야 하는 것이다. 이처럼 머리를 쓰면 초대박 투자 기회는 전 세계에 항상 널려 있다. 금융위기 등 위기는 전 세계에도 10년 주기로 찾아온다. 이제는 5년 주기로 찾아올 만큼 세월이 빨리 흐르고 있다.

사실 외환은행 인수와 매각에는 어떤 음모론 같은 것들이 회자되고 있으나 진실은 저자도 모른다. 그러나 분명한 것은 저자가 정리한 새로운 핀테크 기법을 보면 위기 시에는 달러가 괴물자산이 되는 구체적 증거이다. 또한 다이아몬드 달러 투자법이 그대로 적용되는 살아 있는 증거 사례이다.

한국의 IMF 사태 후 1997.12.23. 최고 환율은 1,955원이었다. 이론상으로만 본다면 이날 외환은행을 인수했어야 했고, 그랬다면 인수 가격도 가장 싼 가격이었고 환차익도 최고였을 것이다.

론스타는 그로부터 6년 후인 2003.8.27.에 외환은행을 인수한 것으로 봐서 론스타도 최적의 매수 시기를 놓친 것이기는 하다. 그러나 큰 자산의 매매를 주식을 사고파는 것처럼 시기나 대금 지급 방법 등과 실사라든가 절차 등의 조율로 일정을 조율하는 것은 쉬운 일이 아니다.

이론상으로만 본다면 론스타도 저자가 정리한 다이아몬드 달러 투자법의 기본 원리에 충실하지 않았다고 본다. 즉 한국의 국내 달러 가격이 최고일 때 국내 자산은 최저 가격이 된다는 사실 말이다.

그때 인수 자격이나 자기 자본 비율 등과 몇 가지 문제점이 있었다는 사실은 후에 제법 밝혀졌지만 저자는 당시 상황을 자세히 알 수는 없다. 단지 매수일과 매도일이 환율 등 경제적으로 봤을 때 최고로 좋은 날짜는 아니었다는 뜻이다. 자세히 살펴보자!

1) 매수 가격 절약
달러 가격 최고 시세와 인수일 달러 시세 차이가 1,950원-1,175원이니까 1달러당 775원을 절약할 수 있었지만 그렇게 못 했다.

2) 매도 자금 최대 환차익 실패

들여올 때 환율-나갈 때 환율의 차이가 1,175원-970원으로 최대치는 아니나 실현된 환차익만도 2,413억이다. 들여올 때 최고치인 1,950원으로 들여왔다면 더 큰 환차익이 발생했을 것이다.

최고치일 때 달러를 한국에 들여왔다면 1,950원-970원=980원이다. 환차익만 100%가 넘는다. 이런 것이 바로 진정한 투자인 것이다.

3) 달러융자제도 최적기 활용

한국의 IMF 당시 상황이 아니라 경제위기 대세하락 등 10년 정도에 한 번 찾아오는 위기 등 이런 상황일 때 즉 국내달러 가격이 일시적으로 최고치라고 판단될 때, 달러 융자 제도를 활용한 단순한 달러 투자수익도 생각해 보자.

국내 자산 가격이 1,950원일 때 10만 달러를 대출받아서 환전 후에 은행에 예금했다가 970원일 때 달러를 사서 달러 융자금을 상환한다면 약 3년도 되기 이전에 10만 달러의 달러 매매 차익이 생기는 것이다. 간단히 더블의 수익을 올리는 것이다.

혹자는 달러융자를 받기가 쉽지 않다고 말한 적이 있다. 이럴 경우에는 달러 관련 ETF 상품을 매매하면 효과는 같다.

4) 달러가 안전달러 → 괴물달러 → 안전달러로 차례로 이동될 때 핵심 핀테크 투자기법을 써라!

국내 경기상황이 경제위기, 재정위기 등으로 완전 바닥일 때 즉 달러 가격이 최고일 때, 즉 1,950원일 때 국내 주식 시장은 완전 바닥시세가 된다.

이때 달러 자금 융자를 받은 후 환전하여 국내 주식을 산다면 그 후 달러 가격이 내리면서 주식은 단기간에 급등하여 100% 정도의 매매 차익이 단기간에 발생했음은 당연하다.

이때 달러 가격은 급락하였으므로 주식을 판 후 달러를 사서 은행에 갚으면 다시 달러 폭락으로 50% 정도 적게 상환하게 된다. 순식간에 150%(200-50/100=150%)의 투자수익을 거두게 되는 것이다.

보다 더 엄밀히 얘기하면 수익은 무한대가 된다. 돈을 전부 빌려서 투자한 결과 예상치이므로 자기자본이 제로(0)였기 때문이다. 뱃심이 좋다면 신용으로 매수량을 2.5배로 더 늘리면 수익이 더 발생한다. 위기가 최고조에 달했을 때부터 단기간에 450% 정도의 수익이 발생할 것이다.

어느 나라가 금융위기, 재정위기, 경제위기에 처했거나 주식 시장이 대세하락을 시작해 완전 바닥시세에 도달했을 때부터 은행에서 달러 융자를 받아서 투자에 나섰을 때라고 가정하자! 당연히 어느 나라의 국내달러 가격은 최고가격이 되어 있을 것이다. 이때 100달러를 융자 받는다고 상정한다. 1달러를 1원으로 간주한다.

(100달러, 융자 후 환전 → 주식 신용매수로 2.5배(250원) 매수 → 주식 100% 상승 → 현금화(500원이 됨) → 달러 가격 폭락으로 융자금 50%정도 감소, 전액(50달러) 상환 → 투자수익 450원(500-50=450원)

신용 매매를 한다면 최대 450%의 단기 수익이 발생한다. 이러한 핀테크

(FinTech) 기법을 아는 사람은 저자와 독자분이다. 이론상으로 최대 450% 정도의 수익이 단기간에 발생하는 것이다.

신용 거래를 하지 않아도 달러융자액을, 환전 후 주식을 샀다가 팔면 100% 정도 + 달러 가격 폭락으로 융자금 상환 시 50% 정도의 차익이 발생하며 단기간에 약 150%의 수익이 발생한다. 론스타의 경우 실제로 1달러 당 환차익이 무려 205원이나 되었다. 투자 총액 대비 환차익만도 무려 17.4%였다. 그러나 1)과 2)의 분석 내용처럼 론스타의 투자가 최적의 투자가 아니었음 또한 사실이다.

그러나 론스타 내부에는 뛰어난 금융 지식을 가진 스태프가 있었음에 틀림없다. 이런 절호의 기회를 놓치지 않은 것을 보면 그렇다.

환차익+매각 차익이 동시에 나오는 이런 큰 기회를 놓치면 개인 투자자보다도 못한 IB 뱅크(Bank)가 되는 것이다. 얼마 전부터는 금융 공학 퀀트 투자, AI 투자 등 이상한 단어로 사람들을 현혹하지만 금융은 상식이다.

대세를 읽고 투자하면 된다. 저자가 이미 몇 년 전에 정리한 Diamond 달러 투자법의 원리를 모르면 겁이 나서도 이런 큰 기회를 활용하지도 못한다. 오늘날 금융위기, 외환위기 등을 겪는 나라는 항상 세계 도처에 있으니 대박 투자 기회는 항상 있다. 이 챕터처럼 대박투자 기법을 활용하면 된다.

먼저 자국의 무역의존도를 참고로 알아 두자.
1년 전 연간 국제수지가 흑자를 기록한 이후에 즉 최적기에 주식투자를 시작했다고 치자. 그 후 Dollar Swapping 과정을 거친 후 달러 융자금을 갚고 났을 때의 예상 수익률을 계산해 보자!

1년 전 연간 국제수지 흑자 후에 기조반전일을 찾아서 투자를 시작한 주식투자로 100%의 수익을 남기는 것은 어렵지 않다. 주도주는 3~4년간 오르며, 보통 4~20배까지 오른다는 30년간의 한국의 주도주 분석 결과를 항상 기억해야 한다.

ETF는 2002년에 탄생했으므로 테마형 ETF 투자결과는 별도로 연구된 적은 없으나 주도주보다는 조금 더 약하게 오를 것이다. 경기가 기조반전일 이후로는 상당기간 좋을 것이므로 때로는 신용매수도 하여 매매를 하면 경기정점까지 위의 예처럼 100달러를 투자해서(1달러가 1원이라고 가정), 250%의 수익을 내는 것은 어렵지 않을 것이다.

투자자금을 마련하기 위해서는 新 사이클 투자법인 펜타곤 투자법상 지난 경기순환 시 마지막 단계에 투자해 뒀던 국채를 팔아서 마련하거나 은행융자를 통해서 마련할 수 있을 것이다.

이때부터 예상 수익을 계산하면 최소 2배 정도에서 최대 8배 정도까지의 투자수익을 거두게 되는 것이다. 1년 전 연간 국제수지 흑자 후, 기조반전일 2~3일 이내에 시작한 주식투자만으로 대세상승 꼭대기까지 적어도 250%의 수익을 확보할 수 있음은 앞에서 설명한 바 있다.

만약 자율반락이든 경제위기든 금융위기든 대세하락 시작부터 즉 주식 시장이 꼭대기일 때 달러 융자를 받아서 주식투자를 시작한다면 약 450%의 수익을 올릴 수 있음도 위에서 이미 설명한 바와 같다. 만약 당신이 뛰어난 투자자이면서 신용대출이 가능한 사람이라면 신용융자를 기반으로 한 무자본으로 700~800%의 수익을 올릴 수도 있다고 본다. 이럴 경우 수익은 무한대가 된다.

게다가 롱텀 디플레이션이 진행될 경우 장기국채에 투자하면 이자율이 계속 내리므로, 수익률이 상상을 초월하며 16배 정도까지 수익률을 올릴 수도 있다.

그리고 계속해서 달러와의 교체투자로 대박을 맞는 투자기법인 Dollar Swapping 재테크, 달러 핀테크(FinTech)의 구체적이고 실제적인 방법은 물론 마지막 대박 수익 단계인 국채 투자요령까지 이어서 간단히 살펴보도록 한다.

챕터 22) 달러재테크의 결정판, 국채투자로 2배 추가하여 16배 가능하다.

우리는 일생 동안 은행에 늘 당하면서 살아왔다. 같은 은행의 자기 계좌에 이체해도 송금 수수료를 받으며 일방적으로 마이너스 통장 한도도 줄여 버린다. 이른바 은행들은 갑 중의 갑으로 그중에서도 슈퍼 갑이다. 위기가 발생하면 달러는 약 1~2년 정도 급등한다.

우선 [표 2] IMF 당시의 금리, 환율, 코스피지수 변동치를 보자. 한국의 IMF 사태 당시, 아무도 낌새를 눈치채지 못했던 달러의 바닥시세인 날(1997년 11월 22일로 추정)부터 계산한다면 최고치까지 폭등하는 데 소요된 기간은 약 1년 1개월이었다. 이 기간 동안 달러는 83.9% 폭등하였고, 코스피지수는 36.8% 폭락하였다.

서브프라임 금융위기 시에는 정상 달러 가격에서 달러가 최고치를 기록한 날까지는 약 1년 4개월이 소요되었고, 같은 기간 동안 달러는 77.6%가 폭등하고 코스피지수는 49.5% 폭락하였다.

단기간 급등했던 달러는 일정 기간 후에는 보통 한 차례 정도의 큰 반락세를 보인다. 그 후에는 다시 장기간의 2차 하락을 시작하는 것이 일반적이다.

달러가 급등했거나 급등할 것으로 예상되면 은행들은 달러 대출을 해 주고 이자를 받기 원한다. 게다가 대출금 상환 시까지 달러 가격이 상승할 것을 기대한다.

그래서 이자 + 대출 시의 달러 가격과 상환 시의 달러 가격 차이에 따른 환전 차익까지 챙기고 싶어서 미소를 짓고 있을 것이다. 즉, 그들 기준으로는 멍청하다고 생각하는 고객을 기다리고 있을 타임이다. 위기로 인한 달러 가격 급등 예상 시기에 달러 대출을 적극적으로 권장하고 있을 것이다.

그러나 이 책을 읽고 달러 대출을 받는 사람은 은행들을 역이용할 타임을 잡은 것이다. 모처럼 은행을 물 먹일 기회가 온 것이니 달러 가격이 최고 시점이라고 판단되는 시기에 적극적으로 달러 대출을 이용하기만 하면 된다. 자, 그럼 키포인트는 환율의 최고점이라고 판단되는 시기를 은행이 맞히느냐 내가 맞히느냐만 남아 있다. 이것을 맞히는 자가 이기는 게임이다.

달러 대출을 받은 다음 그 자리에서 은행에 팔아야 한다. 즉, 원화로 환전을 한 다음 이미 급락하여 바닥을 헤매고 있을 주식 시장이나 아파트 시장으로 달려가면 된다. 그러나 이번에는 부동산으로는 가면 안 된다. 이미 2016년에 디플레를 맞이한 한국 부동산 시장은 투자 대상이 아니다.

외환 시장에서는 급등했던 달러가 자율적으로 1차 급락세로 돌아서기 시작하면 항상 주식이 부동산보다 먼저 반등을 하기 시작한다.

한국의 IMF 사태 때는 급등했던 달러 가격이 정상화되는 데까지 개략적으로 1년 7개월이 걸렸다.

달러 대출 후 행동 요령을 정리해 보면,
1) 급락하던 달러의 1차 반등세가 끝날 때까지, 주식은 단기간 급락하게 된다. 이때에 주식을 팔고 달러를 갚아도 되지만

2) 곧 있을 달러의 2차 하락 기간 중 주식을 팔고, 달러를 사서 은행에 상환해도 된다. 달러 가격 하락세가 지지부진하면, 하락세가 멈춘 것으로 판단하면 된다.

3) 장기적인 투자법으로는 급등했던 달러가 거의 완전히 원래 가격을 되찾고 나서, 달러를 상환할 수도 있다. 즉, 3가지의 옵션 중 한 가지를 선택하면 된다.

3가지 안 중 옵션으로 3)을 선택하면 그동안 이자는 내야 하지만 대출받은 달러 대출액은 달러가 이미 100%쯤 오른 시세에서 대출받은 것이고, 상환 시점은 달러가 오르기 전의 제자리를 거의 찾게 된 이후이므로 상환용 달러 구입액은 약 절반의 자금이면 충분하다.

즉, 달러 대출액보다 50% 정도는 적게 상환해도 되므로 상환차익만 해도 약 50% 정도가 남는다. 또한, 융자받은 달러를 매각하고 투매 가격에 사 뒀던 주식이나 ETF를 100% 정도 상승한 가격에 처분하면 달러 대출액 대비 3배 정도로 돈을 불리게 된다.

이처럼, 뛰어난 투자가는 본인 자금이 전혀 없더라도 단지 융자금만으로 3배 정도 재산을 불리게 되는 것이다.
더구나 달러 자금 융자액만으로 올린 수익이므로 사실상 수익률은 무한대여서 수익률 계산도 불가능하다.

이 기법은 어느 시대, 어느 나라에서나 똑같다. 조금 더 자세히 살펴보자. 우선 달러가 단기간에 1,000원쯤에서 2,000원으로 급등하였다고 상정하자. 당연히 위기 국가의 주식은 이미 50%는 급락한 상태이다.

부동산은 보통 주식보다 약 6개월 후에나 급락을 시작한다. 위기 발생 초기에는 부동산은 주식보다 6개월 정도 더 늦게 내리기 시작한다. 즉 대세하락으로 주식이 6개월 정도 폭락하고 있어도 아파트는 6개월간 오히려 폭등한다. 이 최고 가격 달러 대출 후, 최저 가격 달러 상환 투자 기법을 차례대로 정리해 보자.

1) 1달러가 2,000원으로 거의 100% 정도 올랐을 때에(1달러=1,000원이 평상시의 달러 가격으로 가정) 은행에서 달러 대출을 받는다. 1달러를 융자 받는다고 생각하자. 융자를 받는 즉시 매도, 즉 한국 돈으로 환전한다.

2) 다이아몬드 달러 투자법에 따르면 달러 가격이 최고일 때에 국내 주식 가격은 최저가 된다. 달러 가격이 최고일 때 융자를 받았으므로 이 달러를 즉시 팔고 판 돈 2,000원으로 바닥시세인 주식이나 KODEX 200 레버리지를 산다. 이 상품은 2배의 레버리지 ETF이고, 코스피 우량 종목들 200개의 평균 상승률 혹은 하락률의 2배 정도를 오르내리는 일종의 펀드이다.

위기 발생 초기에 단기간 급등했던 달러가 내리는 동안에는 많이 내렸던 주식이 반등 시에 가장 많이 오르지만, 반등세가 가장 강한 종목을 맞히기란 여간 어려운 일이 아니다. 따라서 이 KODEX 200 레버리지 ETF를 이용하여 평균 수익률의 2배만 먹게 되어도 섭섭하지 않을 것이다.

3) 달러가 오르면서 급락했던 주가 지수는 위기의 진정 혹은 해결이 되어 가면서 달러 가격은 보통 1~2년 전의 가격, 즉 오르기 전의 제자리 가까이 돌아온다.

KODEX 200 레버리지 혹은 많이 내린 주식을 샀으므로 같은 기간 동안 지수 상승률의 더블 가까이 오르게 된다. 이 사이에 달러는 급락하게 된다. 즉, 달러는 정상 가격인 1,000원을 향해서 큰 폭으로 내리고 있을 것이다.

4) 달러가 거의 제자리 가까이 내려서 1,000~1,100원 정도가 되면 이젠 단기간에 급등한 주식이나 KODEX 200 레버리지를 팔아야 한다.

5) 이 과정에서도 약 100%의 수익이 발생한다. 그 후 거의 정상 가격으로 되돌아온 달러를 사서 은행에 넘겨주면 된다. 너무나 쉽지 않은가?

6) KODEX 200 레버리지(구입 가격을 1주=2,000원이라고 가정)를 팔고 나면 개략적으로 4,000원이 된다. 즉, 1달러의 가격이 내려서 1,000원~1,100 정도에 도달하면 이 ETF를 팔면 된다. 이 과정을 밟고 나면, 달러 대출금을 1달러=2,000원으로 융자받았으므로 4,000원(총금액)−1,000원(달러 대출금 상환액)=3,000원 정도가 남을 것이다. 즉, 약 3배 정도가 남는 것이다.

대출 이자만 내면 무자본으로, 즉 전액 달러 대출로 약 3배 정도가 남는 것이고, 수익률은 무한대가 된다. 자기 자금이 전혀 들지 않았기 때문이다. 이렇게 간단히 재산을 불릴 수 있는 비법이 바로 최고 가격 달러 대출 후 최저 가격 달러 상환 투자 기법이다. 우리들은 그동안 은행에 늘 당해 왔다고 생각하는데, 이런 기회에 통쾌하게 은행 보유 달러를 빌렸다가 다시 갚으면서, 은행을 골탕 먹이게 되는 것이다.

그렇다고 해서, 은행이 손해를 보는 것도 없다. 그들은 그동안의 이자를 받았으니까. 은행은 한편의 극적인 드라마를 무료로 구경한 것이 된다. 은행이 우리처럼 직접 주식에 투자하지 않고 달러를 대출해 줬으므로 수익은 투자가가 독점한 것이다. 그들은 단지 몇 퍼센트의 이자로 만족하여야만 한다.

그럼 달러가 오르는 타임, 달러가 최고가가 되는 타임, 내리는 타임만 알면 돈은 굴러들어 오는 것인데 달러를 살 시기, 즉 최고가인 시기를 어떻게 맞출 수 있느냐가 궁금해진다.

IMF 사태로 추론해 보니 은행이나 정부도 못 맞춘 것 같은데…. 맞다. 누구나 환율은 맞추기 힘들다. 달러의 등락을 활용한 투자 기법은 미국을 제외한 어느 나라에서나 가능하다. 이 현상은 대세하락이나 IMF 사태 등 비정상적인 경우에 반드시 나타나는 현상이다.

1) 달러 가격이 최고 수준일 때에 은행에서 달러 대출을 받아서 주식에 투자하는 경우에는 약 3배의 수익이 나올 수 있다.

2) 해외 교포들이 직접 한국에 투자하는 경우나 해외 친지에게서 달러를 도입해서 투자한 경우에는 롱텀 디플레이션에 따른 국채 장기투자를 하지 않는다면 약 2배의 이득을 볼 수 있다.

3) 만약 귀하가 달러 가격이 바닥일 때에 주식 등을 팔고 미리 달러를 사서 위의 순서대로 투자를 하면 약 4배로 재산을 불리게 된다.

주식과 달러는 반비례 관계에 있다. 즉, 주식 가격이 가장 높을 때가 달러 시세는 바닥이 된다. 이러한 경우에는 약 4배 이상의 수익을 확보할 수 있음은 당연하다. 수익의 누증 효과가 생기기 때문이다.

개인의 능력에 따라서 이 수익률은 약간씩 들쭉날쭉할 것이지만, 누구나 꼭 활용해야 할 기회임은 틀림없다. 이 내용들은 미국 거주자를 제외한 어느 나라나 어느 시대에나 적용되는 달러와 주식 간의 시세 변동을 활용한 투자 기법이라는 점을 명심하자!

여기까지의 글들을 보면 달러 가격의 최고치를 예측해 내는 것이 제일 중요하겠다고 생각될 것이다. 이 판단이 은행에 물을 먹이느냐 내가 물을 먹느냐의 가장 결정적인 포인트인 것 같다.
맞다.

어떻게 개인 투자가가 은행의 달러 가격 최고치 예측 능력을 이길 수 있겠느냐고 생각하게 될 것이다. 즉, 은행은 달러 가격이 훨씬 더 오를 것으로 예측했기 때문에 대출 세일을 하는 것 아니겠냐고 생각할 것이다.

결국, 저자의 글은 꿈같은 이야기이고 이론상으로만 가능한 이야기라고 생각될 것이다. 하지만 이 의구심은 서서히 풀릴 것이니 계속 읽어 나가기 바란다.

은행이 원하는 것은 달러 대출을 해 주고 이자를 받다가 달러 대출을 해 줄 당시 달러 가격보다도 더 비싸게 우리들이 달러를 되사서 갚아 주기를 기대한다.

그러나 앞에서 살펴본 대로 끊임없이 오를 것 같은 달러도 때가 되면 대폭락기를 맞게 된다. 대체로 1년 몇 개월이면 오름 폭의 절반 이상이 폭락하는 것이다. 조금 더 기다릴수록 달러는 오르기 전 달러 가격으로 회귀하는 것을 알 수 있다.

따라서 우리들은 달러 대출을 받을 당시보다 달러 가격이 싸졌을 때 달러를 사서 은행에 반환하면 이자는 내야 하지만 환율 차이에 따른 매매차익을 누리는 결과를 얻게 된다. 결국 은행은 물을 먹게 되고 우리는 웃게 되는 것이다.

롱텀 디플레이션이 진행 중일 경우에는 Dollar Swapping 재테크, 달러 핀테크의 실제적 방법은 이제 국채에 투자를 시작하면서 마무리 5단계에 접어든다.

이제 국채투자요령 몇 가지를 알아보자.

첫 투자금을 눈덩이처럼 이미 약 8배로 불린 이후에, 국채에 투자하므로 투자금액이 상당히 크다. 따라서 국채투자로 또다시, 2배로 투자금을 늘린다면 수익 총액은 엄청나게 늘어나게 된다. 따라서 핀테크 즉 재테크의 핵심 정보다.

우선, 투자대상 국채는, 만기가 10~20년 이상인 장기국채가 좋다. ETF가 아니다.

일본의 경우 약 30년간 롱텀 디플레이션이 진행되었으니까 기나긴 보유 기간 동안 국채보유자는 은행예금보다도 이자를 수십 배는 더 수령했다. 디플레로 인해 일본의 금리는 지속적으로 마이너스 금리까지 하락한 바 있다.

이에 따라서 채권가격은 비례하여 오르므로 매매할 시에는 시세차익까지 누렸을 것이다. 단순한 불경기 등 숏텀 디플레이션이라면 2~3년 정도의 단기국채를 매수하는 것이 오히려 더 좋다. 왜냐하면 보유 중인 국채를 아무 때나 손해가 거의 없이 현금화가 가능하기 때문이다.

디플레이션이 단기냐 장기냐를 구분하는 것은 쉽지 않으나 다가온 불경기가 경기순환적인 것인가, 구조적인 것인가를 구분 하면 판단할 수 있을 것이다.

즉 미국에서나 미국 밖에서나, 펜타곤(Pentagon) 투자법의 2단계까지는 투자방법이 전부 같고, 미국은 3단계 달러와의 교체투자과정이 없다. 4단계인 예금투자단계와 5단계인 국채투자과정은 모두 다 같다.

다만 마지막 단계인 국채투자 단계에서 숏텀 디플레이션이냐 롱텀 디플레이션이냐에 따라서 투자할 국채의 종류만 달라지는 것이다. 따라서 미국은 펜타곤투자법 4단계를 따라야 하고, 미국 밖에서는 펜타곤 투자법 5단계를 준수해야 하는 것이다.

어느 나라든 대세하락 때마다 그리고 경제위기 시마다 항상 달러와 주식이나 아파트를 Dollar Swapping 투자해서 8배 정도의 대박 투자 기회가 주어짐을 잊지 말아야 한다.

여기에서 더 나아가 롱텀 디플레이션이 진행 중인 경우에는 금리가 지속적으로 하락하므로 Dollar Swapping 매매로 인한 수익에 더해서 국채 매매로 또다시 2배 정도의 엄청난 수익을 추가로 더 거두게 된다.

10년물 국채의 금리가 1% 내리면 약 7%의 시세차익을 올리게 되고, 20년물 이면 14%, 30년물이면 약 21%의 시세차익을 거두게 된다. 반면에 국채의 금리가 1% 오르면 국채는 잔존기간에 따라 10년물은 7%, 20년물은 14%, 30년물은 21%나 폭락한다. 가격변동율은 미래에 받을 총 이자액을 현재가치로 환산한 것이다.

이것은 공식이다. 코로나 사태 이후 양적 긴축과 동시에 미국 FRB는 금리를 5.25%로 올림에 따라 미국의 SVB뱅크는 부도 처리되고, 스위스 크레디 뱅크는 UBS에 M&A 되었다. 그 은행들이 보유한 미국 장기국채 평가액의 폭락에 기인한 것이다. 이처럼 국채 투자시기를 잘못 선택하면 몰락할 수 있다.

따라서 국채의 매수·매도 시기는 금리의 변동을 예측한 후에 하는 것이 좋다. 제대로 예측할 수 없다면 금리 인상이나 금리인하는 한두 번에 끝나는 것이 아니라 추세적인 것이므로 금리 변동을 실제로 확인한 후에 하는 것이 정석이다.

워런 버핏도 역시 금리 예측을 제대로 못 해서인지 모르지만 현재에는 단기국채에만 투자하고 있다. 단기 정부 국채는 금리 변동이 국채의 시세에 큰 영향을 끼치지 못하기 때문이다.

금리 변동은 앞으로도 수차례 더 있을 것으로 저자는 예측하므로 이에 따른 금융회사나 기업들의 흥망성쇠는 아직 본격화되지도 않은 것으로 본다.

롱텀 디플레이션이 32년간 진행되었던 일본의 경우를 보면 금리가 마이너스 금리까지 지속적으로 내렸다. 한국을 포함한 전 세계도 2016년 1월부터 롱텀 디플레이션이 진행 중이다. 머잖아 한국 금리도 일본처럼 마이너스 금리까지 내릴 것이다.

이럴 경우 펜타곤 투자법 4단계까지의 투자차익 8배에 더해서, 국채투자로 약 2배의 자본이득이 또 발생한다. 이를 다 합치면 16배의 놀라운 수익을 올리게 된다. [챕터 9]를 다시 기억해 보면 이론상으로는 최대 32배의 수익률까지도 가능하다. 수익은 상상을 초월한다.

롱텀 디플레이션 기간 동안 계속 국채를 보유하며 이자 수입을 얻는다. 또 금리하락에 따른 시세 차익도 늘어나게 된다. 롱텀 디플레이션이 끝나 가면서 금리가 인상되기 시작한다.

금리가 오르면 국채가격은 내리므로 이때에는 국채를 팔고 다시 펜타곤 투자법 1단계에 따라서 주식투자에 나서면 된다. 또 다른 10년간의 투자가 시작되는 것이다.

국채투자시기 즉 채권 투자시기는 불경기가 본격적으로 시작될 때에만 투자하는 것이 좋다. 왜냐하면 금리가 내려야 가격이 오르는 상품이기 때문이다. 물론 평상시에도 이자가 나오는 것은 맞지만 만약 시세차익이 없다면 크게 매력적이지 않은 투자상품이기 때문이다.

불경기가 지속되면 회사채는 부도위험이 커지고 이자를 수령하지 못하거나, 이자수령이 연기될 가능성도 커진다. 심한 경우에는 발행회사가 부도 처리되어 회사채의 채권회수를 못 할 수도 있다.
얼마 전에 UBS가 스위스 크레디 뱅크를 M&A 처리하는 과정에서 스위스 크레디 뱅크가 발행한 영구 회사채를 무상으로 소각 처리한 경우도 있다.

현재 포스코 한국전력 등과 한국의 몇몇 은행도 이미 발행한 영구채가 있다. 이들의 발행조건, 전환조건, 소각조건 등을 정확히 확인하고 매매하여야 한다.

따라서 회사채는

1) 펜타곤 투자법의 주식·아파트·달러·예금·국채의 5가지 투자대상 자산의 순환투자 순서에 따르면 회사채는 불경기 막바지에 이자율이 내리므로 매매 차익과 이자수익을 동시에 벌기 위해서 투자하는 마지막 순환투자 대상 자산이다.

2) 공교롭게도 국채를 포함한 사채는 금융 경색기에만 투자대상 자산이 된다. 국채 등 사채는 평상시에는 가격변동이 거의 없으며 적은 이자 수입만 있으니까, 투자대상이 되지도 못한다. 즉 국채 등 사채는 평상시에는 투자하지 말고 펜타곤 투자법 5단계 때에만 투자하는 것이 좋다. 결국 국채를 포함한 사채는 금융경색이 심한 불경기 때에만 해야 하는 투자대상 자산이다.

너무 아이러니하다!
정부나 기업이나 개인이나 정말로 돈이 필요한 것은 바로 이때 불경기가 극에 달했을 때이기 때문이다.

따라서 특히 주의해야 할 점은
불경기에 발생하는 여러 가지 위험을 피하기 위해, 사채 중 국고채가 아닌 회사채 금융채등은 평생 동안 투자대상으로 삼지 않는 것이 좋다. 저자는 지방채도 투자대상으로 삼지 않는다. 반드시 국고채만을 투자대상으로 삼아야 한다.

3) Bonds 즉 사채는 개인투자자 입장에서는 투자하지 말아야 한다. 회사채, 지방채 등에는 투자하지 말고, 항상 국채에만 투자하되, 이마저도 투자기회는 경기순환 변동의 맨 마지막 때, 한 번만 투자하여야 한다.

한 번의 경기순환이 개략적으로 10년이 걸리므로, 국채라 하더라도 10년에 한 번, 펜타곤 투자법의 맨 마지막 투자자산인 국채로 순환이 시작될 때, 정기예금을 해약하고, 약 2~3년간 투자하는 것이다. 평소에는 국채도 결코 투자대상이 아니다.

그러나, 롱텀 디플레이션이 진행되는 경우에는, 기나긴 금리하락 기간 동안 이자와 시세차익을 즐기며 보유하다가, 금리가 적어도 1~2차례 인상되는 것과 동시에 이제는 국채를 팔아야 한다. 금리가 1~2차례 오른다면, 새로운 10년의 경기변동이 시작되는 것이므로 이때에 국채를 팔고 주식투자에 나서야 한다.

그러나, 이번에는 롱텀 디플레이션이 2016년 1월에 전 세계에 시작되었다. 저자는 이번의 롱텀 디플레이션이 일본처럼 32년간 계속된다고 본다. 따라서, 한국은 2029년까지, 다른 나라는 2048년까지, 롱텀 디플레이션이 지속되므로, 국채 한 가지만으로 이자수익과 매매차익을 마음껏 즐길 수 있다고 본다. 롱텀 디플레이션이 지속되므로, 다른 투자할 만한 자산은 없다.

4) 국채와 비슷한 맥쿼리인프라 펀드라는 주식이 한국에만 존재한다. 국채투자보다 더 좋을 수도 있다. 따라서 [챕터 32]에서 별도로 설명한다.

* 마지막으로 한 가지 더 첨언할 것은 미국의 SVB 부도사태 이후로, 현재 미국에서는 미국 국고채는 현재의 가치에도 불문하고 액면가액 그대로 가치를 인정해 주도록 Janet Yellen 미국재무부 장관이 조치를 취해 놓은 상태이다.

만약, 미국 국채를 시가대로 평가한다면 수많은 은행들은 파산할 것이다. 미국 국채를 가장 많이 보유한 기업들은 단연코 은행들이기 때문이다.

챕터 23) 달걀 이론은 이제 폐기 처분해야 한다.

Dollar Swap 과정이 없는 달걀 이론은 이제 폐기해야 한다. 앞의 여러 챕터들에서 주식과 아파트를 단순히 Dollar Swap만 해도 재산이 8배로 불어나는 원리와 현상을 보았기에 저자가 주창한 펜타곤(Pentagon) 투자법의 우수함도 알게 되었다.

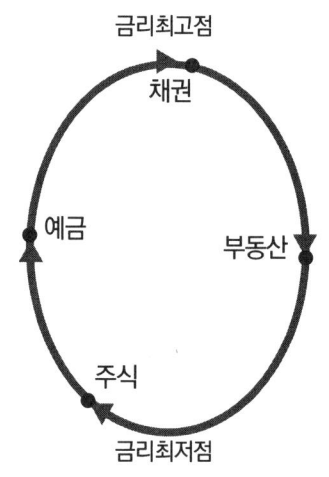

[그림 16] 앙드레 코스톨라니의 달걀 이론

신 사이클 투자법인 펜타곤 투자법은 단순히 Dollar Swapping 한 가지만 함으로써 8배의 투자수익을 올릴 수 있으며 순환투자기법상 마지막 단계인 불경기 막바지에 이자율까지 폭락하는 것을 가격에 반영한다면 최대 16배까지 수익이 발생한다는 것을 알 수 있다.

그러므로 이제 더 이상 앙드레 코스톨라니의 달걀 이론은 유용하지 않고, 필요하지도 않음도 알게 되었을 것이다.
[그림 16]은 앙드레 코스톨라니의 순환투자론인 달걀 이론을 보여 주는 그림이다.

93세까지 산 앙드레 코스톨라니(1906.2.9.~1999.9.14.)는 헝가리 유대인 출신의 증권투자 이론가이자 투자가이다. 유럽의 워런 버핏, 주식의 신이라고도 불리던 사람으로 성공한 주식투자가로서 이론가로서도 명성을 떨쳤다.

아무튼 그는 폐쇄 경제시대에 살았고 지금처럼 전 세계가 개방경제 시대이며 무역이 전 세계는 물론 각국의 경제에 큰 영향을 끼치는 시대에 살지 않았기에 Dollar Swapping 투자 과정이 필요하다는 사실과 효과를 알지도 못했다.

이것이 그의 달걀 이론의 가장 큰 결점이다. 앙드레 코스톨라니의 달걀 이론은 그 밖에도 여러 가지 문제점을 앉고 있지만 가장 큰 결점은 바로 Dollar Swapping 투자 과정이 없다는 점이다.

역시 그도 상당 기간 뉴욕에 거주했기 때문에 이런 현상을 경험하지도 생각하지도 못한 것이다. 이 밖에도 금리의 초고점이나 최저점을 아무도 알 수 없다는 점, 자금의 순환투자 순서가 잘못되었다는 점 등이 결점이다.

챕터 24) 고환율 정책과 저환율 정책

환율에 따라 전 세계 각국은 국제수지에 영향을 받고 이는 결국 자국의 경기에 영향을 끼친다. 따라서 각국은 환율을 높이는 것이 유리함을 알고 고환율을 유지하는 정책을 선호한다.

일본을 분석해 보면 롱텀 디플레란 것은 지속적인 달러의 약세를 의미하는 것이며 인플레를 다들 두려워하듯이 사실 롱텀 디플레로 인한 달러 가격의 지속적인 약세는 더 무서운 것이다. 잃어버린 30년의 일본을 보라.

환율은 복잡하고 신경 쓸 게 한둘이 아니다. 그래서 대부분의 사람들은 환율에 신경 쓰지 않고 살고 싶다는 생각을 한다. 그러나 누구나 이미 환율에 100% 노출되어 있고 일상생활에서 피할 수도 없다.

당장 나라 안에서 달러 가격이 오르면, 좋아하는 커피 한 잔의 가격이 오르며, 가까운 이웃 나라에 휴가를 가려 해도 환전할 때 여행 경비가 올라갔음을 느끼게 될 것이다.

게다가 조그만 장사를 해도, 달러 가격이 오르면 외국 손님이 확 늘어나기도 한다. 외국인들은 같은 1달러로 더 많은 한국 돈을 바꿀 수 있기 때문이다.

그러니 환율에 신경 안 쓰고 살기는 쉽지 않다. 이렇듯 환율은 모든 물건의 가격을 결정하는 데 결정적으로 중요한 일을 한다.

평상시에는 소소한 내용들이 변하지만, 외환위기나 경제위기 등으로 환율이 급등하면 심할 경우 내 재산이 반 토막 난다는 사실을 알아야 한다. 신경 쓰고 싶지 않지만, 내 재산 가격이 내 의사와 관계없이 또 국내 물가와도 관계없이 변하는 것이니 늘 관심을 두어야 한다.

국민들의 일상생활에 영향을 끼치니 각 나라의 정부들은 환율을 안정적으로 유지시키기 위해서 늘 노력은 하고 있다. 피할 수 없는 경우를 제외하고는 평상시에는 원하는 대로 잘 관리를 하고 있는 셈이다. 그래서 환율이 주요한 정책 목표로 등장하기도 하는 것이다.

1) 고환율 정책

모든 정치가는 매년 2% 정도의 인플레가 진행되기를 희망하고 그렇게 경제 정책을 펴 나간다. 매년 2% 정도의 적정 인플레가 되어, 사람들이 화폐적 환상(Monetary Illusion, 실제 가치와는 다른 단순히 수입이 늘어난 것으로 착각하는 현상)에 젖어 열심히 일하고 그냥 현실에 만족하며 정치에는 관심도 두지 않길 바란다.

그러고는 다음 선거에서 또 지지받기를 기대한다. 즉, 완만한 인플레는 장기 집권으로 가는 최고의 지름길이다. 그래서 정치가 혹은 각국의 정부들이 장기 집권을 위해 가장 손쉽게 취할 수 있는 정책이 바로 미국 달러 고환율 정책이다.

매년 환율이 적당히 오르기를 기대하고, 고환율을 유지하기 위해서 역량을 알게 모르게 집중한다. 미국 달러 고환율 정책은 무차별적으로 수입 물가가 오르기 때문에 인플레를 유발한다. 고환율이나 완만한 환율의 상승이 지속되면 대기업은 살찌고 대기업에 납품하는 중소기업과 월급쟁이들의 실제적인 수입은 줄어들게 된다.

그 차액은 고스란히 수출 대기업으로 이전된다. 그래서 이를 환율 조세라고도 한다. 또한, 인플레도 수반하므로 인플레 조세이기도 하다. 결국, 세금이나 마찬가지라는 뜻이다. 그 이유를 살펴보면 대기업은 수출 오더를 주문받으면, 이를 중소기업에 부품 등의 납품 주문을 한다. 중소기업은 부품 원재료 등을 수입하거나 직접 제조해야 한다.

즉, 약 6개월 정도 후에 수출 대기업에 부품이 납품되고, 대기업은 이들을 조립해서 완성품을 만든 후에 수출이 이뤄진다. 대기업이 수출한 후에 수출 대금을 2~3달 후에 받으면 대개 납품 후에 1년쯤 지나야만 중소기업으로 물품 대금이 들어온다.

그 사이에 환율은 지속적으로 서서히 더 상승하고, 대기업에게는 환율 상승분만큼 수출 대금을 원화로 환전할 때에는 환산 차익이 공짜로 생긴다. 심지어 대기업의 경우, 이 환율 차익만으로도 종업원들의 월급을 주고도 돈이 남을 수 있다.

그 사이 물가가 올라서 인플레까지 된다면 국내 제품 판매 가격도 인상하게 되어 수출 대기업은 이중으로 공짜 돈이 들어오는 것이다. 반면에, 대기업에 납품해야 하는 중소기업은 환율 상승으로 인해 엄청나게 올라가 버린 '수입 원자잿값의 상승 원가'를 100% 반영해 주지 않는 대기업 때문에 오히려 더 어려워진다.

이게 바로 환율 조세, 인플레 조세와 같은 것이다. 환율이 10% 올라가면 (100원 이라고 가정한다) 대기업은 얼마나 수익이 늘어날까? 수출액의 약 67% 즉 67원의 이익이 늘어난다고 조사된 적이 있다.

2) 저환율 정책

디플레가 진행되거나 환율이 내리면, 반대로 수출 대기업들이 불리해진다. 디플레 기간이 3년 이상 30년 정도나 되는 롱텀 디플레이션이라면 수출 대기업들은 롱텀 디플레이션 기간 동안 내내 곡소리가 난다. 그러나 저환율 정책을 쓰면 물가가 싸지므로 서민들의 생활은 더 윤택해진다.

국민들은 고환율 정책이 흔히들 더 좋은 것으로 알고 있다. 수출이 더 잘되니까 국민 경제에 더 좋지 않겠느냐는 단순한 생각이다. 국가가 경제 발전 초기 단계나 국가 경제가 어려울 때는 제법 맞는 말이지만, 경제 성장의 혜택을 골고루 나눠야 할 때는 틀린 말이다.

요즘은 자동화로 대기업들이 공장을 증축해도 자동화로 인력 고용이 전보다 50%의 고용 효과도 창출하지 못할 뿐이어서 예전처럼 낙수 효과가 크지 않다.

환율이 높으면 수출이 잘되는 것이 사실이다. 하지만 중소기업이나 국민들은 비싸진 원자재, 오른 물가로 더욱 궁핍해지게 된다. 환율 때문에 비싸진 이 이득들이 대기업으로 서서히 이전하게 된다는 사실은 아는 사람만 안다. 히든 스토리인 것이다. 환율 인상에 따른 환차익은 고스란히 중소기업과 국민에게서 대기업으로 이전되는 것이다.

이런 고환율 정책이 10년만 지속되어도 국민들과 중소기업은 환율 상승으로 인한 차익을 고스란히 수출 대기업에 공짜로 이전시켜 주게 되어 더욱더 가난해지게 된다. 따라서 당연히 소득 양극화로 내수도 부실해진다. 소득이 소수의 수출 대기업과 소수의 대기업 직원 쪽으로 쏠리게 되어 소득 양극화는 더욱더 진전되는 것이다.

어느 나라나 중소기업에서 각 국가의 인력 대부분을 채용하고 있다. 즉, 중소기업 근로자 수가 대기업 고용 인력의 3~4배는 더 되는 현실을 감안하면 장기간 고환율 정책이 지속되면 심각한 상황까지 도달하게 되는 것이다.

대기업보다 적은 임금과 낮은 복지 혜택을 주는 중소기업에 취업한 이유와 생활 물가 상승은 서민들의 주머니 사정을 이중으로 어렵게 한다.
이렇듯 경제 정책이란 것은 국민들의 생활과 직접 연결되는 것이다. 대기업들은 고환율 정책을 대환영하겠지만, 영원히 중소기업의 적자 상황을 눈감을 수 없다.

즉, 중소기업은 적은 마진으로 적자 상태에 돌입하게 되므로 결국에는 납품 가격을 인상시켜 주지 않을 수가 없는 단계가 온다. 그러면 단가 인상으로 수출 시장에서 가격 경쟁력이 추락한다. 수출 경쟁력이 추락한다고 난리가 나는 것이다.

그래서 각국 정부에서는 저환율 정책을 쓸 수도 있다. 이로 인해 수출액은 줄어들지만, 수입 물가가 낮아져 국민들이 혜택을 누릴 수 있게 된다.

롱텀 디플레이션으로 저환율이 10년 이상 지속된다면 그동안 수출 대기업 등의 환율 차익은 저환율로 인한 환차손으로 변하게 되고 이 환차손은 수출 대기업으로 이동하게 된다. 일본의 잃어버린 20년 동안 일본의 수출형 제조업 대기업들이 부도나고 국제 경쟁력이 현저히 추락했음은 이를 의미한다.

반대로 일본의 중소기업은 강소기업이 되었고 세계의 히든 챔피언이 많이 탄생하였음은 주지의 사실이다. 그러나 단순히 가격 경쟁력을 바탕으로 하는 기술력 없는 중소기업에게는 저환율로 인한 혜택은 원재료·부품 수입 단가 하락 외에는 크게 얻을 게 없다.

이런 기업은 오히려 저환율 때문에 수출 가격이 더 낮아지므로 오히려 더 어려워질 수도 있다. 오로지 기술 개발만이 살길이 된다. 이렇듯 인위적인 환율 정책은 수혜자와 비수혜자를 강제로 나누는 것과 같다. 환율의 완만한 하락이 서민 경제에는 더 좋다는 것도 알 수 있다.

챕터 25) 달러 가치는 미국이 관리하지 않나?

당연히 관리한다. 중장기적인 달러의 가치는 미국이 관리하고 있다. 화폐 가치를 관리하지 않는 나라는 없다. 모든 나라의 중앙은행의 임무는 자국 통화 가치의 안정이다.

하지만 예로 든 한국과 일본의 달러 가치 변화는 일정 조건하의 일정 국가에 일정 기간만 적용되는 달러 가치의 변동임을 눈치채야 한다. 달러의 국제 시세 변동이 아닌 것이다. 즉, 달러 인덱스의 큰 변동이 아니다.

만약 달러 국제 시세가 급등 혹은 급락하게 된다면 아마도 3차 대전 정도의 급변혁 시기가 될 것이다.
그렇게 되면 달러의 국제 통화로서의 위상이 급격히 변하게 될 것이다. 하지만 이 달러를 대신할 통화는 아직 없다.

한국의 IMF 사태와 일본처럼 IMF 사태 직전까지 갔던 경우에는 달러와 해당 각국의 주식, 부동산에의 투자와 회수 방법은 한국과 같다.

브렉시트를 실현한 영국의 파운드화도 앞으로 급등락이 있을지 모른다. 2017년 연말 현재 약 12% 평가 절하된 상태임은 앞에서 알려 드렸다. 2023.12월 중순까지도 [그림 15]처럼 평가 절하된 상태이다.

2008년 금융위기 당시에 IMF 사태를 맞은 그리스, 스페인, 포르투갈 등은 유로화를 통화로 쓰기 때문에 자국 통화, 즉 유로화와 달러의 상대 가치 변동이 타 국가처럼 크지는 않았다.

그 이유는 이들 국가가 유럽 전체 경제에서 차지하는 비중이 크지 않았기에 그렇다. 그러나 이들은 달러를 조달하기 위해서 국가 재산을 헐값에 팔아서 조달하여야만 했다.

일본도 기축 통화국이지만, 외환위기 시에는 한국 등과 꼭 같은 달러 가치의 급등락이 뒤따르게 되어 있는 것이다. 본 저서는 위기에 처한 국가 내에서 달러 가치의 급등락에 따라 자국 화폐 가치의 급등락에 따른 자산 가치들의 변화를 이용한 투자 기법들을 새로운 FinTech 기법으로 정리하여 소개하고 있다.

미국은 이런 각국의 일시적인 금융위기, 재정위기, 외환위기에 따른 달러 가치 변화에는 전혀 관여하지 않는다. 그러므로 각국의 상황을 이용한 달러 투자 및 달러 대체 투자 기법이 미국이 아닌 나라에서는 항상 유용한 것이다.

미국은 달러를 전 세계의 기축 통화로 공급한다.

미국 경제는 세계 GDP의 1/4을 차지한다. 공식 인구는 3억 3,000만 정도이지만 인구 통계에 잡히지 않는 불법 혹은 장기체류 인구는 별도이다. 만약 미국의 적자가 확대되면 달러 가치가 하락해서 기축 통화국의 지위가 약화된다.

그래서 적자 폭을 줄여야 기축 통화국의 지위가 영원하지만 이를 줄이면 결국에는 전 세계의 달러 공급이 줄어든 효과 즉, 전 세계에 달러 통화량을 줄이는 것과 같으므로 세계 경제는 불황이 찾아오는 것이다. 말을 바꾸면 미국이 달러공급량 조절을 통해 세계 경제를 맘대로 좌지우지할 수 있다는 뜻이기도 하다. 이것이 **트리핀의 딜레마**이다.

미국 Clevend 연방은행의 연구에 따르면 달러 가치가 1% 인상되면 원유를 뺀 미국의 수입 물가는 0.3% 낮아진다. 즉, 인플레를 수출하게 되는 것이다.

또, 미경제가 활황일 때는 달러 강세가 당연히 나타난다. 침체로 위기가 닥치면 역시 달러 강세가 나타나는데, 이때에는 달러가 안전자산의 역할을 하기 때문이다. 달러는 기축 통화이기 때문이다.

양극단에서 가치가 올라가는 달러 그래프가 마치 사람이 웃는 모습과 닮았다고 해서 '달러 스마일(Dollar Smile)' 현상이라고 부른다. 그러나 1970년대와 같이 미국 내에서만 위기가 발생하는 경우에는 달러 스마일 현상이 나타나지 않을 수 있다.

또한, 우리나라를 들락거리는 일본 중국과 유럽계 자금이라는 것도 결국 내용을 알고 보면 미국의 자금 시장에서 달러를 조달하여 전 세계에 공급하는 달러 자금 중의 일부인 것이다.

한국 주식 시장을 들락거리는 외국자금은 결국은 전부 다 미국의 달러 자금인 것이다. 결국 유럽계 대형 은행들은 달러 자금 도매상 역할을 하고 있는 것에 불과하다.

결국, 미국의 경상수지 적자가 커지면 세계 경기는 호황이 되고, 적자 규모를 줄이면 불황으로 치닫는 딜레마에 빠진다. 미국은 무역 적자를 줄이겠다고 공언한 바 있으니 장기적으로는 달러는 강세를 유지할 것이다.

여기서 한 가지 유념해야 할 것은 원화는 6개국 통화로 만들어진 달러 인덱스 지수에 포함되지 않는다는 점이다. 즉, 달러 국제 가격과는 별도로 움직일 수도 있다는 점이다.

미국은 자국의 달러 발행액과 경상수지를 통해 달러 가치의 변동을 가늠할 수 있고, 관리할 수 있는 구조의 틀 속에 있다.

미국의 재테크 전문가들도 저자가 정리해서 소개하는 또 달러 가격의 변동에 따른 새로운 핀테크(FinTech) 기법은 알지 못한다. 어느 책에서도 이러한 내용을 찾아볼 수 없다.

그렇기 때문에 전 세계 어느 재테크 책에서도 알려 주지 않았던 것이다. 그들도 미국 전문가들의 책을 준용하고 그들의 저술 방법을 그대로 따라 쓰기 때문이다.

챕터 26) 미국의 리쇼어링(Reshoring) 정책, 숨은 의도 있나? 트리핀의 딜레마는?

G2가 된 중국을 견제하려고 이제 미국은 리쇼어링(Reshoring, 제조업의 본국 회귀를 뜻함) 정책과 프렌드 쇼어링(Frendshoring, 미국을 중심으로 동맹국들끼리 핵심 기술의 공유 및 공급망을 구축하려는 움직임을 말함) 정책을 펴고 있다. 거기에다가 모든 중국산 제품에 높은 관세를 매기거나 수입을 통제하고 있다.

2022년 하반기 중국의 대미 수출 타격이 컸던 분야는 완구(55%), 가구(38%), 플라스틱 제품(29%), 방직(20%) 제품들이다. 그래서 당연히 이 세상의 모든 물건 값은 이제 올라간다고 보는 것은 타당하다.

즉 리쇼어링으로 국제적 분업은 중지되고 국가 간 관세 부과로 인해서 인플레이션은 더 오래 지속될 운명인 것이다.

물론 다른 나라에서 중국이 공급하지 못한 제품을 공급해 낼 수도 있겠지만 어느 나라가 더 싸게 대량으로 공급하느냐가 더 중요하다고 할 수 있다.

미국은 가장 중요한 세계 경기 이론 중의 하나인 트리핀의 딜레마 현상을 무시하고 반대의 정책을 펴고 있다. 즉, 미국 혼자만 잘살겠다고 한다.

미국 경상수지 적자가 줄어들면 세계 경기는 위축되고, 즉 저성장을 하게 되고 달러 가격은 오르게 되며, 미국의 적자 상태가 늘어나면 달러화 가치가 하락하여 세계 경기는 좋아진다. 이것이 트리핀의 딜레마이다.

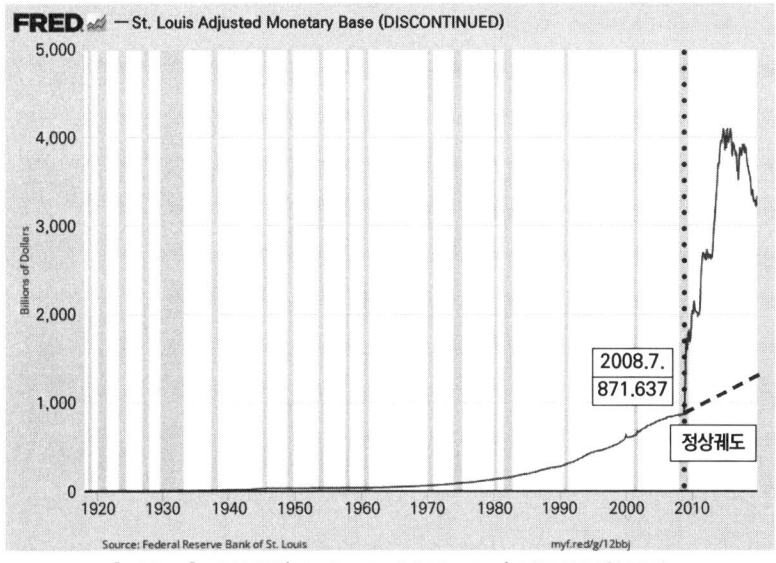

[그림 17] 102년간(1918.1.1.~2019.11.1.) 미국의 본원 통화

참고로 [그림 17]은 미국의 102년간 본원 통화 공급 그래프이다. 2008년 9월을 기점으로 얼마나 많은 통화량이 서브프라임 이후 공급되었는지 알 수 있다!

또한 정상적인 본원 통화 공급량인 점선까지 즉 정상궤도로 되돌리려면 얼마나 많은 본원통화를 줄여야 하는가를 간단히 볼 수 있다.

그 사이에 트리핀의 딜레마에 따른 세계 경기의 위축과 디플레이션화는 무엇으로 대처해야 하는가? 앞으로 경제 규모를 감안해서 늘어난 통화량을 정상적인 통화 증가율 이내로 적당히 줄어야 정상 경제로 회귀한 것으로 보면 맞다.

전 세계 경제는 미국의 경기 흐름에 사로잡혀 있다는 사실을 완곡하게 표현한 미국 Yale 대학교의 로버트 트리핀 교수가 얘기한 트리핀의 딜레마를 모르는 사람들은 없을 것이다.

미국의 리쇼어링 정책뿐만 아니라 무역 규제가 심해지니 중국산 소비재는 비싸질 수밖에 없다. 달러 강세도 자연스럽게 나타날 수밖에 없다.

미국은 인플레가 더 심해질 줄 알면서 중국으로부터의 모든 수입을 규제하고 있다. 수입을 규제함으로써 모든 소비재는 가격이 올라가고 있다.

2001년 중국의 WTO 가입으로 근 20년간 인플레 없는 경제 성장의 혜택을 전 세계가 누려 온 것은 사실이며 이제는 전부 허상이 되고 있다. 화무십일홍에 불과한 중국의 세계 경기 편입이었던가!

어느 나라든 전 세계든 통화량이 줄어들면 경기가 식고 불경기가 온다는 것은 너무나 자명하다. [그림 17]처럼 미국의 본원 통화량도 급격히 줄어들고 있으니 이는 곧 전 세계 경기가 불경기로 진입
하고 달러는 강세로 돌아선다는 뜻이다. 물론 인플레이션을 진정시키기 위한 것임은 알지만······.

본원 통화는 보통 신용 창조를 통해 9배 정도로 융자되어 경기를 부양한다. 미국 달러의 통화승수는 얼마인지 정확히 알 수 없지만 국내 원화의 경우 신용 창조의 파괴가 줄어든 본원 통화의 9배 정도나 시중의 돈(신용)이 줄어듦을 의미하는 것이니까 달러도 비슷할 것으로 추정한다.

미국은 이미 검증된 트리핀의 딜레마를 무시하는 것인가? 미국은 자기 혼자만 잘살겠다고 설쳐 대지만 결국엔 미국도 결국에는 더 가난해진다는 것이 바로 트리핀의 딜레마 이론이다.

이 난제를 어떻게 풀어낼 것인가? 1985.9.22. 플라자 합의와 같은 제2의 플라자 합의가 전 세계에 불어닥쳐야 해결될 것 같다.

즉 미국 달러와 전 세계 화폐의 일괄적인 가격 재조정이 필요할지도 모른다. 즉 미국 달러화는 비싸질 대로 비싸진 뒤에 대대적인 평가 절하가 필요할 것으로 보인다.

2016.1월에 시작된 전 세계의 롱텀 디플레이션을 계기로 전 세계는 불황을 맞을 것이지만 미국은 약한 불황을 맞을 것으로 보인다. 리쇼어링 정책으로 미국의 적자 폭은 줄어들고 일자리가 늘어나고 달러 가격은 강세를 보일 것으로 보인다.

미국은 이번의 리쇼어링을 계기로 세월을 두고 서서히 추락하는 달러 가격을 관리하기 위한 전략인가?

투자자인 우리는 기본 원칙을 무조건 지켜 나가기만 하면 된다.
한국의 1년 전 연간 국제수지 흑자가 나기 시작한 후, 혹은 미국의 1년 전 연간 경상수지 적자가 늘어나기 시작한 후에만 한국의 주식 시장에 새로이 진입해야 한다.

롱텀 디플레이션 시에는 미국 달러 가격이 꾸준히 평가 절하된다. 이것은 전 세계의 모든 재화 가격을 무차별적으로 낮추는 것이며 이는 다시 전 세계의 롱텀 디플레이션을 심화시킨다. 반면에 리쇼어링은 달러 강세와 인플레이션을 심화시킨다.

리쇼어링은 미국으로 기업들을 불러들이며 일자리도 귀환시킨다. 이는 달러 강세를 유발한다. 국제 달러 즉 달러 인덱스 지수의 추락을 막기 위한 미국의 숨은 전략인가? 또 다른 무슨 숨겨진 의도가 미국에 있는 것인가?

챕터 27) 달러 ATM국가 한국의 외환 보유고는 적당한가?

외환, 즉 달러는 마치 구석기 시대의 조개 화폐와 같다고 생각하면 된다. 컴퓨터, 셀룰러폰 등의 물건을 사고 싶은데 상대방이 이 조개만을 화폐로 인정하고 받는 경우를 상정해 보자.

이럴 경우에는 누구나 이 조개 화폐를 가지고 있어야 하고, 많이 가질수록 외국의 물자를 많이 살 수가 있다. 국내에서는 서로 간의 물자 거래 시에 이 조개 화폐와는 다른 화폐를 쓰고 있다고 상정하자.

그러나 이 조개 화폐가 없으면 해외에서 물자를 구매할 수가 없다. 한국의 IMF를 생각해 보면 이 조개 화폐가 순간적으로 부족했던 것이지, 국내에서는 생산과 소비는 물론이고 수출도 잘되고 있었다. 빚을 갚아야 하는데, 일시적으로 이 조개 화폐가 없었던 것이다. 그 이유는 주로 외국에서 빌린 단기 외화 부채 때문이었다.
물리고 물려서 돌아가는 세계 경기가 아시아 후진국에서 막히기 시작한 결과가 한국에 영향을 주기 시작한 것이다.

이 달러라는 조개 화폐를 구할 방법은 수출입으로 돈을 남겨 국고에 채워 놓는 것과 은행, 기업, 정부 등의 외화 차입금 등이다. 해외에서는 한국 돈을 줘도 달러를 살 수 없다. 그들은 한국의 원화를 화폐로 인정하지 않기 때문이다.

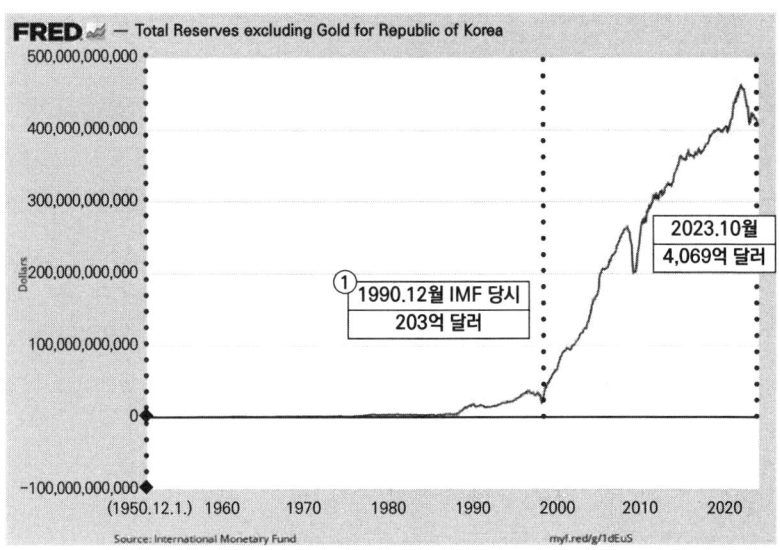

[그림 18] 한국의 외환 보유고. 금 제외 (1950.12.1.~2023.10.1.)

수출입의 차익을 통한 달러 유입이나 외화 차입금 한국이 발행한 외화 표시 국채 등을 외국인들이 사 줘야만 달러가 한국 내로 유입된다. 아니면 국내 여행을 통해서 외국인들이 달러를 쓰고 가야만 가능하다.

이들이 한국 내에서 기업을 설립하거나 공동 투자할 경우, 주식이나 부동산을 사기 위해서 달러를 반입하는 경우 등으로도 달러는 한국 내로 유입된다.

[그림 18]은 금을 제외한 한국의 외환 보유고를 나타낸다. 2023.10월 현재 4,069억 달러이다. 기업들은 수출입을 하고 차액이 남으면 환전하지 않고 기업의 외화 예금에 가입하기도 하고 바로 원화로 환전하기도 한다.

환율의 급격한 변동으로 인해 인한 악영향을 차단하기 위하여 정부가 외환시장에 개입하여 외환의 매매를 통해 외환시장을 안정시키기 위해 정부가 조성하는 자금을 '외국환평형기금'이라 한다. 외환수급 시 발생하는 긴급사태 등 정부에서 필요하다고 인정하는 경우에 외국환평형기금을 사용할 수 있다.

기업이나 개인들이 외화 예금으로 달러를 보유하든 환전을 하든 국내에 들어와 있는 모든 달러는 정부에서 보유하게 된다. 시중의 은행들은 지급을 대비한 약간의 외화만을 보유하고 전액을 한국은행(정부)에 맡겨야 한다. 이것이 외환 보유고이고 결국 모든 외화는 정부가 집중 관리하는 것이 된다.

전액을 외평채로 발행하면 이자 또한 국고에서 지출되므로 그때그때의 시중 통화량을 감안하여 일정액만을 발행하게 된다. 이 외평채 발행을 통해서 시중 통화량을 조절하기도 하지만 환율을 조정할 수도 있다. 각 국가의 중앙은행들은 환율을 조정하기 위해서 외환 시장에서 직접 달러를 사거나 팔기도 한다.

어느 나라나 환율을 조정하는 방법은 이 두 가지 방법밖에 없음도 참고로 알아 두기 바란다. 그러나 이 수출입의 차액은 GDP의 일부, 즉 1년에 벌어들이는 돈의 일부인데 이를 외평채로 회수한다는 것은 그만큼 국민 복지가 줄어드는 것과 같다.

즉, 강제 저축이 되는 셈이다. 아무튼 국내에 있는 모든 달러는 한국은행이 정부를 대신해서 집중 관리하는 것이다. 달러 역시 수요와 공급의 법칙이 적용되므로 외환 보유고가 많으면 단기적인 가격 변동이 줄어드는 것은 당연하다.

현재 외국인이 보유한 한국 주식의 시가 총액은 600조가 안 된다. 그러나 달러로 환산하면 약 5,000억 달러가 넘는다. 2023.1월 현재 4,240억 달러를 보유하니까 어떤 경우에도 그런 일은 없겠지만 주식을 다 팔고 외국인들이 떠난다면 즉시 IMF 상황에 처하게 된다. 외국인들은 우리나라의 주식뿐만 아니라 국채 부동산 등에도 막대한 달러를 투자 중이다.

우리나라는 속칭 '달러 ATM 국가'로 불린다. 무역의존도가 높은 나라여서 금융위기나 외환위기에 쉽게 노출되기도 하고 세계 경기의 판단 지표로 매월의 산업별 무역량이 쓰이고 있다.

또한 현금자동인출기처럼 아무 때나 필요한 달러를 인출·입금이 가능해서 '달러 ATM 국가'라는 속칭이 생긴 듯하다. 그만큼 외환 유출입이 자유로운 나라라는 뜻이기는 하다.

그러나 우리나라가 아닌 제3국에서 발생한 금융위기나 경제위기인데도 우리나라에서 먼저 달러자금을 빼 갈 때도 많으니 '달러 ATM 국가'라는 별칭이 좋은 것인지, 나쁜 것인지 판단이 잘 안 선다.

미국 정부도 무역 적자 규모를 줄이기 위해 약(弱) 달러를 원하고 있다. 미국이 약 달러를 원하는 것은 맞다. 결국, 원화는 강세를 유지할 가능성이 크다는 뜻이다. 앞으로 상당 기간의 화두는 약 달러, 원화 강세일 것으로 보인다.

미국의 환율조작국 지정 눈치를 보느라 당분간 외환 보유고를 늘리기도 쉽지 않아 보인다. 일본의 외환 보유고는 2023.3월 현재 1조 2,000억 달러이며, 중국은 3조 1,950억 달러 정도이다. 심지어 미국도 약 366억 달러의 외환

(달러)을 외환 보유고로 보유하고 있다.

외국인들은 한국 주식만으로도 약 600조 원을 보유하고 있고, 이 밖에 국채, 부동산 매입 자금으로도 엄청난 자금이 들어와 있다. 그래서 현재의 외환 보유고가 적당한가를 가지고 늘 걱정하지만, 적정 외환 보유고를 평가하는 방법은 보통 GDP나 월 무역 거래액을 기준으로 평가하는 등 여러 가지가 있다.

국제 통화 기금(IMF), 국제 결제 은행(BIS) 기준에 따르면 국내 수입액, 통화량, 외국인 증권 투자액 등을 고려한 적정 외환 보유액 규모는 2,800억~4,400억 달러로 추정된다.

2022년 기준 한국의 적정 외환보유액 비중은 97%로 2000년 이후 가장 낮았다. IMF는 연간 수출액의 5%, 시중 통화량(M2)의 5%, 유동 외채의 30%, 외국인 증권 및 기타투자금 잔액의 15% 등을 합한 규모의 100~150% 수준을 적정한 외환 보유액으로 판단한다.

이를 종합적으로 판단했을 때 한마디로 아직 배고프다. 2020년만 해도 적정 외환 보유액의 114%에 달했었다. 2020년 처음 99%로 적정선이 무너진 후 3년째 계속 낮아지고 있다. 외환보유액이 늘어나는 속도보다 단기외채 등이 늘어나는 속도가 더 빨랐던 게 원인이다. 게다가 한미 금리차까지 커졌기 때문에 유의하여야 한다.

많을수록 좋은 것은 맞지만 적정 규모가 어느 정도인지는 정확히 말할 수 없는 셈이다. 또한, 많이 쌓으면 쌓을수록 국민복지는 줄어든다고 할 수 있다.

그리고 Fed는 2022.3월부터 빅스텝 연속 4회를 포함, 10회 연속 미국의 기준금리를 0.25%에서 5.5%로 약 2,200%나 올렸다. 이에 따라 각국 중앙은행들이 외환보유고로 보유한 미국 국채 평가 가격은 폭락한 상태임은 물론이다. 외환보유고 판단 시에는 미국 국채는 당연히 시가로 평가되어야 하므로 우리나라의 외환 보유고도 엄청 줄었을 것이다. 게다가 앞으로도 금리 인상은 수차례 더 이어질 것으로 보고, 상당기간 지속될 것으로 보고 있다.

따라서 전 세계 모든 중앙은행들이 보유한 외환보유고로 보유한 미국 국채 보유액은 재평가되어 그들의 대차대조표에 반영되어 외환보유고를 줄이게 될 것으로 본다.

2008년 금융위기 이후에는 국가 간에 또 다른 외환 보유고인 SWAP 제도가 도입되었다. 이는 협정을 맺은 상대 국가에 개설된 한국의 마이너스 통장과 같다고 보면 된다. 필요시에만 찾아 쓰는 자금이다.

한국의 IMF 사태처럼 미국을 포함한 모든 나라는 일시적으로 달러 현찰이 부족하여 자금상 핀치에 몰릴 수 있다. 전 세계에서 외환 보유고를 쌓아 두기만 하면 달러는 유동성이 부족하게 되므로 미국은 불필요한 달러의 가치 인상을 막기 위해서라도 달러 발행액을 적당히 늘리게 된다.

대외결제 시에는 유로화, 엔화, 위안화 등도 쓰일 수 있지만, 어느 나라나 이를 좋아하지 않는다. 얼마 전 미국의 SWIFT에 대응해 중국의 CHIPS에 중국, 러시아, 사우디, 브라질 등 몇몇 나라가 가입했지만 사용액은 달러에 비하면 없는 것이나 마찬가지인 정도가 된다.

그리고 교역량이 많은 나라끼리 교역 상대국의 화폐로 무역 자금을 주고받는다면 달러 사용을 하지 않고도 교역을 할 수 있다. 즉, 달러 사용을 줄이기 위하여 나아가서는 달러로 외환 보유고를 쌓는 금액이 줄어드는 효과가 있으므로 한·중, 한·일, 한·미 간에 통화 SWAP를 체결해 두기도 한다.

2017.5월에 맺은 캐나다와의 통화 SWAP은 무기한·무제한 협약이다. 금년에는 스위스와도 통화 SWAP 협약을 맺어 기축 통화국의 외환 안전망에 간접적으로 포함되는 효과까지 누리게 되었다. 지금까지 SWAP 계약을 통한 간접 외화 보유액만도 1,300억 달러 정도로 기존 한국의 기존 외환 보유액의 33% 해당되는 막대한 금액이다.

그러나 기축 통화의 대표라고 할 수 있는 달러 발행국 입장에서는 SWAP 협약을 좋아할 이유가 없다. 이렇게 되면 달러의 사용이 줄어들기는 하지만 시뇨리지 효과를 누리지 못하게 되기 때문이다. 그렇기 때문에 한·미 간 SWAP이 직접 체결되지 못하고 있다고 생각한다.

또한, 외환 보유고의 대부분이 달러이므로 이를 자금으로 활용하여 돈을 늘려 가야만 한다. 이를 금이나 미국 채권, 또는 유동성의 일정 부분은 항상 확보해야 하므로 달러 현찰로 상당량을 보관하고 있다.

한국은행은 미 연준과 600억 달러 한도 내에서 레포(Repo) 제도를 이용하기로 2021년에 합의했다. 레포 제도는 미 연준이 외국중앙은행 등이 보유하고 있는 미 국채를 환매 조건부로 매입해 미 달러화 자금을 외국중앙은행 등에 공급하는 제도다.

그동안 한국의 외환 보유고가 아직 부족하다는 방증은 위기가 왔을 때 한국 내에서 달러 가격이 항상 급등하는 것으로 짐작할 수 있었지만 이제는 달라질 수 있다.

4대 안전자산으로 금, 달러, 스위스 프랑, 엔화가 들어간다. 안전자산이란 경제가 불안할 때 투자자들이 선호하는 자산을 말한다. 수요가 몰리다 보니 위기일수록 안전자산의 가격은 거꾸로 오르기도 한다. 바로 엔화가 그렇다. 미국 달러도 마찬가지다. 이것이 달러 스마일 현상이다.

위기가 닥치면 해외에 투자된 일본 자금들과 다른 나라 사람들이 엔화를 사들인다는 것이다. 달러도 산다. 그러나 항상 그런 것이 아님은 1998년 IMF 상황에 직면했던 일본 엔화 가치 급락과 니케이 지수 급락 현상으로 알 수 있다.

챕터 28) 달러 최고가, 최저가 장기 예측

어느 나라의 달러가 가장 비쌀 때는 어느 나라의 주가 지수가 제일 낮을 때이다. 반면에 달러가 가장 쌀 때에는 어느 나라의 주가 지수가 제일 높을 때이다. 이렇게 저자의 다이아몬드 달러 투자법의 원리를 응용하면 간접적으로 달러 가격을 맞출 수 있다. 하지만 환율을 미리 예측하는 것은 너무나 어렵다.

하지만 실제로 투자할 시에는 이처럼 간단하게 알 수 있다. 즉, 거품이 극에 달한 시점, 주가 지수가 최고일 때가 국내 달러가 가장 쌀 때이다. 주가 지수가 최저일 때 어느 나라의 국내 자산 가격은 제일 비쌀 때이다.

1) 불경기가 끝나고 호경기의 시작은 1년 전 연간 미국의 경상수지 적자 폭이 늘어났거나,
2) 우리나라의 1년 전 연간 국제수지가 흑자로 돌아선 후이다. 이때부터 주식 시장은 갑자기 오르기 시작한다. 주식 시장이 주도주를 중심으로 크게 오르기 시작한지 6개월이 지나야 아파트는 비로소 서서히 오르기 시작한다.

이렇게 아파트가 주식보다 6개월 더 늦은 것은 아마도 주식보다 아파트는 거래 가격이 비싸므로 유동성이 주식보다 부족하기 때문일 것으로 예측한다. 아파트 등 부동산이 이렇게 6개월 늦게 상승을 시작했으므로 주식 시장에 대세하락을 시작하고도 아파트는 6개월간 급상승을 계속한다.

이 6개월간의 마지막 오름세를 노리고 새로이 시간차 공격을 하는 사람은 양

도소득세, 취득세, 등기비 등 갖은 세금으로 실속이 전혀 없지만 부동산을 이미 가지고 있었기에 양도소득세 면세 기간이 이미 지난 사람들은 주식이 꺾인 후 6개월 후쯤 팔면 최고 시세를 받고 넘겨주는 것이 된다.

일본은 주식과 부동산 시세 흐름이 5개월의 시차가 나고 한국은 6개월의 시차가 난다. 이 사실은 [그림 1]과 [그림 20]을 보면 확인이 가능하다. 대세하락 중 단기간의 반등 시에도 주식의 반등과 아파트의 반등은 6개월 시차가 남을 유의해야 한다.

수많은 외환 전문가, 한국은행, 기업 등에서도 환율 맞추기를 시도하지만 이들도 매번 틀린다. 따라서 미리 맞추려 애쓰지 말고 주식 시장의 대세하락을 보고 확인하는 방법으로 맞추길 바란다. 즉 코스피지수 등 주식시장이 대세하락을 시작할 때가 그 나라의 국내 달러 가격이 제일 쌀 때이다.

미국은 이제는 예전과 달리 환율조작국 지정이라는 강력하고도 간단한 방법으로 상대국의 환율 정책에 개입할 수 있는 법을 갖고 있다. 이 환율조작국 지정 요건에 한국이 아직은 해당되지 않으나 항상 불안한 것은 사실이다.

IMF 사태 이전에 1달러당 원화는 800원대 후반이었다. 그 이후 정부의 고환율 정책으로 현재에는 1,300원대에 가깝다. 1989년 4월 30일에는 한국 내의 달러 가격이 불과 668원 90전이었다. 이렇게 달러가 싼 시절도 있었음을 기억하자. [그림 1]과 [그림 11]로 확인해 보라.

IMF 사태를 지난 후 지금은 주가 지수나 부동산 가격, 수출액 등은 이미 그 시절을 넘어선 지 오래되었지만, 환율은 아직도 IMF 사태 직전의 환율도 회복하지 못하고 있다. 환율을 예측하는 것은 전문가의 영역이지만 상식적으로 IMF 사태 직전보다 지금의 달러값이 비싸다는 것은 지금의 한국의 국력이나 국가 경쟁력과 맞지 않음을 알 수 있다.

여기서 상식적으로 IMF 이전 수준까지 달러 가격이 내리는 것은 그렇게 대단한 원화 가격의 폭등은 아니겠구나 하고 생각할 수 있다. 즉, 원화 강세가 지속적으로 나타날 가능성이 있다고 늘 생각하게 된다.

그 시절의 한국 경제와 지금의 한국 경제력은 엄청난 차이가 나는 것이니, IMF 직전의 달러 가격보다 더 아래가 앞으로의 국내 달러의 최저 가격이 될 것으로 봐도 큰 무리가 없다고 본다. 만약에 일본의 플라자 합의 같은 조치가 한국에도 취해진다면 엄청난 원화 가격의 상승이 이뤄질 것이다. 일본은 한꺼번에 약 46%나 엔화 가격을 폭등시켜야 했었다.

한국으로 보면 IMF 이전 환율보다 원·달러 환율 가격이 더 올라서 달러 가격 하한선은 600원 아래로 봐도 큰 무리가 없어 보인다. 참고로 [그림 1]과 [그림 11]의 한국의 원·달러 장기 그래프를 항상 머리에 넣어 두자.

달러의 최고 가격이야말로 정말 예측할 수 없지만 통상 위기 시에 한번 오르면 더블 가까이 오르는 것이 그동안의 경험이다.

즉, 이로 미루어 보면 약 1,600~1,700원 정도가 아닐까 싶다. 서브프라임 금융위기 시절에 1,700원 가까이 올랐다 내려온 적이 있음은 누구나 아는 사실이다. 이번의 고점은 이보다는 더 낮을 것으로 추정한다.

[그림 5]처럼 달러 인덱스도 최고점이 점점 낮아지고 있으며 장기간 하락 추세에 있음도 감안해야 한다. 또한, 한국 내 달러 가격도 IMF 사태 당시의 달러 최고치보다 서브프라임 위기 시의 달러 가격 최고치가 낮아지고 있고, 코로나 펜데믹 때에도 국내 달러 가격 최고치가 더 낮아지고 있음을 알 수 있다.

세계 주요 통화와 달러 가격을 비교한 달러 인덱스의 약 40년간 변동 추이를 보자. 달러 인덱스는 주요 통화인 세계 6개국 통화와 비교한 달러 지수이며, 유로화, 엔화, 캐나다 달러, 영국 파운드화, 스위스 프랑, 호주 달러, 스웨덴의 크로네가 포함되어 있고, 통화별 비중도 다르다.

1973년 3월을 기준점(100)으로 미국 연방준비제도 이사회(FRB)가 작성·발표하고 있다. 즉, 세계 주요 6개국에 대한 달러의 가격을 한눈에 보여 주는 지표다. 구성 비중으로 볼 때 달러대 유로 환율이 가장 큰 영향을 끼친다. 100을 기준으로 하여 100을 넘어서면 달러 강세가 되고, 100 아래로 내려가면 달러는 약세가 된다.

달러 인덱스가 상승하면 주가가 하락하고 달러 인덱스가 하락하면 주가는 상승한다. 그래프를 보면 달러의 고점이 추세적으로 하락함을 알 수 있다. 즉, 장기적으로는 완만한 하락 추세에 있음을 부인할 수는 없다.

환율이란 국력의 상징이다. 따라서 미국은 달러 가치의 하락을 방관하거나 관리를 포기할 수는 없다. 달러의 매매는 기조 반전일 매매법을 이용하므로 틀릴 가능성은 거의 10~20% 내외이다. 다만, 한국의 원화 강세는 지속되어야 할 운명이구나 하는 정도로 만족하면 될 것 같다.

[그림 3]의 한국의 국내달러(1981.4.13.~2023.12.29.) 가격그래프를 보면
1989.6.30일 한국 내의 달러는 669.90원,
1997년 한국 내의 달러는 890원,
2018.2월 달러 국내 가격은 1,082.12원,
2023.9.1일 달러 국내 가격은 1,318.34원이다.

2016.1월부터 전 세계는 롱텀 디플레이션이 진행 중이다. 지금은 기나긴 롱텀 디플레이션 기간 중에 약 2~3년간의 인플레이션이 진행 중이다. 잠깐의 인플레이션이 끝나면 전 세계에는 롱텀 디플레이션 본격 진행될 것이고 이때 한국의 원·달러 환율의 하락 추세와 하락률은 [그림 20]의 일본의 48년간 초장기 그래프를 참조하여 예상해 볼 수 있다.

48년간의 일본 엔화 가격과 니케이 지수 및 주택지수의 변화를 먼저 살펴보자. 또 [그림 4]의 엔·달러 그래프를 통해 실제적으로 일본의 롱텀 디플레이션이 실제로 시작된 1989.12월부터 자세히 살펴보자.

사람들은 흔히 일본 니케이 지수의 대세하락 시점을 1990.1.4일로 보지만 사실 일본의 롱텀 디플레이션은 1989.12월에 시작했음을 기억해야 한다.

1989.12월 일본의 엔·달러 환율은 143.80이었다.
1990.1.4일 니케이 지수가 최고치였다.
1990.4.30일 엔화는 158.85엔으로 약 10.5%의 상승을 기록한다.

2012.1월의 76.34엔이 최저치였는데 최고치였던 때부터 약 22년이 지나서였다. 22년 동안 일본국내 달러 가격이 무려 51.9%의 대폭락세였음을 기억해 두자.

환율이 51.9% 내렸다면 수만 가지의 경제지표들이 바뀌는 것은 당연하다. 특히 다이아몬드 달러 투자법에서 익힌 달러 가격변화에 맞는 재화가격 반응을 생각해 내야 한다. 일본은 1989.12월부터 롱텀 디플레이션 국가였다.

이때부터 다이아몬드 달러 투자법이 작동되지 않는다, 즉 역(逆) 다이아몬드 달러 투자법이 작동되며 모든 재화가격은 일본국내 달러 가격과 정비례로 관계로 움직이게 된다. 반비례 관계가 아니다.

[그림 20]은 48년간 엔·달러 즉 일본 내의 달러 가격 변화를 나타낸 그래프로 FRED가 제공한다. 맨 위의 그래프가 엔·달러 그래프인데 일본 내의 달러 가격은 장장 30년 이상 내림세에 있었음을 볼 수 있다. 그러나 수직점선(A), 즉 **2012.12.16.** 아베 취임일 이후, 즉 아베노믹스 이후의 일본 국내의 달러 가격을 살펴보자.

바로 [그림 20]의 맨 위 그래프가 엔·달러를 나타낸 그래프이다. 가운데 그래프는 같은 연월일의 엔·달러 시세 때에 나타났던 니케이 지수의 변화 그래프이다. 1985년 플라자 합의로 인한 일본 국내 달러 가격 하락 시부터 일본 국내 달러 가격이 폭락을 시작했으므로 이때부터 롱텀 디플레이션이 본격화되어 일본 국내 달러 가격이 80~90%나 폭락한 것으로 오인하기 쉽다. 이제 [그림 20]의 수직점선③ 이후를 보자.

그러나 [그림 20]의 수직점선ⓒ③과 수직점선⑤의 가격 차이인 일본국내 달러 가격만을 비교해 본다면 플라자 합의 이후 일본 국내 달러 가격은 정확히 약 **70.5%**(259.45 → 76.34)나 폭락하였다.

하지만 1990.1.4일까지는 니케이 지수는 급등을 지속하고 있었기 때문에 이 구간은 롱텀 디플레이션이 나타나기 이전 구간이다. 그러나 롱텀 디플레이션이 진행 중이던 일본을 자세히 살펴보자.

일본의 롱텀 디플레이션이 본격적으로 나타난 1989.12월부터 1990.4월까지는 143.80엔 → 158.85엔까지 일본국내 달러 가격은 오히려 10.5% 상승했다가 그 이후 줄곧 내리기 시작하여 약 22년 후인 2012.1월에는 76.34엔으로 **51.9%**까지 폭락하였다.

그리고는 [그림 20]의 수직점선①의 2012.12.16일, 아베노믹스의 시행으로 엔화 가격이 과거 정상가격으로 서서히 회귀하고 있음은 주지의 사실이다. 2023.10월이 최저점에서 22년이 지난 해이지만 아직까지 이 158.85엔을 회복한 적이 없다.

[그림 20]은 약 48년이라는 긴 기간 동안 일본의 엔화 환율과 이에 따른 니케이 지수와 일본 부동산 가격의 변동 관계를 분석한 그래프이다.

임의의 어떤 수직점선의 아래나 위를 수직으로 보면 같은 날의 엔·달러 가격과 니케이 지수 및 주택지수의 관계를 볼 수 있다. 그래서 이 그림을 활용하여 숏텀 디플레 시의 투자 요령과 롱텀 디플레 시의 투자 요령을 미리 준비할 수 있다.

48년은 긴 세월이므로 인플레이션 시대의 투자 요령과 롱텀 디플레 시대의 투자 방법을 이 한 장의 그래프로 모두 익힐 수 있다. 수직점선①을 살펴보면 1985년 2월의 엔화 시세는 262.80엔이다. 즉 1달러를 사려면 262.80엔을 내야 한다.

1985년 9월에 플라자 합의를 한 이후에도 엔화는 지속적으로 올라 1995년 6월에 달러는 바닥을 시현한다. B점인 1988년 12월까지 엔화는 지속적으로 올라 1달러당 121.47엔이 될 때까지 오른다. 무려 53.6%, 엔화의 대폭적인 절상이다.

이에 맞춰, 즉 엔화의 절상과 비례해서 니케이 지수는 급등했음을 가운데 니케이 지수 그래프를 통해 확인할 수 있다. 이것이 바로 다이아몬드 달러 투자법에 맞춰 투자하면 투자에 성공한다는 증거이다. 엔화 절상률에 맞춰 일본의 주택도 당연히 올랐겠지만 유감스럽게도 2010년 이전의 주택지수는 발표되지 않았기에 구할 수 없다. 대신에 맨 밑의 주택지수 그래프를 보면 개략적으로 2010년 이후 급격히 올랐음을 알 수 있다.

위의 3가지 그래프를 통해 엔화의 움직임에 따라 아파트 등 부동산이나 주식이 매일매일 시세에 반영되며 반비례 관계로 움직일 수는 없으나 중장기적으로는 반비례 관계임을, 환율이 내리면 주식도 오르고 부동산도 오름을 알 수 있고, 당연히 그 반대의 경우도 발생함을 알 수 있다.

주식은 거의 매일매일 환율의 변동이 주가에 반영됨을 투자자들은 경험으로 알고 있다. 수직점선을 아래위로 따라서 보면 이 점선은 같은 연도, 같은 월의 지표 변화를 나타냄을 알 수 있다. 이 [그림 20]은 FRED에서 제공하는 그래프를 같은 연도와 같은 월로 맞춰 자동 비교되도록 만든 것이다.

다음으로 수직점선②, ③을 동시에 살펴보자. 수직점선②에 있는 B점은 엔화가 절상된 단기간의 최저점이다. B점과 수직점선②를 이은 선은 다이아몬드 달러 투자법을 그대로 따르면 엔화가 최고치이므로 니케이 지수는 최고점이거나 그 근방이어야 한다.

주택지수가 그래프에서는 제공되지 않지만 이때의 주택 가격은 당연히 최고 시세였을 것이다. 주택지수는 B점과 수직점선②에 있었을 것으로 추정되며 주식처럼 급등하고 있었을 것으로 추정된다.

단기 저점을 찍은 엔화는 최저점인 B점을 지나 오히려 상승하고 있고, 니케이 지수도 급등하여 일본 역사상 최고점인 C점을 기록하고 있다. 이 당시 니케이 지수는 38,915였고, 이때가 바로 대붕괴 직전인 1989년 12월의 일이었다. 수직점선②와 ③ 구간에서는 이들 지표가 정비례 관계로 변해 있음을 알 수 있다.

② 구간 이전 동안은 전부 반비례 관계였음을 [그림 20]으로 확인할 수 있다. 즉 엔·달러가 내리면 주가는 폭등한다는 사실이다.

그러나 ②와 ③ 구간은 ② 이전과는 다르다. 달러가 오르자 이에 맞춰 주식가격이 올랐다. 즉 반비례 관계에서 정비례 관계로 변한 것이다. 역시 마찬가지로 맨 밑의 주택지수는 제공되지 않아 비교할 수 없으나 ⓓ점 이후의 주택지수의 움직임을 보고 주식처럼 ②와 ③의 구간에서 폭등했을 것으로 추론할 수 있다.

즉, 수직점선②와 B선이 바로 롱텀 디플레의 시발점인 것이다. 이때가 1989.12월이다. 다이아몬드 달러 투자법이 반대로 작동되고 있는 것이다. 역(逆)다이아몬드 달러 투자법이 적용되는 구간이라고 할 수 있다.

주가 지수는 급등하고 있고 엔·달러 지수는 급락하고 있다. 부동산도 급등했을 것이다. 따라서 롱텀 디플레이션의 시발점을 이런 식으로 매일매일의 엔화와 주가 지수의 움직임 방향을 통해서 찾아낼 수 있다.

이를 찾아냈다면 그동안 숏텀 디플레이션 시에 투자했던 방법과는 완전히 다른 반대의 방법으로 투자 방법을 바꿔야 한다는 것도 알 수 있다. 달러와 재산들은 정확히 반비례하므로 이를 응용하여 달러 이분법을 창안하여 재산을 100% 지켜 낼 수 있음도 추론해 낼 수 있다.

다음으로
롱텀 디플레가 시작되면 달러 예금이나 해외 투자에 나서면 절대로 안 된다는 사실이다. 롱텀 디플레 시에는 위의 [그림 20]의 맨 위 그림처럼 달러 가격은 계속해서 내려가기 때문이다. 일본의 경우 일본 내의 국내 달러 가격은 롱텀 디플레이션이 본격화된 후 약 **51.9%** 정도 폭락했다.

주식투자, 부동산 투자에도 나서면 절대로 안 된다. 그 이유는 역시 [그림 20]의 니케이 지수와 주택지수의 그림으로 확인할 수 있다. 1990.1.4일부터 2009.2월까지 19년 동안 일본의 주식은 **80.5%**(38,915 → 7,568) 내렸다.

이 당시 일본의 부동산 지수는 발표된 적도 없어 정확히 모르지만 주식시세만큼 폭락했을 것으로 추정할 수 있다. 즉 양대 자산 즉 주식과 아파트는 약 **80.5%**씩 내릴 것으로 봐도 큰 무리는 아니라고 본다. 어떤 이유에서인지 일본 국내 원·달러 환율과 니케이 지수의 하락률이 똑같지는 않다. 아마도 조정 과정 중에 있을 것으로 짐작되지만 결국에는 서로 하락률이나 상승률은 맞게 되어 있음을 의심치 않는다.

일본은 2020.12월 이전에는 롱텀 디플레이션 국가였으니까 엔·달러 환율 하락률보다 니케이 지수와 아파트 하락률이 더 높게 나온 것이라고 본다. 그러나 이는 엔·달러 환율과 주식, 아파트 가격은 아직도 하락률이 같아질 때까지 조정 중에 있음을 의미한다.

이 사실은 주식 시장과 부동산 시장은 실제보다 항상 더 내리거나 오르는 경향이 있음을 의미한다. 그러나 종국적으로는 엔·달러 환율 하락률과 같은 하락률인 **80.5%** 하락에서 안정될 것으로 본다. 롱텀 디플레이션 시의 하락률은 실로 어마어마한 대폭락임에 틀림없다.

물론 엔·달러 환율이 더 내리거나 니케이 지수가 더 오르거나 하는 과정을 거쳐 종국적으로는 **28.6%**(80.5%-51.95%=28.6%)의 갭을 메꾸어도 됨은 물론이다. 롱텀 디플레이션 시의 달러 가격 하락에 따라 한국도 똑같은 현상이 나타난다. 지금의 디플레이션이 숏텀 디플레이션인가 혹은 롱텀 디플레이션인가를 알아내는 것은 이처럼 투자 결과를 반대로 결정지으므로 반드시 알아야 한다.

삼자는 정확히 반비례한다.
이를 통해서 지금 비이성적으로 오르는 금값의 장래를 볼 수 있다. 금 가격의 장래가 이미 나와 있는 것이다.
롱텀 디플레이션 국가는 적어도 상당 기간 저환율 시대가 찾아올 것은 확실하다. 따라서 내 아파트와 내 주식, 달러 예금, 미국 배당 투자 주식과 미국 리츠에서 어떤 결과가 나올까는 이미 정해졌다. 디플레이션이 되면 모든 재화는 가격이 내린다.

2021.6월 한국의 코스피는 3,296.68을 기록하면서 대세하락을 시작했다고 본다. 2017.5월에 사작된 이번의 대세 상승을 마무리하는 데까지 예상대

로 꼭 4년 걸렸다. 원래 3~4년간 대세상승을 하지만 이번에는 2008년 금융위기와 2020년 코로나 사태로 풀린 돈으로 후자인 4년간 대세상승을 기록하고 마무리 한 것으로 본다,

이제 우리 대한민국도 롱텀 디플레이션 국가이면서 대세하락을 시작했으므로 일본을 그대로 대입해서 판단해 본다면 2021년 최고치인 3,296.68에서부터 **51.9%** 정도 코스피지수가 내려 바닥지수는 높아야 1,585포인트가 된다.

국내 달러 가격은 2021.5.30일 시세가 1,114.48원이었으며 달러 가격의 바닥예상 가격은 마찬가지로 **51.9%**를 적용하여 536원이 된다. 일본의 엔·달러 하락률과 니케이 지수 하락률이 달랐지만 우리나라는 같은 원·달러 환율변화 비율을 적용하여 예측해 본 것이다.

만약에 한국도 2021.6월부터 약 19년 정도 지난 최저 시점의 원·달러 환율로 예측되는 80.5%에 수렴할 것으로 예측한다면 실제로 코스피지수와 원·달러 환율은 상상을 초월할 만큼 폭락하게 된다.

계산상으로는 1,130포인트와 382원이다. 이를 보면 일본인에게 일본의 잃어버린 32년의 고통은 얼마나 대단했는지 짐작이라도 할 수 있을 것이다.

엔·달러 환율과는 달리 니케이 지수와 일본 부동산 지수는 더 오르내림폭이 큰 것 또한 우리나라도 마찬가지 일 것이다. 이는 지나친 기대감의 반영 때문일 것이다. 즉 심리적인 요소에 의한 움직임 비중이 주식이나 아파트가 엔·달러 환율보다는 훨씬 더 크다는 뜻이다.

챕터 29) 장기적인 달러 확보 방법

달러 가격은 항상 들쭉날쭉하지만, 일정액을 항상 보유하는 것이 좋다. 생존 달러로도 그렇고, 다른 나라와 달리 한국은 지정학적으로도 환율 상승이 잠재되어 있어 일정액의 달러를 보유하는 것이 좋다.

이의 대비책으로 외국계 보험회사에서 취급하는 달러 저축 보험을 들어 두면 된다. 매월 불입하는 형태와 한꺼번에 큰 금액을 불입하는 방법이 있다. 이는 달러로 직접 불입하고, 달러로 보험금을 타는 저축성 보험이다.

달러 저축 보험은 해외 어학연수나 유학 준비, 해외여행과 은퇴 이민을 계획하는 경우를 대비해서도 좋은 저축 보험이다. 매월 적립식으로 보험료를 납입하게 되니 달러 가격이 수시로 변동되더라도 평균가격으로 달러를 저축하게 된다. 이른바 달러 평균법으로 저축하는 것이 된다.

적립된 달러는 연 복리가 적용돼 적립 효용성이 높으며, 중도 인출과 추가 납입을 통해 유연한 자금 활용이 가능하다. 이 자금들은 미국의 국채에 투자하므로 원리금을 보증받는 셈이다.

AIA 등은 필요할 경우 미국에서 직접 달러를 들여와서 가입자에게 환전 없이 바로 환불해 주므로 환전 수수료도 들어가지 않는다.

이 달러 보험 가입 기간 중에 한국에 다시 외환위기나 금융위기 등으로 달러 가격이 급등한다면 해약해서 달러를 인출하여 사용하면 된다. 그 후 달러가 정상 가격이 되면 다시 달러 저축 보험에 가입하면 될 것이다.

금융위기 등으로 인한 달러 급등으로 외국인들의 국채 투매로 국채 가격이 폭락하면 해약해서 국채를 매수하면 대박이 난다. 따라서 달러 저축 보험은 장기적으로 달러를 안전하게 확보하는 한 방법이 된다. 시중은행들의 달러 예금에 가입해도 되지만 외국계 보험회사의 달러 저축 보험이 더 좋다.

외국 보험회사이니 달러 부족 사태가 생기거나 뱅크런을 대비하는 한 방편도 된다. 왜냐하면 이들은 미국에 투자한 자산을 매도하여 직접 달러를 들여올 것이기 때문이다.

특히 이 보험 상품은 외국계가 시행하고 있으므로 높은 신용도와 함께 어떤 경우에도 인출이 가능하다는 장점도 있다.

10년 이상 불입했을 때 소득세와 상속세가 면제되는 이점도 있다. 이 보험은 예금자 보호법에 따라 예금보험공사가 보호하며, 보호 한도는 1인당 최고 5,000만 원이다.

이율은 시중은행의 달러 예금보다 배 가까이 높으며, 가입 시점의 공시이율을 10년간 확정 금리로 지급하므로 시중은행의 외화 예금보다 훨씬 유리하다. 거치형은 한꺼번에 저축하는 것이고, 적립형은 매월 불입하는 것이다.

거치형은 여유 자금이 있는 달러가 강세가 예상될 시에 자산가들이 주로 활용한다. 즉, 한꺼번에 돈을 납입하는 형태이다. 적립형은 장기간 불입하게 되므로 장기간 달러를 확보하는 좋은 방법이 된다.

다음으로는 달러 RP가 있다. 환매 조건부 채권이다. 금리는 1%대이며 환율 변동에 따라 환차익도 기대해 볼 수 있다. 앞으로 국내 자산은 장기간 약세로 추정되기에 신중히 고려해야 한다.

또 누구나 다 알다시피 달러 ETF가 있다. 이는 직접 달러 현물을 사는 것이 아니라 달러에 가치 투자를 하는 상품이며 레버리지나 인버스 등의 ETF도 있다.
이 밖에 직접 달러를 매수하거나 미국 주식에 직접 투자하는 등의 방법도 있다.

한국도 이미 2016.1월부터 롱텀 디플레이션이 진행 중이므로 숏텀 디플레이션 시에 투자하던 주식이나 달라와의 Swapping 매매는 하지 말아야 한다는 점을 명심하여야 한다.

왜냐하면 코스피지수가 내리면 달러 가격도 같이 내리고 반대의 경우에도 움직임이 같은 방향으로 움직이게 된다. 즉 숏텀 디플레처럼 다이아몬드 달러 투자법을 따르면 역주행 투자로 망하는 것이다.

이는 일본처럼 앞으로 약 30년 이상의 기간 동안 국내외에서 달러 투자를 해서는 안 된다는 뜻이다. 즉 국내에서는 달러 현찰 보유나 달러 예금을 하지 말아야 한다.

'나는 보유한 달러가 없어.'라고 간단히 생각하지 말고 달러 기축 통화제하에서는 전부 달러를 활용하여 국외로 송금하여 투자하기도 하고 국내로 반입하기도 하므로 해외에 투자했다면 바로 달러를 보유한 것과 효과는 같은 것이다.

롱텀 디플레이션이 본격화되면서 우리나라도 앞으로 국내 달러는 점진적으로 600원 이하까지도 빠질 수도 있을 것으로 예측되기에 우리 국민들이 해외에 투자한 돈도 일본인들의 해외 투자금처럼 모두 유령 달러가 될 운명이다.

이에 관해서는 [챕터 28]에서 자세히 설명한다. 따라서 우리나라에도 엔화의 저주처럼 원화의 저주가 서서히 나타나게 된다.

보통 숏텀 디플레 시의 최선의 재테크 방법은 현금을 보유하는 것이다. 그러나 미국 밖의 나라에서는 롱텀 디플레이션 때의 달러는 전혀 투자 대상이 아니다. 즉 이런 경우에는 달러는 현금이 아닌 것이다.

달러는 미국 거주 미국인에게는 현금이지만, 즉 미국인들은 롱텀 디플레이션 대비책으로도 숏텀 디플레 시에도 달러 현금을 보유하면 된다.

하지만 기타의 나라에서는 롱텀 디플레이션 시에는 달러는 현금이라기보다는 재산에 가깝기에 이미 자세히 살펴본 대로 달러를 절대로 보유해선 안 된다. 폭락하기 때문이다. 그래서 달러는 괴물이다.

숏텀 디플레이션 시 즉 일반적인 불황기에 위기가 닥치면 달러가 재산적 성격이 더 강해지므로 달러에 투자해야 한다. 달러는 폭등하기 때문이다. 그래서 역시 달러는 괴물인 것이다.

그러나 [챕터 33]을 보면 달러와 반대로 이제 엔화는 사야 하는 때가 되었고 달러는 보유량을 줄이거나 투자하지 말아야 하는 화폐가 되었다.

미국의 리쇼어링(reshoring)은 달러 가격의 지나친 하락을 막기 위한 전략인가? 리쇼어링은 달러 강세 요인임은 분명하다.

챕터 30) 달러 보유의 생존학

미국에 거주하는 사람이 아니라면 그가 미국인이든 한국인이든 영국인이든 최소한의 달러를 생존 자금으로 항상 보유해야 한다.

그래야 위기를 대비할 수 있다. 생존 달러는 보유하되 투자용 달러는 보유해선 안 된다. 2029년 정도까지라고 판단한다.
한국 속담에 "10년이면 강산도 변한다."라는 속담이 있듯이 자본주의 경제는 10년에 한 번쯤 대변혁이 찾아온다.

그 위기가 경제적 위기이든 정치적 위기이든, 금융위기나 외환위기이든 한 차례씩은 찾아오는 것이 자본주의 경제의 섭리이다.

인간의 욕심은 끝이 없기에 어느 나라, 어느 시대에나 상관없이 모든 물건에서 거품이 발생한다. 그리고 이 거품이 터져서 깨끗이 정리되어야 또 다른 10년을 활기차게 맞이할 수 있다. 해도, 달도 차면 기운다는 일월영측이요, 물극필반이라는 주역의 말씀을 기억해야 하는 것이다.

이런 위기 시에 약간의 달러는 생존용으로 필수이며, 평상시에도 위기를 대비한 생존 자금으로 달러는 그 역할을 충분히 할 수 있다.

가구당 약 3,000달러 정도를 일생 동안 보관하면 몸도 마음도 편한 수준일 것으로 본다. 더구나 한국은 항상 북한의 위기가 잠재되어 있으니 더욱더 달러를 보유하는 것이 가족의 생존 자금이 되는 것이다.

디플레가 오든, 인플레가 오든, 하이퍼인플레가 오든, 전쟁이 나거나 말거나 약간의 달러는 항상 가족의 생존 자금이 된다는 사실을 꼭 기억해야 할 것이다.

특히 한국에서는 3,000달러가 3만 달러의 위력이 발생할 여지가 늘 있으니 이 책을 읽으시는 모든 분에게 가족의 생존 자금으로 3,000달러 정도는 항상 장롱 속에 현찰로 보관하기를 권한다. 달러도 현찰이 아니면 꼭 필요할 때에는 인출조차 되지 않을 것이므로 비상 자금은 현금으로 마련해 두길 권한다.

외국계 보험회사의 달러 보험에 가입하면 항상 달러 확보를 할 수 있을 것이다. 그러나 장롱 속에 보관한 현금 달러가 아니면 이것 또한 막상 위기가 닥치면 생존 자금으로 전혀 도움이 안 된다는 사실을 알아야 한다.

한국의 경우 이 3,000달러 정도는 생존과 관련된 생존 자금이다. 월남 패망시에 헬기 탈출 비용이 5,000달러였다는 것은 월남전 파병 용사가 해 준 말이다.

오키나와까지의 헬기 탈출 비용은 1인당 1만 달러면 될 것이다. 따라서 약간의 생존 달러(Survival Dollar)는 평상시에 항상 보유하고 있는 것이 좋다.

투자용이라면 최악의 경우가 되면 미국이나 중국의 친인척들에게서 1~2년간이라도 달러를 들여와서 위기를 모면하거나 투자 재원으로 활용하면 된다.

보통 길어야 2년이면 정상 수준으로 달러 가치는 회귀한다. 그러므로 이 기간 후에는 정상 가격으로 달러를 되사서 빌린 달러를 갚을 수 있다. 바로 시간차(Time Lag) 공격을 해서라도 위기를 탈출하거나 재테크를 할 수 있다.

기회는 찬스다.
한국 가정이 아니더라도, 전 세계 어느 나라나 10년에 한 번 정도씩 거품이 터지는 소리가 나는 것이 여태까지의 경제사이다. 그렇기 때문에 미국에 거주하지 않는다면 어느 가족이나 생존 자금을 일생 동안 보존하는 것이 좋다.

달러를 이용한 재산 2~8배 불리기 투자 기법은 미국에 거주하지 않는 사람이라면, 누구에게나 유용하고, 미국 거주자에게는 2~4배 불리기만 해당된다는 점을 한 번 더 강조한다.

두 번이나 IMF 사태에 빠졌던 영국, 30년 이상을 잃어버린 일본, 한국의 IMF 사태, 스페인, 포르투갈, 그리스처럼 외환위기나 경제위기를 한 번도 겪지 않은 나라는 없다고 봐도 무방하다.

또 경제위기를 겪은 나라에서 매번 달러가 천정부지로 치솟는다는 것이 역사적 사실이다. 유로화를 같이 쓰고 있는 스페인, 포르투갈, 그리스 등은 다르다.

이들 국가들도 같은 유로화를 쓰지만 그들의 유럽 내의 경제 규모가 차지하는 비중은 낮기 그지없다. 그렇기에 유로화의 대폭락 현상이 나타나지 않았다.

위기에 처한 이들 나라의 달러가 다이아몬드 달러 투자법의 원리에 따라서 급등하는 것은 당연하다. 위기 국가의 주식, 부동산, 국채가 폭락하는 것 또한 당연하다.

따라서 이 사실들을 이용하여 위기에 처한 나라의 주식과 아파트를 달러와 달러 스와핑을 하면 큰돈을 버는 것도 너무나 당연한 사실이다. 왜, 이런 사실들을 저자도 이제야 알게 되었는가가 한심하기만 하다. 예전에 알았다면 큰 부자가 되었을 것이기 때문이다.

챕터 31) 달러 대신 Bit Coin을 보유한다?

사람들은 달러 대신 Bit Coin을 보유하면 달러를 보유하는 것과 같은 효과를 누릴 것으로 안다. 이는 완전히 난센스다. 2024.1.10일 비트코인 현물 ETF(GBTC)가 뉴욕과 시카고 증권거래소에 상장되었다.

따라서, 앞으로 미국 SEC의 엄격한 규제를 받게 된다. 온라인상에만 존재하는 비트코인은 가상 자산이지 가상화폐가 아니다. 사람들이 돈을 주고 사고 파니까 마치 '조개화폐'처럼 가상자산으로 인정해 준 것에 불과하다. 오해하면 안 된다.

이제, 비트코인 현물과 ETF가 동시에 존재하므로 무한정 비트코인이 공급된 것과 같다. 그러므로 비트코인은 장차 0원으로 수렴한다. 미국 증권거래소에 ETF로 상장되었으므로 **비트코인의 최대 장점인 보유의 익명성 보장은 다 사라졌기 때문이다.**

또 하나, 최근 한국의 퀀텀 에너지연구소에서 초전도 물질의 발견에 성공했다고 저자는 판단한다. 초전도 물질의 발견으로 앞으로 전기 요금과 원유 가격은 거의 제로로 수렴한다. Bit coin 생산비도 제로(0)에 수렴한다. 이 또한 비트코인 가격이 제로로 수렴하는 또 다른 이유이다. 가상 자산 중 Bit Coin이 대표적이므로 다른 디지털 코인 자산들도 제로로 수렴하는 것은 너무나 당연하다.

달러의 교환 기능을 비트코인이 일부 대신하는 경우가 생겨나고 있는 것도 사실이긴 하다. 그러나, 이것이 용인된다면 각국 정부는 외화의 유출입에 대한 관리 자체를 할 수 없고 불법 자금의 환전이 무상으로 행해지는 현상이기도 하다. 비트코인은 제로로 수렴하므로, 달러 대신에 비트코인을 보유한다는 것은 자살 행위에 다름없다고 본다.

비트코인은 법정 통화로서의 여러 가지 조건을 만족시키지 못한다. 게다가 각국 정부에서 누리는 시뇨리지 효과를 비트코인 발행 업자에게 무상으로 권한을 이양한 것이나 마찬가지가 되어 이를 민간이 독점하게 된다.

게다가 아무나 디지털 화폐를 발행해도 되는 웃기는 현상이 발생하는 것이다. 대공황 전에는 중앙은행이 민간기업이었다. 그러나 민간기업이 법정 화폐를 발행하는 것은 아무래도 어색하다. 각국 정부는 이 시뇨리지 혜택을 어떤 경우에도 무상으로 양보할 수가 없다.

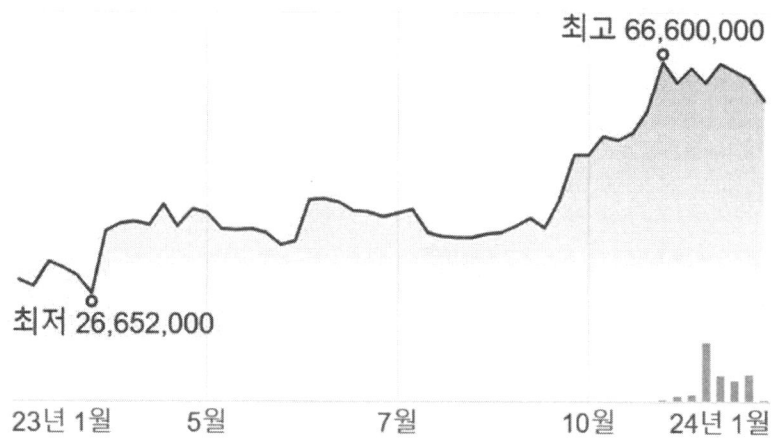

[그림 19] Bitcoin price.KRW(Dec. 2024), courtesy of NAVER.

종이를 돈으로 변화시키는 신기한 마법이다. 100달러짜리 지폐나 10달러짜리 지폐의 제조 원가는 거의 같은 종잇값이며 통용되는 구매력에 비교하면 원가는 거의 제로에 가깝다. 마진율 수백 퍼센트의 크나큰 사업이다.

따라서 현재처럼 민간이 발행하는 비트코인은 정부의 디지털 화폐의 강제 통용력에 밀려서 머잖아 사라지게 될 것으로 보인다. 비트코인은 화폐의 4대 기능이랄 수 있는 교환 수단, 지불 수단, 저장 수단, 가치 척도로서의 기능을 갖지 못한다. 한마디로 비트코인은 화폐의 기능을 다하지 못한다.

이 비트코인의 보유, 거래 내용 등을 일목요연하게 파악하기 위한 블록체인 기능을 제외한 사설 비트코인의 역할은 장차 그 생명을 다할 것으로 보인다.

하지만 비트코인은 각국 중앙은행이 발행하는 디지털 화폐, 디지털 코인 형태로 발행되어 활성화될 것으로 보인다. 『뉴시스』의 기사에 따르면 이 디지털 화폐의 발행과 유통에 가장 앞선 곳은 현재로서는 중국이다. 디지털 위안화가 현재 중국에서 강제적으로 통용 실험에 나서고 있다.

인민은행은 디지털 위안화의 '실험 성공'으로 "조만간 현금·디지털화폐 공존이 도래"한다고 말한 적이 있다. 인민은행은 지난 12일 광둥성 선전시 정부와 협력해 이날 선전 시민 5만 명에게 각각 200위안(약 3만 4천 원)씩, 총 1천만 위안(약 17억 원)의 디지털 위안화를 뿌렸다.

전국에서 진행하는 실증 실험 동안 400만 건의 거래를 통해 20억 위안(약 3천400억 원) 상당의 지불이 순조롭게 이뤄진 것으로 나타났다. 중국에서는 디지털 위안화 실험이 제대로 이뤄짐에 따라 현금과 디지털 화폐가 공존하는 시대가 조만간 도래하게 될 것으로 보인다.

그러나 장기적으로 비트코인 등 사설 디지털 화폐는 사라질 운명으로 보인다. 기념품 정도로 존재할 것으로 추측한다. 일론 머스크도 비트코인에 막대한 투자를 했지만…. 장차 각국 중앙은행이 발행한 CBDC(Central Bank digital currency)만이 디지털 화폐로 존재하게 된다고 본다.

이는 개인별 전자지갑에 디지털 화폐로 각자의 돈을 보관하므로 은행계좌나 신용카드가 없어도 송금이 가능해진다는 뜻이다. 이에 따라 신용카드나 결제대행업체들의 위상은 존재하기도 힘든 지경이 될 것이다.

그러나 블록체인 기술과 결합된 정부 발행의 디지털 화폐의 거래 내용은 100% 정부에 노출된다고 봐야 한다. 각국이 디지털 화폐만을 쓴다면 지하자금(Black money)은 한꺼번에 이 세상에서 퇴출될 것이다.

즉 악의 금융은 사라진다. 자금 세탁, 테러 자금, 탈세, 온라인 도박도 근절된다. 미국은 달러를 통해 국제 결제 주도권을 장악하고 달러 결제망에서의 배제를 대립 국가에 대한 제재 수단으로 발동하고 있다.

즉 달러 결제 시스템인 SWIFT에서 탈락되면 무역 금융이나 국제 거래의 송금 시 세계의 은행 결제 시스템에서 탈락되어 외교 행낭이나 별도 운반 수단(비행기, 배 등)으로 달러를 직접 지불하게 되는 것이다.

전 세계에 디지털 위안화가 보급되면 중국에 대한 미국의 우위가 약화할 수밖에 없다는 것이 중국의 속셈이지만 여기에도 큰 싸움이 잠복해 있는 셈이다. 중국은 2022년 2월 베이징 동계올림픽 때까지 디지털 위안화의 발행을 목표로 디지털 화폐 도입에 매진했다.

위안화는 알리페이·위챗페이 등 민간 전자결제 시스템의 힘을 뺄 수 있는 수단이기도 하다. 전자결제는 소비자가 가진 은행의 예금을 중개해 판매자에게 전달해 주는 게 핵심이다.

하지만 그 자체가 '현금'인 디지털 위안화는 중개가 필요 없다. 온라인뿐 아니라 오프라인에서도 주위 사람에게 전송할 수 있다. 결국 중국 당국의 알리바바 때리기는 디지털 위안화를 통해 민간기업이 장악한 전자결제 시장을 정부 중심으로 재편하기 위한 의도가 숨어 있다고 할 수 있다.

또 마이너스 금리를 통한 경기부양에도 효과를 발휘할 것이다. 그동안은 장롱에 넣어 두면 마이너스 금리도 소비를 촉진시키지 못했지만 디지털 화폐는 안 쓰고 그냥 두면 정부에서 돈을 줄어들게 할 수 있기 때문이다.

국제 결제에서 달러는 38.26% 비율을 차지하고 있고 위안화는 2.42%에 불과하다. 앞으로 더 나아가 나라별 디지털 화폐가 아니라 세계적으로 통용되는 디지털 화폐가 발행된다면 달러 가치도 추락하게 될 것은 뻔하다.

비트코인, 그 자체의 존재가 불확실한데, 달러 대용으로 비트코인을 보유한다는 것은 한마디로 난센스라고 판단한다.

챕터 32) 그 후

전 세계의 어느 나라의 누구나 주식 시장의 대세 상승이 끝나거나 경제위기가 발발하면 주식이나 아파트를 전부 팔고 Dollar Swapping 투자법에 따라서 달러를 사면 된다.

각국 정부는 경기과열로 인한 경기를 진정시키기 위해 대개 금리를 대폭 올리게 되고 이로 인해 불경기가 시작되고 경제위기까지 다다르는 경우도 많다.

이때에는 금리가 오르면 올라가는 KBSTAR 미국장기국채 선물 인버스 2X(합성H)로 금리 인상을 오히려 투자기회로 활용할 수 있다. 또한 KODEX200 선물인버스 2X 등 각종 인버스 상품들로 주가의 하락을 즐길 수 있지만 몇 종목이 안 된다.

금리인상으로 인한 대세하락이나 경제위기로 인한 하락 시에는, 달러는 급등하고 주식이나 아파트는 매번 폭락하므로 이를 활용하여 다시 수익을 즐기는 것이다. 이 과정에서 Dollar Swapping 투자로 2~8배를 간단히 벌 수 있다.

IMF 상황, 2008년 서브프라임·코로나 위기등 위기에 따라서, 국가에 따라서도 원래대로의 회복 기간이 약간씩 다름을 [챕터 18]에서 자세히 살펴본 바 있다.

그 후, 즉 달러 스와핑 과정을 거쳐, 예금투자 과정을 거치고 나면, 펜타곤 투자법 마지막 5단계인 국채투자 과정이 기다리고 있다. 지나친 금리인상으로 인한, 지나친 수요 억제로 경기부진이 촉발된다. 이제는 경기진작을 위해서 금리를 내리면서, 환율도 다시 제자리로 돌아온다. 이때에는 경기가 호전되면서, 5가지 투자대상 자산 즉, 주식·아파트·달러·예금·국채 중에서 주식이 먼저 서서히 오른다.

이 기간 중 달러 환율이 원상회복되는 기간을 살펴보면, 금융위기나 경제위기 등의 강도에 따라 다름도 알 수 있다. 이자율 상승으로 경기가 진정되거나 경제위기가 진정된 후에, 예금 이자가 내리기 시작하면, 이제는 국채나 맥쿼리인프라 펀드, KODEX 200 인버스 등으로 교체하면 된다. 상승 시에 거품이 생기듯이 주식 부동산의 대세하락 시에는 역거품(reverse bubble)이 생기기 마련이다.

즉, 정부의 정책은 보통 지나치므로 지나치게 오르거나 내리게 된다. 따라서 수익률은 생각보다 크다. 즉, 균형점 이하까지 주식과 아파트가 폭락하거나 지나치게 오르게 된다. 이에 따라서 본격적인 불황기에 들어서게 되고 이자율은 줄곧 내리게 된다.

정부의 정책이나 사람들의 심리는 항상 지나치게 반응하므로 균형점 이하까지 자산 가격은 폭락하여 역거품 상태로 불경기 동안 계속해서 균형점을 찾아서 오르내린다.

위기에 처한 국가의 달러가 급등하면 환차손을 피하고자 외국 자금들도 위기국의 주식과 아파트 국채 등을 투매에 가까이 급히 처분하고 위기 국가를 떠난다.

즉, 국채 가격이 이른바 똥값이 된다. 투매를 했을 것이므로 이론 가격보다도 한참 밑에서 우리들을 기다리고 있을 것이다.

역시 마찬가지로 이때에는 달러는 급등하고 국채는 급락하므로 이를 또 교차매매 즉 달러스와핑 기회로 활용할 줄 알아야 한다.

일본을 살펴본다면, 2~8배쯤 불린 투자 자금으로 다시 20년물 이상의 국채를 사서 장기간 보유하기만 하면 지속되는 롱텀 디플레이션으로 또다시 2~3배 이상으로 무난히 재산을 더 불릴 수 있었음을 알 수 있다.

일본의 금리는 1990년 8.3%에서 내려 결국에는 마이너스 금리까지 내렸기 때문이다. 미리 대비한 투자가에게만 이런 기회가 오는데, 평생 한두 번밖에 안 온다는 사실이다.

가장 유의할 점은,
『부의 창조 히든스토리』에서 자세히 설명했지만 본격적이고 장기적인 롱텀 디플레가 이번에는 한국에서는 2029년까지 진행될 것으로 예상된다고 본다.

타국은 더 길게 일본의 잃어버린 30년처럼 롱텀 디플레이션이 훨씬 더 길게 진행될 것으로 본다. 한국이 일본보다 생산활동 가능 인구 비중이 약 2.5배 더 높기 때문에 생기는 현상이다. 한국의 롱텀 디플레이션은 아무튼 일본보다는 2.5배 더 빨리 진행되고 마감할 것 같다. 이것은 한국의 '빨리빨리' 문화와는 다르다. 그나마, 불행 중 다행으로 본다. 강도가 심하더라도, 롱텀 디플레이션은 빨리 지나가는 것이 좋다고 본다.

롱텀 디플레이션이 진행되면 달러와 주식, 아파트, 금, 원유 등 모든 자산이 계속 오랫동안 같이 내리는 것이 롱텀 디플레이션의 특징이므로 이번에는 경기가 호전될 한국은 2029년, 전 세계는 2048년 국채를 보유하고 이자율 하락에 따른 시세차익과 이자를 즐기면 될 것으로 본다.

만약 저자의 예측이 틀려 한국은 2029년, 전 세계는 2048년 이전에 1년간의 국제수지가 흑자로 돌아서고, 주식 시장이 상승을 시작하면 롱텀 디플레이션 지속기간에 대한 예측을 포기하고 주식 시장으로 새로이 진입하면서 주식투자를 시작하면 된다.

장기간의 금리 하락으로 시세 차익은 물론이고 매월 국채 이자는 덤으로 받을 수 있다. 국채는 분기마다 이자를 계좌로 넣어 주지만 매월 나눠 쓰면 된다.

국채는 현금과 같고 디플레이션하에서는 이자율도 꾸준히 내리므로 거래 가격도 급등한다. 국채는 어떤 경우에도 매년 표면 이자(발행 이자)가 나오므로 롱텀 디플레가 끝날 때까지 대세 상승을 시현하게 된다.

현금·예금도 상대 가치가 오르지만, 국채는 현금·예금보다 더 많은 이자가 지급되는 현금등가물이어서 실제 가격은 물론 현금보다 상대 가치의 상승률도 훨씬 높다.

일본의 국채는 현재 가치 산정이 불가능할 정도로 20년 이상 급등하고 있다. 시중에서는 살 수조차 없다. 아무도 팔지 않기 때문이다. 게다가 일본은행이 10년물 국채는 일정 금리로 무제한 사들이고 있기 때문이기도 하다.

[챕터 22]에서 자세히 설명한대로, 10년물 국채의 경우에는 금리가 1%만

내려도 약 7%의 가격이 폭등한다. 20년물은 14%, 30년물 국채면 21%의 가격 폭등 현상이 즉각적으로 나타난다. 가격변동율은 미래에 받을 총 이자액을 현재가치로 환산한 것이다.

2017.5월에 시작된 한국의 주식 시장의 대세 상승이 끝났다. 디플레가 진행되던 중 미국에서 9.1%라는 엄청난 인플레이션이 발생하였다. 인플레를 막기 위해 계속되는 기준 금리 인상 후 조급한 시중의 바람에 호응해 너무 이른 금리 인하에 나서게 될 것으로 본다.

이른바 '파월의 실수'가 2024년 말쯤에 행해질 것으로 본다. 그리하여 또다시 인플레율은 급등하고 금리를 다시 급등시켜야 할 것이다. 경험에 의하면 정부의 경제정책은 항상 지나치기 마련이다. 마지막 이 거품 붕괴 후에는 한국을 포함 전 세계는 이제 본격적인 롱텀 디플레가 진행될 것이다.

이후에 금리가 급전직하로 내릴 것은 일본의 디플레 경제 과정의 금리 인하로 입증이 된다. 재테크 투자대상 자산인 주식·아파트·달러·예금·국채는 이처럼 경기 순환 과정 중에 매번 1회씩은 꼭 거쳐야 할 교체투자 대상 자산이다.

롱텀 디플레이션이 아닌 일반적인 불경기라 하여도 금리는 꾸준히 내리기 때문이다. 그래서 '돈은 (더 많은 수익을 좇아서) 돌고 돈다.'라는 말이 생겨난 것이다.

그 후
펜타곤(Pentagon) 투자법 마지막 단계인 국채투자로 추가로 금리인하 차액까지 누린다면 첫 투자액의 16배 정도까지 투자자들에게 수익을 안겨 주는 환상의 투자법이 된다. 즉, 중장기적으로는 금리차를 이용한 국체 매매 차익 약 2배까지 합쳐서 투자 원금을 기하급수적으로 늘릴 수 있다.

대개의 경우 금리를 내릴 때에는, 경기의 신속한 회생을 위해서 단기간에 금리를 내리므로, 금리차를 이용한 국채 매매 수익까지 고스란히 챙길 수 있다. 그래서 1년 전 연간 국제수지가 흑자로 돌아선 후에 주식 가격 급등에서 출발한 경기순환 시의 초기 투자자라면 이미 거둔 주식매매차익 약 2~8배 이상의 수익에다가 국채매매 차익까지 또 벌 수 있는 것이다.

보통 사람들은 약간의 현금이나 예금으로 재산들을 보관하고 대부분을 아파트 등 부동산으로 보유하지만, 부동산은 이제 아니다.

디플레가 진전되는 한 KODEX200 선물인버스 2X 등 각종 인버스 ETF 상품, KODEX 국채선물 10년 ETF나 맥쿼리인프라 펀드 또는 국채로 재산을 보관하는 것이 훨씬 더 낫다.

돈이 필요한 만큼씩만 팔아서 쓰면 된다.
그러나 국채형 ETF들은 매매 차익의 15.4%를 세금으로 납부해야만 된다는 사실을 기억해야 한다. 국고채는 되도록 증권회사 HTS를 통해서 장기채 현물을 직접 사고파는 것이 좋다고 본다.

그러나 국채 현물은 필요한 때에 정당한 가격으로 사기가 여간 쉽지 않다. 그만큼 한국의 국채 시장은 활성화되어 있지 않다.

롱텀 디플레이션 시대에는 지금 얘기한 몇 가지를 빼고는 투자할 자산이 아무엇도 없는 셈이다. 부동산은 월세가 나오든 말든, 묻지도 따지지도 말고 10년 이내에 사서는 안 된다.

개략적으로 보는 부동산 재매수 시기는 2029년 이후가 된다. 약 7년을 지나가야 하는 기나긴 death valley를 지나야 하는 것으로 본다.

이번 대세 상승 이후에는 줄곧 내리기만 하는 자산이 바로 부동산과 주식 각종 원자재들이다. 디플레라는 것은 물건의 가격, 즉 물가가 내리는 것이고 물가가 내린다는 것은 물건을 만드는 기업의 수익이 줄어든다는 뜻이다.

디플레 시에도 매출이 늘어나는 기업은 샛별과도 같은 존재이다. 잃어버린 30년 동안에도 일본의 제약, 바이오 기업들의 업종지수가 평균적으로 약 700%나 오른 것은 시사하는 바가 크다.

부동산 가격이 계속 내리므로 월세도 계속 줄어들게 된다. 바로 월세 투자는 바보 투자가 된다. 달러 투자로 단기간에 재산을 불리는 방법은 이렇게 불경기가 본격화될 때 대박이 나는 이고 안전달러였던 달러가 대박달러가 되는 현상이다. 즉 달러는 괴물이다.

앞으로 한국은 2029년, 전 세계는 2048년 이후 쯤, 정상적인 경제 상태가 되었다면 즉 인플레 경제로 돌입하기 시작하면 이제는 국채나 국채 ETF, 맥쿼리인프라 펀드는 금리가 서서히 오르므로 팔 시기이다.

이 중 맥쿼리인프라 펀드도 괴물 같은 성격을 가진 펀드인데, 인플레이션 시에도 디플레이션 시에도 항상 실질 배당 수익이 보장된다. 그러나 배당금만을 생각해 본다면 디플레이션 시보다 인플레이션 시에 더 유리한 상품이다.

보통 물가는 여간해선 잘 내리지는 않지만 인플레이션이 시작되면 물가를 올리는 것이 아주 빠르므로 맥쿼리인프라 펀드의 배당금에 미치는 영향에는 다소 유리하다고 할 수 있다.

왜냐하면 맥쿼리인프라 펀드가 투자한 모든 자산은 모두 사회간접 자본 자산들인데 인플레이션이 진행되면 전부 사용료를 빨리 인상하게 되고 실질 수익은 늘어나며 수익액의 90%를 항상 배당하여야 할 운명이니까 배당금은 늘어나게 되기 때문이다. 항상 수익액의 90%를 배당해 줘야만 하기 때문이다.

디플레이션 시에도 수익시스템이 마찬가지로 작동한다. 즉 디플레이션 시에는 사회간접자본 사용료를 낮추게 되어 분배금이 약간 줄어들겠지만 다른 물가도 다 내리고, 이용료는 더 천천히 내리므로 내린 비용의 적용기간 상 다소 유리하고 실질 수익은 항상 그대로인 셈이다.

한마디로 사고팔지 않아도 될 사회간접자본 펀드로 본다. 그러나 이번 미국의 기준금리 상한선이 6~8% 선도 가능하다고 보는 저자이기에 보통 6% 정도의 시가 배당을 실시하고 있는 맥쿼리인프라 펀드에게는 아주 불리한 상황이 예상된다.

이때에는 실질적으로 배당으로 인한 이익이 없는 것과 마찬가지니까 맥쿼리인프라 펀드는 현재 가격에서 대폭 내릴 것이다. 즉 인플레이션 시에는 금리가 대폭 인상되므로 맥쿼리인프라 펀드에는 치명타가 될 수 있다.

국채들도 발행 이자율과 현재의 이자율에 따라서 가격이 폭락하면서 전부 재조정될 것이다. 미국의 장기채 가격 재조정으로 인한 미국 SVB 뱅크의 파산을 생각해 보면 된다. 결국 영원한 것은 없다가 답이다.

당연히 국채에도 불리한 예상 금리 인상율 6~8%이다. 그렇다면 국채가격도 폭락하기 마련이다. 또 알아 두어야 할 것은 맥쿼리인프라 펀드는 설립할 시에 2042년에 해체할 조건으로 만들어진 펀드이나 연장될 가능성이 더 커지고 있다. 새로운 사회간법자본 시설에 투자를 늘려가고 있어서다.

지금 진행되는 인플레이션은 롱텀 디플레이션 중 2~3년의 짧은 인플레이션 기간으로 본다. 곧 본격화될 디플레이션이 숏텀 디플레이션이든 롱텀 디플레이션이든 이후에 경기가 좋아지고 이자율이 오르기 시작하면 이제는 국채를 서서히 팔고 주식 시장으로 진입해야 한다.

특히 1년 전 연간 국제수지 흑자 후에 주식 시장이 오르기 시작하면 삼선전환도가 양전환이 된 것을 확인한다. 양전환이 확인되면 주식 시장으로 다시 진입하여 새로운 10년간의 재테크에 나서면 되는 아주 간편하고 간단한 앞으로의 재테크 길이다.

저자가 독창적으로 만들어 낸 재테크 투자대상 5대 자산인 주식·아파트·달러·예금·국채의 5가지 재산에 이익을 좇아 차례대로 즉 '돈이 돌고 도는 길'을 따라 투자하면 저절로 오각형으로 형상화된다. 이 오각형 투자법이 바로 마켓 사이클 순환투자 公式이며, 펜타곤(Pentagon) 투자법이 되었다.

재테크 대상 5대 자산을 바퀴 순환투자하는 데 평균적으로 약 10년이 소요된다. 이 순환투자는 영원히 지속되는 순환투자 사이클이며 이것이 바로 Asset market rotation investing Fomula인 것이다.

한국에서 이 재테크 공식이 세계에서 처음으로 이론화되었고, 공식에 그냥 대입하면 저절로 재테크가 2~8배가 된다. 최고로 투자를 잘했다면 한 번의 경기순환 사이클을 거치면서 이론상으로 자산이 최대 32배까지도 늘어날 수 있다.

10년간, 주식·아파트·달러·예금·국채의 투자대상 5가지 재산에 수많은 투자 기회를 갖게 된다. 총 32배의 수익 배수 중 귀하가 올린 수익배율은 몇 배가 되느냐는 오로지 자기 자신의 결단력과 과감성에 달려 있다.

투자 자금의 중 일부인 1억만이라도 펜타곤 투자법에 따라 투자하면 10년 만에 최대 32억으로 불릴 수 있는 것이다. 무려 32배다.

투자공식에 따른 투자이니까, 주식 투자를 개시하는 시점이나 아파트의 매수 시기 및 주식과 아파트와 달러와의 교체매매 즉 달러 스와핑을 거쳐 최대 8배의 투자수익을 거둘 수 있다. 그 후 정기예금을 약 2~3년간 한 이후에 금리가 내리기 시작하면 이제 펜타곤 투자법의 마지막 투자순서인 국채 투자까지 거치면 길고 긴 10년 투자는 완성된다.

시기를 포착하는 것도 후행적으로 추종매매를 하므로 틀릴 위험도 거의 없다. 혹 순환투자 순서가 실제로는 조금 늦더라도 수익이 조금 줄어들 뿐 투자 원금에 손해를 끼치지는 않는다.

이 투자공식은 경기순환 사이클 패턴을 그대로 따르는 전 세계에서 유일한 마켓 사이클 순환투자 재테크 공식으로 바로 펜타곤 투자법이다.

이 마켓 사이클을 그대로 따르는 순환투자공식인 펜타곤 투자법에 맞춰 투자하라! 이제 재테크도 한국인이 전 세계에서 제일 잘하는 민족이 된다.

챕터 33) 아베노믹스 大성공, 이제 일본을 사야 할 때다!

여태까지의 상황들을 종합적으로 분석해 보면 2020.12월 아베노믹스는 성공했다. 성공의 증거인 엔·달러 지수와 니케이 지수가 정비례 관계에서, 반비례 관계로 돌아섰기 때문이다.

아무도 모르는 사이에 이제 일본은 1989.12월 롱텀 디플레이션에 진입한 지 정확히 32년(1989.12.~2020.12.) 만에 롱텀 디플레이션에서 벗어나 정상적인 경제 상태인 숏텀 디플레이션 국가로 회귀했다.

32년간이나 흘린 일본의 눈물은 이제 더 이상 흘리지 않아도 된다. 롱텀 디플레이션 탈출을 이제야 파악한 저자보다 워런 버핏은 먼저 확인했는지 그는 이미 일본에 투자하고 있다. 참 대단한 사람이다. 어떻게 알았을까?

저자도 금년 즉 2023.5월 말 경, 즉 이제야 알았는데. 직감이든 예감이든 저자처럼 증거가 있어서이든 워런 버핏이 일본에 투자했다니 암튼 정말로 대단한 사람이다.

이제는 돈을 벌려면 일본을 사야 한다. 워런 버핏은 일본의 미쓰비시, 이토추, 미쓰이, 스미토모, 마루베니 등 5대 종합상사에 2020.8월에 처음 투자했으며 일본에서 융자를 받아서 투자했다고 한다.

저자의 판단으로는 2020.12월에서야 가까스로 일본은 롱텀 디플레이션에서 탈출했는데, 워런 버핏은 롱텀 디플레이션 탈출이 확인되기도 전에 미리 일본을 산 것 같다.

즉 워런 버핏에게 롱텀 디플레이션 탈출 여부를 확인할 다른 수단이 있었는지 모르지만 확인도 하지 않고 감으로 일본을 샀지만 맞은 것으로 저자는 판단한다.

지금 일본의 대출 이자율은 0%대이며 일본 종합상사의 평균 배당율은 5% 정도이다. 즉 금리 면에서도 이미 이득을 보고 투자한 것이나 마찬가지이다.

계산상으로 매년 5%의 이익이 발생하는데도 그동안 일본인들이 일본 주식에는 투자하지 않고 해외로만 나갔던 이유는 니케이 주식 모든 종목의 평균 가격이 매년 5% 이상 내렸기 때문이었다.

즉, 엔·달러 하락으로 환차손이 발생해 투자금이 귀국도 못하는 유령 달러가 되더라도 어쩔 수 없는 일이었다. 30년 이상 지속되는 롱텀 디플레이션으로 일본 내에는 투자할 자산이 아무 것도 없었다.

일본인들도 나름대로는 당연히 합리적인 투자를 해 오고 있었던 것이다. 이제 일본인들도 해외 투자에 나서지 않고 국내 투자를 해도 핀테크가 가능한 정상적인 경제 국가가 되었다.

워런 버핏은 매년 일본 종합무역상사들의 투자 지분을 늘려 가고 있다. 이미 산 종합무역상사 주식이 제자리를 지켜 주기만 해도 그는 매년 5% 정도의 이익을 보게 된다.

이제 일본 경제는 선순환 상태로 돌아선 것이다. 이제 일본에 투자할 때가 온 것이다.

저자의 판단대로 일본은 이미 롱텀 디플레이션에서 벗어났으므로 즉 앞으로는 고환율 시대가 도래하므로 수출 대기업에 투자하는 것이 훨씬 더 유리함은 앞 챕터의 환율 정책에서 자세히 설명한 바 있음을 기억하기 바란다.

고려해야 할 것은 엔·달러 환율이다. 원래 해외 투자는 현지화가 강세인 나라에 투자해야 한다. 그래야만 환차익도 누릴 수 있는 것이다. 물론 워런 버핏은 지금 현재는 엔·달러가 약세이지만 몇 년 후에는 엔·달러가 다시 강세일 것으로 예측하고 투자를 고려했을 것이다.

일본의 롱텀 디플레이션은 1990.1월에 시작되었다고 경제계는 믿고 있다. 그러나 일본의 롱텀 디플레이션은 정확히는 1989.12월에 시작되었다고 저자는 몇 년 전 [그림 20]의 첫 공개와 함께 이미 주장한 바 있다.

어느 나라의 롱텀 디플레이션 진입 여부는 그 나라의 국내 자산 환율과 국내 주가 지수의 관계가 반비례 관계인가 아니면 정비례 관계 인가를 판별 기준으로 한다.

[그림 20]을 통해서 설명하면 수직점선(B)②(C')가 바로 일본이 숏텀 디플레이션 상태에서 롱텀 디플레이션 상태로 진입한 경계선이다. 수직점선(B)②(C')는 1989.12월인데 이 선 이전은 숏텀 디플레이션 상태이고 이 선 이후는 롱텀 디플레이션임을 나타내고 있다.

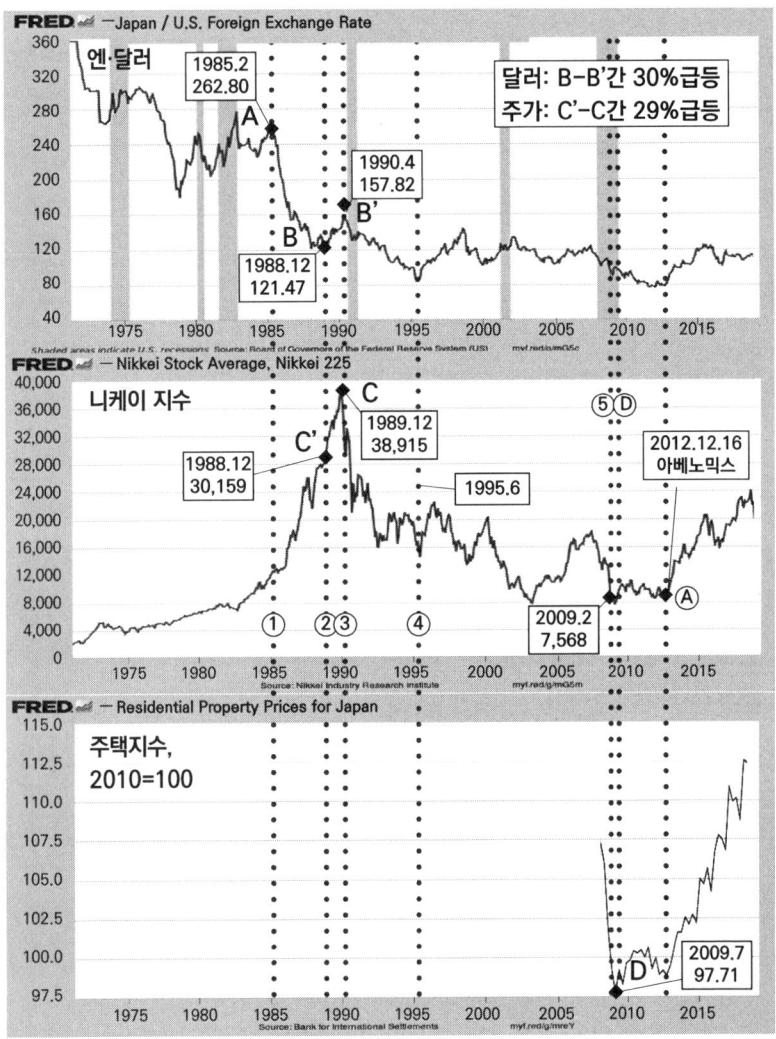

[그림 20] 48년간 엔화 가격과 니케이 지수 및 주택지수의 변동

수직점선(B)②(C') 이전의 엔·달러 그래프와 니케이 지수를 비교해 보면 엔·달러 환율이 급락함에 따라 니케이 지수는 급등하고 있다. 이처럼 환율과 주가 지수가 반비례 관계이면 다이아몬드 달러 투자법에 따라 이 나라의 경제는 숏텀 디플레이션 상태로 판별한다.

수직점선(B)②(C') 이후에는 즉 1988.12월 이후에는 엔·달러가 급등하니까 니케이 지수도 급등하고 있다. 즉 정비례 관계로 움직이기 시작한다. 이런 현상이 바로 롱텀 디플레이션 현상이다. 이때부터 즉 (B)②(C') 이후부터 롱텀 디플레이션이 발생한 것으로 봐야 한다.

BB'와 C'C 사이를 살펴보면 달러가 30% 급등하는 사이에 니케이 지수도 29% 급등한 것을 볼 수 있다. 즉 상승률도 거의 비슷하다는 사실이다.

다시 한번 더 자세히 확인해 보자. [그림 20]의 수직점선(A) 및 [그림 21]의 수직점선①은 2020.12.16. 아베가 일본 총리로 취임한 날로 아베노믹스가 시행되기 시작한 때이다.

이때에도 엔·달러 환율이 오르고 있고, 니케이 지수도 오르고, 일본의 주택지수도 오르고 있음을 볼 수 있다. 즉 아베노믹스가 시작될 때의 일본은 롱텀 디플레이션 상태였음을 알 수 있다.

[그림 21]의 수직점선②는 2016.1월인데 한국을 비롯한 전 세계가 롱텀 디플레이션에 진입한 때이다. [그림 21]의 수직점선③은 2016.9월인데, 이 두 수직점선, 즉 수직점선②와 수직점선③사이를 살펴보면 엔·달러 환율이 내릴 때 니케이 지수가 급등하고 있음을 볼 수 있다.

즉 숏텀 디플레이션 때에는 엔·달러 환율과 니케이 지수는 항상 반비례 관계임이 확실하다. 롱텀 디플레이션 시에는 이와 반대로 엔·달러 환율과 니케이 지수는 정비례 관계가 된다. [그림 21]의 수직점선①과 ② 사이를 보면 정비례 관계임을 알 수 있다.

그러나 [그림 21]의 수직점선②를 경계로 즉 2016.1월부터 엔·달러 환율과 니케이 지수의 움직임이 반비례 관계로 변했다.

반면에 일본을 제외한 전 세계는 **[그림 6]의 수직점선(A)를 보고서도** 2016.1월에 롱텀 디플레이션 상태로 진입하였음을 알 수 있다.

그러나 2020.12월 즉 [그림 26]의 수직점선④ 이후로는 엔·달러 환율은 급등하고 있고 니케이 지수는 급락하고 있다. 즉 반대로 움직이고 있다.
2020.12월부터, 일본은 롱텀 디플레이션 상태에서 정상경제로 탈출이 본격화된 것이다. 이것이 바로 일본이 2020.12월부터 롱텀 디플레이션에서 탈출한 유일한 증거이다.

엔·달러 환율과 니케이 지수의 반비례 관계의 회복이 바로 롱텀 디플레이션 상태에서 숏텀 디플레이션 상태로 넘어온 것을 나타내는 것이다.

1985.9.22일 플라자 합의 때, 엔.달러 환율을 240엔에서 140엔으로 강제로 급등시켰다. 엔·달러 환율이 완전 정상화되기 전까지는 엔·달러 가격과 니케이 지수 주택지수는 비례와 반비례 관계를 수시로 반복할 것이다.

하지만, 일본의 롱텀디플레이션은 끝났다.
아베노믹스(Abenomics)는 성공했다.
[그림 21]의 수직점선④ 이후가 그 증거이다.

아베노믹스가 대성공을 거둔 근거이다.
이제 일본은 롱텀 디플레이션에서 탈출한 것이다.

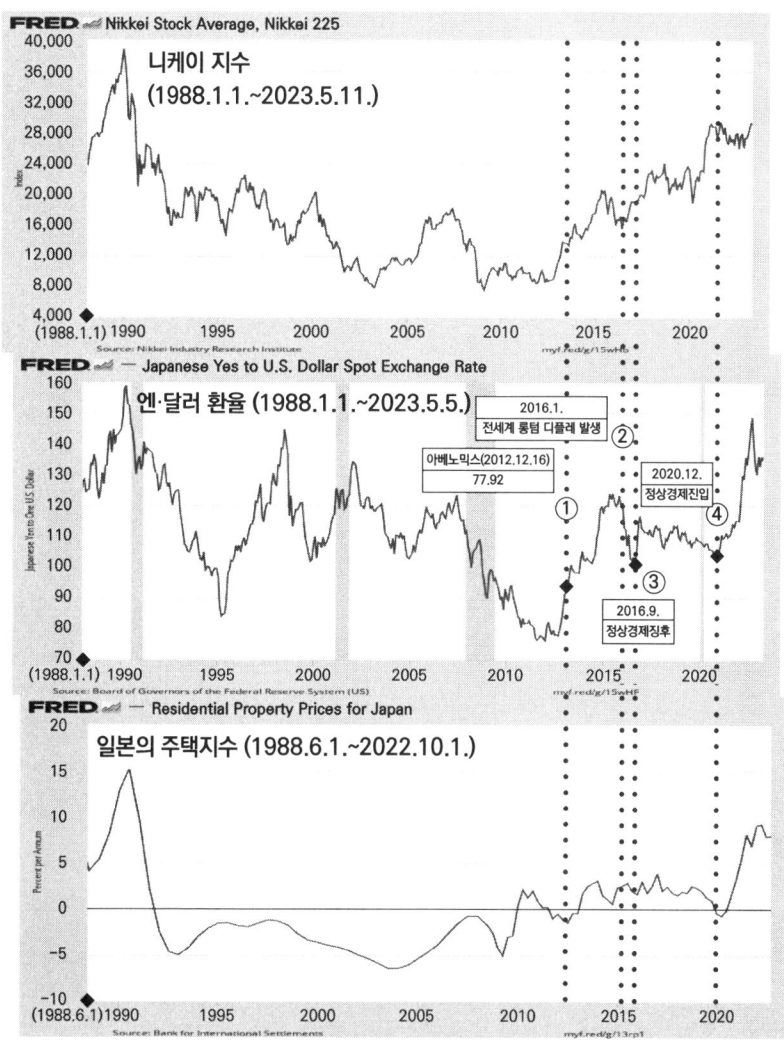

[그림 21] 36년간 일본 니케이, 엔·달러, 주택지수 비교

다이아몬드 달러 투자법에 따르면 롱텀 디플레이션이 아닌 정상 경제 상태라면 엔·달러 가격과 니케이 지수는 반대로 움직여야 하며 등락률까지도 같아야 한다. 아직 이 정도까지의 완벽한 정상화는 아니지만 반비례 관계임은 분명하다.

일본은 2020.12월부터 롱텀 디플레이션 국가에서 이제 숏텀 디플레이션 국가, 즉 정상적인 경제 상태의 나라로 넘어온 것으로 봐야 한다.

[그림 21]처럼 경제상황이 롱텀 디플레이션이냐 아니냐의 판별 기준은 엔·달러 환율과 니케이 지수의 반비례 관계이지 주택지수와의 반비례 관계까지 필요한 것은 아니다.

1990.1월 정확히는 [그림 20]의 B②C'선인 1988.12월 롱텀 디플레이션에 진입하였다. 일본 경제는 아무리 노력을 해도 여기에서 빠져나올 방법도 기미도 보이지 않았었다.

그러나 2012.12.16.에 취임한 아베가 양적 완화를 8년간 시행 한 결과, 일본의 롱텀 디플레이션은 2020년 12월부터는 해결된 것으로 봐야 한다.

[그림 21]은 36년간 일본의 니케이 지수와 엔·달러 환율 및 주택지수의 관계를 나타낸 그래프이다. 가운데 그래프는 엔·달러 환율 그래프이고 맨 위쪽은 니케이 지수 그래프이다.

이 두 그래프의 시작일은 둘 다 1988.1월로 맞춰져 있다. 반면 맨 밑의 주택지수는 시작일이 1988.6.1.이다. 일본의 주택지수는 엔·달러 환율보다 5개월이 항상 늦으므로 비교하기에 편하도록 미리 주택지수의 그래프의 시작 일자를 1988.6.1.로 맞춰 놓은 것이다. 니케이 지수와 엔·달러 환율의 시작 일자는 1988.1.1.임을 유의하여야 한다.

즉 [그림 21] 그래프의 어느 곳에서나 수직점선을 그으면 같은 날짜의 엔·달러 환율이나 니케이 지수와 맞는 일자의 주택지수와의 관계를 볼 수 있게 미리 조정해 둔 그래프이다.

Abenomics.
아베는 일본을 엔고에서 탈출시키겠다고 했다. 인플레율 목표 2%, 무제한 금융 완화, 마이너스 금리 정책 등을 펼친 결과 이 노력은 이제 성공한 것이 맞다.

반면에 일본을 제외한 우리나라와 전 세계는 롱텀 디플레이션 속으로 빠져든지 벌써 8년째이다. 이번의 인플레 퇴치 과정 때문에 롱텀 디플레이션에 본격 진입함과 함께 전 세계는 기나긴 불경기 속으로 빠져든다고 판단한다. 이제 일본을 제외한 전 세계는 저성장 마이너스 금리까지 빠져들 수도 있다.

반면에 일본 경제는 선순환을 시작한다.
우선은 해외 투자에 나섰던 엔 자금들은 과실을 가득 안고 귀국길에 오를 것이다. 일본의 해외 투자는 그동안 유령 달러(ghost dollar) 신세를 면하고 투자의 과실을 누릴 때가 왔다. 이제 일본을 사야 할 때가 온 것이다.

이제, '일본의 눈물' 즉 일본의 롱텀 디플레이션은 더 이상 없다. 32년간 (1988.12.~2020.12.)의 기나긴 일본인들의 눈물의 세월이 끝난 것이다.

버핏 옹이 일본에 투자했다는 얘기가 얼마 전에 나왔다. 역시 혜안을 가진 투자자임에 틀림없다고 본다. 어느 나라나 주식이 아파트보다 더 빠르니까 일본 주식에 투자할 때가 온 것이다. 일본은 주식이 부동산보다 5개월 더 빠르게 움직이기 시작하는 나라다.

어느 나라든 자산별 투자순서와 투자할 기간의 시차를 미리 연구해 둘 필요가 있다. 각국의 무역의존도와 주거 형태에 따라 이 시기가 약간씩은 다른 것이 정상일 것이다. 한국은 주식투자시기와 아파트 투자시기가 6개월의 시차가 난다.

일본의 주거 형태는 주로 단독주택이고 한국은 주로 아파트이다. 무역의존도는 한국은 70% 정도이고 일본은 20%에 불과하다. 상식적으로는 일본의 주택지수 움직임이 더 늦어야 하나 실제로는 일본은 주식이 움직인 지 5개월 후에 부동산이 움직이고 한국은 6개월 후에 움직이기 시작한다.

최초의 마켓 사이클 순환투자공식, 펜타곤(Pentagon) 투자법에 따라서 미국의 1년 전 경상수지 적자가 커졌거나, 어느 나라의 1년 전 국제수지가 흑자였다면 그 나라의 주가지수가 오르기 시작한다.

그 후 일본은 5개월, 한국은 6개월, 즉 5~6개월 전의 주식투자에 이어서 부동산 투자에 나설 최적기가 되는 것이다. 또 다른 나라는 각기 미리 분석해 놓은 기간이 지나면 아파트 투자에 나서면 된다.

이때가 바로 저자의 또 다른 재테크 본격 기본서인 『부의 창조 히든 스토리: 60세에 시작해도 부자 되는 투자법 — 어린이를 평생 주식 부자로 키우는 투자 비법 있다!』의 새로운 투자 출발점이며 최초의 순환투자 사이클 패턴 Dollar Swapping 재테크 公式, 펜타곤(Pentagon) 투자법의 투자 개시 시점인 것이다.

기나긴 롱텀 디플레이션이 진행되는 동안 한편,

잠시 찾아온 인플레이션을 치유하려다가 파월은 '파월의 실수'를 한다. 즉 조기 금리인하에 나서게 된다. 그 후 다시 살아난 인플레이션은 또 몇 번의 신속한 금리 인상으로 진정되기는 할 것이다.

지금도 고금리이지만, 고금리가 상당기간 더 진행될 수도 있다는 뜻이다. 그러나 그 후 전 세계는 진정한 롱텀 디플레이션으로 진입하게 될 것으로 본다.

즉 전 세계는 고금리 속에서 인플레율 4~5% 시대로 합의해야 하는 것은 아닐까 한다. 한 가지 다행스러운 것은 전 세계는 아베노믹스로 롱텀 디플레이션 퇴치 작전의 실증적 데이터를 확보했다고 본다. 즉 대대적으로 금융 완화 정책을 쓰는 것이다.

그렇다고 가계 기업 정부의 빚이 청산된 것은 아니며, 인구 감소 문제도 해결된 것은 아니다. 그래서 결국에는 인플레율 2%의 정책적 목표를 달성해서는 안 되는 사회가 될 것 같다. 전 세계는 장차 고금리, 고인플레율 세상으로 바뀔 운명인 것이다.

그동안 일본인들은 관행처럼 일본 내의 주식과 집을 사지 않았다. 주식도 아파트도 30년 이상 꾸준하게 내리기만 했기 때문이다.

그러나 이제 부자가 되려면 일본인들은 니케이 주식을 사야 하며 다시 대기업 시대가 도래하므로 수출 대형주 위주로 사들여 가야 한다. 이런 사실을 일본 대중들은 100% 가까이 놓칠 것이다.

그동안 일본에서는 엔·달러 환율 때문에 기술 중견기업의 경영성적이 좋았다. 하지만 이제는 고환율 시대가 다시 찾아오기 때문에 다시 수출 대기업의 시대가 되는 것이다.

2022.8월 워런 버핏은 처음으로 일본의 수출 역군들인 5대 종합상사 주식을 60억 달러어치를 샀다. 2023년에도 추가로 투자를 늘리고 있다. 우연인가? 연구의 결과인가?

해외 투자 성공의 두 가지 조건 중 한 가지는 현지화 강세인데 지금 일본 엔화는 기나긴 약세 사이클에 접어들었음을 그는 알고서도 일본 투자에 나선 것이다.

엔화약세가 지속되면 일본에 투자한 해외자금들은 각국으로 귀국할 때에는 환차손을 입게 된다.

1달러 당 110엔으로 환전해서 일본에 투자했는데, 일본에 투자한 자산을 팔고 귀국하려고 할 때, 엔·달러 가격이 150엔이 되어 있다면 1달러 당 환차손만도 40엔에 달한다. 투자한 일본 자산이 최소 40엔이 올라야 본전이 되는 것이다.

워런 버핏은 미국에서 달러자금을 일본에 가져가서 투자한 게 아니다. 즉, 일본 시중은행에 엔화표시채권을 발행해서 일본의 5대 무역상사 주식을 샀다.

그는 약 0.5% 이하의 이자로 융자를 받아서 평균배당율이 5% 정도인 일본의 종합 무역 상사 주식을 산 것이다. 이미 4.5~5%의 수익을 미리 확보하고 투자에 나선 것이다.

일부 이유를 알았지만, '왜 그랬을까?'를 생각해 봐야 한다. 그의 투자에서 향후 일본을 짐작해 볼 수 있다. 일본 엔·달러는 최저치인 76.34엔을 기록한 이후 2023년 중 151엔까지 기록한 적이 있다. 지금은 약 140엔대다. 저자는 앞으로도 엔화 가격은 엄청 더 싸지리라고 본다. 아베노믹스 정책의 목표가 바로 엔화 가격을 떨어뜨리는 것이다.

해외투자 시에는 현지 통화가 강세인 나라로 가야 한다. 지금 일본은 엔화가치를 떨어뜨리기 위해 돈을 무한정 풀고 있다. 엔화 약세를 유도하는 방법들이 끊임없이 진행 중이다.

워런 버핏의 현재 투자방법은 경제적으로 봤을 때, 합리적인 투자가 아니다. 그러나 한 번 더 생각해 보라. 워런 버핏은 당분간은 환차손이나 환차익에서 자유로운 배당수익을 노린 투자를 한 것이다.

그러나, 장차 일본 엔화는 다시 강세로 갈 것을 전제한 투자인 것이다. 엔화 강세가 되면 1985.9월의 플라자 합의처럼 엔화강세로 또다시 해외자금들이 일본을 사러 밀려들 것이다. 이때에 그는 오른 주식을 팔고 달러를 사서 미국으로 나갈 생각을 한 것이다.

워런 버핏이 일본의 5대 무역상사 즉 무역 대기업주에 투자를 시작하고 크게 늘리기 시작한 것도 일본이 롱텀 디플레이션에서 탈출했음을 확인하는 간접 증거도 된다. 수출을 위주로 하는 대기업들은 늘어나는 환차익으로 앞으로 큰 수익을 거두게 됨을 워런 버핏은 알고 투자하고 있는 것이다,

보유기간 동안 평균적인 배당수익을 5% 정도의 배당수익을 매년 벌어들이

다가, 엔화가 비싸지면 즉 엔·달러 시세가 가장 쌀 때쯤, 달러를 사서 미국으로 귀국하는 전략인 것이다. 그러면 그동안의 배당수익과 환차익을 전부 차지하게 되는 투자법이다.

해외 투자는 아무나, 아무 때나 하는 것이 아니다. 해외 투자는 허들 경기와 같다. 웬만한 투자자라면 해외 투자에 나서지 말길 권한다. 저자는 롱텀 디플레이션에서 탈출한 일본에서는 엔·달러 환율의 상승으로 인해 앞으로 수출 대기업을 사는 것이 유리하다고 강력 추천한다.

워런 버핏은 언젠가 다시 되돌아올 엔화 강세를 예상하고 일본의 종합무역상사 주식에 투자한 것이다. 일본 주식 구입자금을 일본 은행에 엔화표시 채권을 매각해서 투자한 것도 마찬가지 이유이다. 이 방법은 보유기간동안, 환율차이로 인한 이익과 손실을 완전히 배제할 수 있기 때문이다.

일본인들은, 일본의 아파트에도 수익성 부동산에도 이제 새로이 투자를 시작해야 할 때이다. 기나긴 롱텀 디플레이션 기간 동안에 하던 투자기법대로 계속 투자한다면 또다시 몰락의 길을 걷게 되는 것이다. 지방의 인구 감소에 따라 지방 부동산의 수요는 감소되므로 지방의 부동산 가격 하락은 어쩔 수 없다.

하지만 인구가 모이는 도시 지역의 아파트 등 부동산에는 매기가 몰려들 것이 확실하다. 따라서 도시 지역에서는 아파트 투자에 나서야 한다.

이제 일본에는 숏텀 디플레이션 시대가 도래한 것이다. 일본의 롱텀 디플레이션은 이제 끝난 것으로 본다. 이는 아베노믹스 덕으로 봐야 한다. 아베노믹스는 대성공인 것이다. 사람들은 이제 일본 투자에 나서야 하는 것이다. 그동안 장장 32년간(1988.12~2020.12) 남몰래 흘린 일본의 눈물은 이제 끝난 것이다.

일본의 모든 자산 가격이 오를 것은 확실한데, 엔화 가치는 내림세를 지속할 가능성이 더 크다. 일본에도 비로소 다이아몬드 달러투자법이 적용되는 시대가 도래한 것이다.

따라서 원·엔당 재정 환율은 700원 이하 시대가 도래해 슈퍼 엔저 시대가 오고 있다고 본다. 과연, 워런 버핏의 예상대로 가까운 장래에 엔·달러 환율의 강세 시대가 올까?

저자는 앞으로 엔·달러 환율은 1985년 플라자 합의 당시의 환율을 감안하고 판단해야 할 것으로 본다. 무려 32년간이나 엔·달러 환율은 초강세였다. 1달러가 260엔에서 78.6엔까지 32년간의 끊임없는 엔화 강세의 대장정이었다.

앞으로는, 세계가 2% 이상의 고인플레율을 용인하는 고금리 시대가 도래할 것이다. 그리고 2016.1월부터 한국을 비롯한 전 세계는 가계 부채, 기업 부채, 정부 부채로 롱텀 디플레이션 속으로 본격 빠져들었음도 알아야 한다.

이런 때에 일본은 기회를 잡았다. 하지만 일본 정부의 부채비율은 무려 248%에 달한다. OECD 회원국 중 단연코 1위이다. 일본 정부가 자유로운 재정 정책을 펼칠 여유가 없을 정도이다.

대대적인 금융완화 정책으로 롱텀 디플레이션에서 벗어나는 기회를 잡은 이때야말로, 일본이 경제적인 정상국가로 완벽하게 되돌아갈 확실한 방책을 선택하여야한다.

바로 일본의 국유재산의 매각이다.

마침 일본의 부동산 가격이 오르고 있는 이때야말로, 과다보유하거나 필요 없는 국유재산을 일본 국민들이나 일본의 기업들에게 처분하여 이미 발행한 국채를 단기간에 상환하여야 한다. 이렇게 해서라도 망가진 경제를 선순환시켜야 한다.

또 하나의 방법은 GDP를 끌어올리면 된다. AI 시대를 맞아 획기적인 생산성 향상을 이룩하면 각 국가들의 부채비율은 저절로 줄어든다. 그러나 지금의 세계적인 경제성장율 정체는 생산력 부족이라기보다는 수요부족에 기인하는 바가 더 크므로, 이 방법도 한계는 있다.

어쨌든 일본은, 부채비율을 OECD 회권국 평균적 부채비율로 되돌려야 한다. 이것이 일본을 롱텀 디플레이션 국가에서 완벽히 탈출하게 되는 기회가 될 것이다. 사실상 롱텀 디플레이션 국가에서 일본이 완전히 탈출하는 방법이다.

개인이건 기업이건 정부건, 모든 부채 즉, 빚은 갚기 전에는 없어지지 않는다는 사실을 명심하여야 한다. 또, 지속적이고 지나친 무역흑자도 롱텀 디플레이션의 장기적인 유발요인임을 일본은 잊지 말아야 한다.

일본은 GDP의 약 2배를 해외에 투자한 순채권국이다. 이처럼 과다한 해외투자도 국내소비를 감소시키므로, 롱텀 디플레이션 원인의 하나가 될 수도 있다.

(본 저서는 2024.1.4일에 탈고되었다)

일본의 니케이 225지수는 롱텀 디플레이션이 지속된 32년간 역사상 최고가격이었던 1990.1.4일 38,915를 2024.2.22.일 39,156으로 돌파하였다.

이것은 단순히 일본의 경제가 부활하였음만을 의미하는 것이 아니다. 이것은 '헬리콥터 벤' 이라는 별명이 있는 2022년 노벨 경제학상 수상자인 전 FED 의상이었던 분(2006년 2월~2014년 1월까지 FED의장)의 업적이다. 이로써 일본의 롱텀디플레이션이 해결되었다.

이는 2016.1월에 이미 돌입한 전 세계의 롱텀 디플레이션의 해결의 단초가 될 것이다. 이 명사의 정책을 일본에서도 강력하게 계속 밀어부친데 힘입어 일본은 롱텀 디플레이션에서 탈출한 계기가 되었다.

본 저서는 2024.1.4.일에 탈고되었고, 저자는 일본이 2020.12월에 이미 롱텀 디플레이션에서 탈출한 것으로 판단한 바 있다.

즉, 2024.2.22.일 니케이지수의 최고치 기록으로 저자의 주장은 입증되었다. 그 후 2024.3월에 일본의 마이너스 금리 탈출 등 극히 일부분만 수정하여 출고한다.

2024.3.22.
저자 손대식 올림

특.별.부.록

부록 1) 달러 환율조작국 지정 시의 재테크

미국 재무부는 1988년부터 세계 각국의 환율 개입 여부를 조사하고, 매년 4월과 10월 두 차례 환율보고서를 발표한다.
만약, 어느 나라가 환율조작국으로 지정되면, 이는 해당국 돈의 가치가 급등함을 의미한다.

따라서 본 저서의 독자들은 환율조작국으로 지정되면 그 나라에서는 주식, 아파트 등 자산시장에 완벽한 대박 기회가 왔음을 눈치채야 한다.

바로 1985년의 일본 플라자 합의 같은 달러 환율의 강제조정이 임박했다는 뜻으로 해석하면 맞다. 당황해서 주식이나 아파트 등을 투매하는 우를 범해서는 절대로 안 된다.

그러려면 미리 이론적으로 무장하고 환율이 오를 때의 자산시장의 움직임과 환율이 내릴 때의 주식, 부동산, 아파트 등 자산시장의 움직임을 공부해 두지 않으면 구경만을 하게 됨은 당연하다고 하겠다.

미국 재무부의 환율조작국 지정기준은 대미 무역 흑자 200억 달러 초과, 국내총생산(GDP) 대비 경상수지 흑자 3% 초과, GDP 대비 외환시장 순매수 2% 초과 등 세 가지 요건을 모두 충족해야 한다.

우리나라는 지난 2016년 4월 이후 7년여 만에 미국의 환율 관찰대상국에서 제외됐다. 대미무역 흑자 380억 달러로 한 가지만 환율조작국 지정기준에 해당돼, 2023.11.7일에 발표한 환율 보고서에서 환율 관찰 대상국에서 제외됐다.

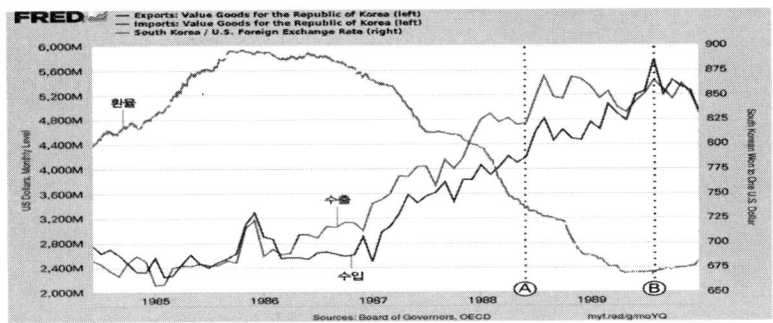

[그림 22] 한국 수출입 그래프

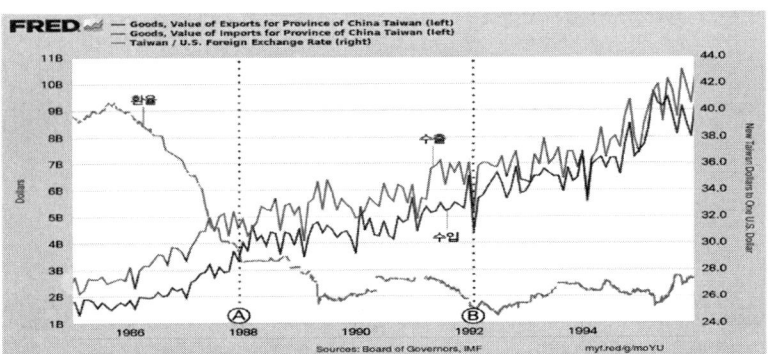

[그림 23] 대만 수출입 그래프

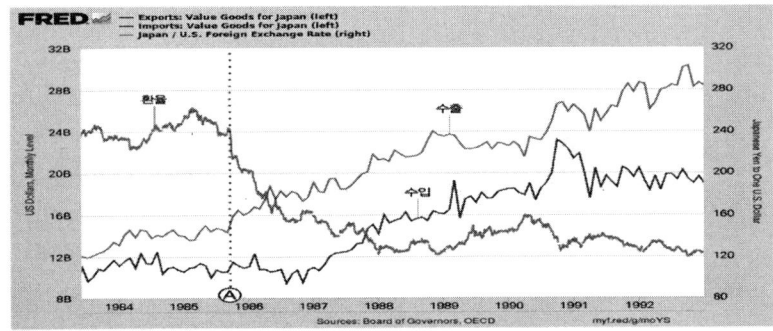

[그림 24] 일본 수출입 그래프

미국이 중국만을 환율조작국으로 지정해도 반사이익보다는 경제적인 측면에서는 부정적 영향이 더 크다. 환율조작국으로 지정된 중국이 위안화 절상 압력을 받을 경우 대미 수출에 타격을 받게 되고, 중국 경제 의존도가 높은 한국 원화도 동반절상 압력이 높아질 것으로 예측되기 때문이다.

그러나 생각만큼 국제수지에는 단기간에 큰 영향을 끼치지는 않음을 그래프들로 확인할 수 있다.

더구나 한국의 제품들은 이제는 가격경쟁력보다는 품질경쟁력이 앞서 있기 때문에 1988년 환율조작국 지정 당시와 별 차이가 없을 것이다. 또한 일본의 플라자 합의 이후의 상황과 비교해 보면 중장기적인 경기변동이 더 중요한 요소임도 알 수 있다.

그 당시 한국과 대만 일본의 수출입액과 국제수지 변동과 환율변동 그래프이다. 차례대로 한국과 대만, 일본의 환율과 수출입 변동을 각국별로 한 그래프에 각각 나타낸 그래프인데 이를 보는 방법은 왼쪽 수직선(Y축)의 맨 위 그래프는 각기 한국, 대만, 일본의 환율을 나타내는 것이다.

[그림 22]의 한국의 원·달러 환율과 수출입 그래프의 앞부분을 보면, 상식과는 달리 원·달러 환율이 오름에 따라 수출은 급격히 줄다가 원·달러 환율이 내리자 오히려 수출이 급격하게 늘어남을 볼 수 있다.

대만과 일본도 환율이 내리자 수출액이 오히려 급격히 늘고 있음을 각각 [그림 23]과 [그림 24]로 확인할 수 있다. 이 사실들은 일반인들이 알고 있는 상황과 반대의 결과가 나타난다는 사실을 증명한다.

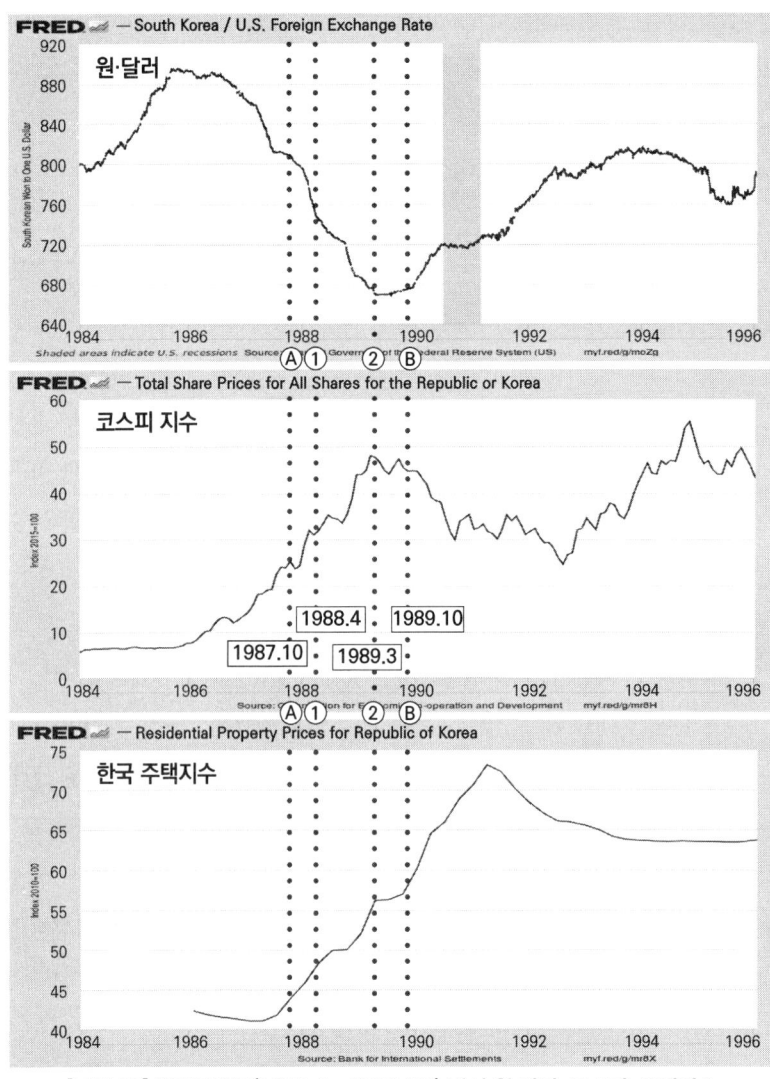

[그림 25] 환율조작국(1988.4.~1989.10.) 당시 원·달러, 코스피, 주택지수

1985년 9월 22일 레이거노믹스 시절 미국의 뉴욕 플라자 호텔에서 프랑스, 독일, 일본, 미국, 영국으로 구성된 G5의 재무장관들이 일본과 독일의 대달러화 환율 강제조정에 합의했다.

그 결과는 현재의 환율조작국 지정과 같다. 미국 입장에서는 이제 이런 합의 절차가 필요 없으니 훨씬 더 간편해진 것이다.

환율조작국 지정 당시(1988.4.~1989.10.)의 원·달러 환율과 코스피지수 및 주택지수를 비교한 [그림 25]의 그래프의 수직점선①을 보면 1988.4월 환율조작국 지정 당시의 코스피지수와 주택지수의 변화를 봐도 큰 변동 사항이 없다.

또한 수직점선②가 환율조작국 지정에서 해제되었을 때 이후인데, 그 직후부터 코스피지수는 오히려 내리기 시작했지만 한국의 주택지수는 오히려 급등을 시작했다가 일정 기간 후에는 폭락을 시작한 것을 볼 수 있다.

이는 아마도 역시 원·달러 환율 변동에 따른 주택지수의 반응이 6개월 늦게 나타나는 현상이 반영된 것이 아닐까 한다. 이 그래프에는 수직점선을 긋지 않았지만 1990년 하반기에는 주택가격이 꼭짓점을 찍은 후에는 폭락함을 볼 수 있다.

한편 대만도 1988년~1992년 12월까지, 중국도 1992년, 1994년에 환율조작국으로 지정되었던 적이 있다. 우리나라는 '복수통화 바스켓PEG' 방식을 '시장평균 환율제도'로 1990년에서 변경하면서 환율조작국에서 벗어났다.

한국, 중국, 일본의 환율조작국 지정 전후의 대미달러 환율을 좀 더 자세히 살펴보자. 환율조작국 지정 여파로 지정 직전인 1987년과 이후 1989년을 비교하면 달러 대비 원화가치가 직전의 최고점 대비 약 24%, 대만은 36% 상승했고, 일본은 50% 이상 절상 즉 원·달러 환율이 하락하였다.

[그림 26]처럼 당시에 한국의 GDP 성장은 타격을 받아, 실질 GDP(물가 수준의 변동을 제거하고 생산량의 변동만을 반영하도록 만든 GDP) 성장률은 1987년과 1989년의 2년 사이 무려 5.4% 포인트나 감소했다.

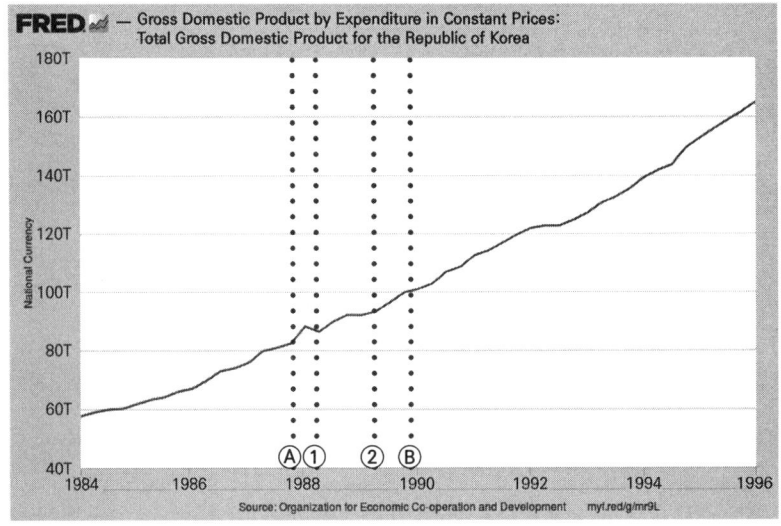

[그림 26] 환율조작국(1988.4.~1989.10.) 당시의 한국 GDP

[그림 27]을 통해서 1985년 9월 22일 플라자 합의 이후의 일본의 환율과 니케이 지수의 변동 추세를 살펴볼 수 있다. 수직 점선은 같은 날짜의 엔화환율과 니케이 지수를 나타내고 이후의 그래프들도 같은 날짜의 환율과 니케이 지수를 나타낸다.

플라자 합의란 오늘 날의 환율조작국 지정과 그 효과가 같다고 보면 된다. 일본의 플라자 합의, 한국의 환율조작국 지정은 각국의 주식, 부동산 등 자산의 대폭등을 가져왔음을 그래프로 확인할 수 있다.

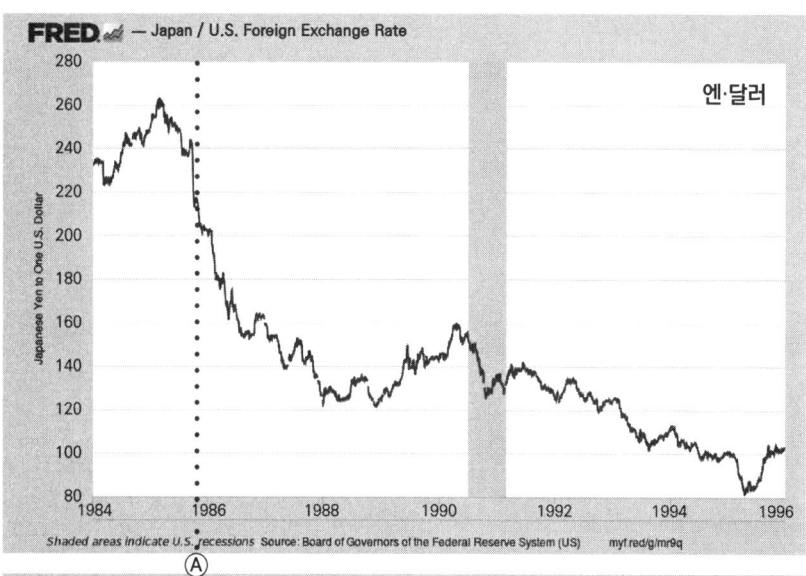

[그림 27] 1984~1996년 엔·달러, 니케이 지수, 일본 주택지수

[그림 28]은 개혁 개방후의 중국 위안화의 대달러 환율 그래프이다. 중국은 1978년 개혁·개방 후 1993년까지 이중환율제도 → 1994년 관리변동 환율제도 → 고정환율제도 → 2005년 복수통화 바스켓 관리변동 환율제도 → 2008년 고정환율제도 → 복수통화 바스켓 관리변동환율제도를 다시 채택하였다.

유로, 엔, 홍콩달러, 원화 등 11개 통화를 바스켓으로 묶은 뒤 이들 통화의 환율변동을 가중평균 방식으로 반영하는 관리변동 환율제도로 다시 변경했지만 11개 통화의 종류나 비중은 밝혀진 게 없다.

이들 환율조작국으로 지정되었던 나라들은 미국 달러 환율의 급락을 가져왔고 중국은 환율조작국 지정의 결과가 다르게 환율 급등으로 나타났음을 알 수 있다.

[그림 28]의 앞쪽 수직점선은 중국이 환율조작국으로 지정된 1992년의 위안화 환율을, 뒤쪽 수직점선은 1994년 중국이 환율조작국 지정에서 해제된 연도의 대달러 환율을 나타내는 그래프이다. 1992년 1월 중국의 위안화 환율은 5.4686위안이었고, 1994년 1월의 환율은 8.7217위안이었다. 159.5%의 위안화 환율 폭등이었다.

이 당시 중국은 고정환율제도를 채택하고 있던 시절이었다. 그 결과가 다른 나라들과 다르게 나타난 이유는 자료의 부족으로 확실히 알 수 없어 앞으로의 연구대상이기도 하다.

[그림 28] 1992~1997년 중국 위안·달러환율

달러가 국제결제통화이기만 하면 똑같은 현상은 미국을 제외한 어느 나라에서든 영원히 지속된다.

환율조작국 지정은 단기와 중기적으로는 주식, 아파트 등 자산시장에 악재가 아니라 엄청난 호재임을 3개국의 그래프를 통해서 확인하였다.

그러나 일본 경제의 지나온 과거를 자세히 살펴보면 일본 내 미국 달러 가격의 하락은 지속적으로 일본 국내물가를 하락시키는 가장 강력한 디플레이션 요인이었다.

이는 물가 하락의 악순환의 고리를 갖고 있음을 알아야 한다. 또한, 장기적으로 환율조작국 지정으로 인한 달러 환율의 하락은 롱텀 디플레이션을 유발한다는 사실을 잊지 말아야 한다.

즉 환율조작국 지정 등 단기, 중기적으로는 주식, 아파트, 월세시장 나아가 전세시장 등의 위기가 아닌 것을 위기로 잘못 판단하여 그에 따른 대응 투자 즉 투매에 동참하면 바로 바보 투자자가 되는 것이다.

따라서
1) 평소 관련된 금융 지식을 미리 습득하여 위기를 찬스로 활용할 기회를 잡아야 한다.
2) 저환율 정책과 고환율 정책에 따른 자산 가격의 변화
3) 환율변동이 주식, 아파트, 국채 등에 미치는 영향 등은 책의 곳곳에 스며들어 있으니 유의해서 기억해 둬야 한다.

한 나라의 통화를 평가절하하면 생각과는 달리 오히려 무역수지가 더 나빠진 후에 서서히 좋아지기 시작한다. 이를 '제이커브 효과(J-curve effect)'라고 부른다. 이 현상과 비교해서 기억해야 한다. 두 가지 케이스 다 환율 변동에 따라서 수출입 가격의 조정과 수출입 물량의 실제적인 변동과는 시차가 존재하기 때문일 것이다.

부록 2) 자녀를 평생 주식부자로 키워 주는 달러 평균법(Dollar Average Method)

달러 평균법(Dollar Average Method)이란 일정한 시기에, 동일한 주식 혹은 펀드나 ETF에, 일정한 금액만큼, 그때그때의 시장 가격으로 주식을 사고파는 증권 투자방법을 말한다.

주식은 장기적으로는 항상 오른다는 것이 전제된 매매법이라고 할 수 있다. 투자금액이 매월 똑같으므로 주가가 사는 날 올라가면 적은 수량을 사게 되고 내리면 많은 수량을 사게 된다. 매월 투자 시에는 가격에 따른 인간의 감정적 결정을 배제하게 되므로 좋다.

구체적인 활용
1) 60세에 주식투자를 시작해도 부자 되는 투자법에 활용한다.
흔히들 정년 후에는 위험하니까 아무 곳에도 투자하지 말라고 말한다.

연금과 약간의 돈으로 남은 인생은 놀고먹으라는 것과 같다.
하지만 연금액이 생활비 전체를 커버할 만큼 나오지도 않지만 이제는 평균 수명이 매년 급격히 늘어나고 있다.

즉 연금에만 기대하다가는 노후파산 한다! 이제 누구나 90까지 사는 세상이 온다. 정년 후 30년을 더 산다. 이제는 Dollar Average Method로 노후에도 안전하게 투자하고 부를 쌓아 가야 노후파산을 면할 수 있다.

즉 은퇴 후에도 보통 20년, 길게는 30년씩 더 살므로 마음 놓고 달러 평균법으로 투자하고 부를 늘려 가야 한다.

2) 어린이를 평생 주식 부자로 키울 수 있는 비법으로 활용한다.

아이들을 평생 주식 부자로 만들어 주기 위한 주식투자나 정년 후의 안정적인 투자결과를 위해서는 장기적으로 달러 평균법을 활용하여 투자하면 된다.

그동안 주식투자로 망하는 이유는 펜타곤투자법에 따른 교체투자를 하지 않았기 때문이다. 주식은 오르내림의 폭도 너무 심하고, 몇 종목의 우량주에만 장기투자를 해도 영원한 기업도 없기 때문에 위험한 것이다.

따라서 장기투자로 성공하려면 2002년에 발명된 ETF로 장기투자하는 것이다. 워런 버핏이 인류 최고의 발명품이라고 격찬한 것이 바로 ETF다. ETF를 장기투자를 하려면 한국의 경우에는 KODEX 200이나 KODEX 200TR로 투자하면 된다.

각 나라들은 안전성과 성장성이 각각 다르므로 미국의 S&P500 ET가 유리한지 한국의 KODEX 200 ETF가 더 유리할지는 판단하가 쉽지 않다. 이의 선택은 오로지 독자들의 몫이다.

국가별로 성장성과 안전성도 감안해야 하지만 환율의 장기적인 변화도 예측해야 하므로 쉬운 일이 아니다. ETF도 국가별로 포트폴리오를 짜서 투자하는 것이 더 좋다. 펜타곤 투자법에 의한 매매를 하지 않고도 투자에 성공하고 싶은 경우에 활용할 수 있다.

주식은 항상 성장성이 뛰어난 주도주 위주로 투자를 해야 큰돈을 벌 수 있다. 주도주는 보통 약 3~4년간, 4~20배까지 오른다는 것이 한국의 주도주를 30년간 분석한 결과이다. 테마형 ETF는 2002년에 탄생했으므로 별도로 연구된 적은 없으나 주도주보다는 조금 더 약하게 오를 것이다.

그러나 주도주는 주도 기간이 끝나면 보통 50~90% 정도까지 대폭락하는 것이 그동안의 연구 결과이다. KODEX 200 ETF에 투자금을 달러 평균법에 따라 불입하면 가입기간 동안 평균가격으로 구입단가를 떨어뜨리게 된다.

펜타곤(Pentagon) 투자법으로 투자하기 싫은 장기투자자들은 KODEX 200을 매월 정기적으로 일정한 금액을 사면 된다. 즉 달러 평균법(Dollar average method)으로 오르든 내리든 사들여 가면 노후에도 안전하게 돈을 늘려 갈 수 있다.

정기예금식으로 한 번에 만약 KODEX 200에 투자한다면 롱텀 디플레이션 등으로 주식 가격이 폭락하면 이 또한 큰 손해가 된다.

정기적금식으로 매월 달러 평균법으로 계속 사들여 가면 디플레이션(불경기) 시에는 평소 가격보다 더 싸게 사게 되므로 결국 총불입기간 동안의 평균가격으로 산 것이 된다.

중간에 돈이 필요해 일부를 파는 경우에도 가격이 대폭 낮아졌거나 올랐더라도 항상 평균가격으로 매수하거나 매도하게 되므로 절대로 큰돈을 잃지 않는다.

이렇게 평균가격으로 구입하고 매도하는 주식투자법을 달러 평균법(Dollar Average Method)이라고 한다.

항상 매수한 기간 동안의 총평균가격으로 사거나 팔게 되므로 어느 기간의 가격은 총평균가격에 큰 영향을 끼치지 못한다.
따라서 불입기간이 길수록 더 가격 변동이 거의 없는 것과 같은 효과를 거두게 된다.

구체적인 가격평균화 효과:
아래의 [표 4]를 통해 달러 평균법의 구체적인 투자 효과를 살펴보기로 하자. 매월 20만 원씩 같은 금액을 투자한다고 치자.

어떤 주식이 쌀 때에는 1월처럼 100주를 사게 되고 10월에는 143주를 사게 된다. 매월 25일의 가격에 따라 구입 수량이 달라지므로 매월 구입 수량이 [표 4]처럼 이렇게 달라질 수 있다.

10개월간 총 구입액은 200만 원(20만×10월)으로 총 1,144주를 평균가격 1,748원(200만원/1,144주=1,748원)에 매수하였다.
예로 든 것은 10개월간 투자 기록이지만 한 번의 경기 순환이 개략 10년쯤이니 이를 호경기 5년, 불경기 5년 총 10년으로 바꿔서도 생각해 보라. 즉, 매월을 매년으로 생각해 보면 된다.

한 번의 경기 순환이 개략적으로 10년이고 펜타곤(Pentagon) 투자법의 투자 기간 회전도 10년이므로 적합한 매도 기회를 놓치면 8년 정도 지나야 다시 매수 가격대로 주가가 오르는 경우가 많다.

한번 주도주였던 종목이 다시 주도주가 되는 경우는 미국주식시장을 55년간 추적 분석해 보니까, 약 12.5% 경우밖에 없으니까 결국 한 번 주도주가 다시 주도주가 되는 경우는 없다고 생각하는 것이 옳다고 본다.

따라서 주식은 매도 기회를 놓치면 손해를 보지 않고 매도할 수 있는 경우는 거의 없다고 봐야 한다. 따라서 투자 중 매도시기를 놓쳤다면 8년 이상을 보유해야만 다시 매도 기회가 찾아온다고 볼 수 있다.

월	매수일자	구입 단가(원)	수량(주)	구입액(원)
1월	25	2,000	100	200,000
2월	25	2,200	91	200,200
3월	25	2,150	93	199,950
4월	25	1,950	102	198,900
5월	25	1,800	111	199,800
6월	25	1,700	117	198,900
7월	25	1,500	133	199,500
8월	25	1,400	143	200,200
9월	25	1,800	111	199,800
10월	25	1,400	143	200,200
계		평균 1,748원	1,144주	1,997,450원

[표 4] 매월 25일 20만 원씩, 투자 시 달러 평균법 효과 분석표

[표 4]는 달러 평균법의 효과를 분석해 본 표인데 이를 통해서 장기간 가격 변동을 보면 주식은 한꺼번에 다 사거나 다 팔면 안 된다는 것도 간접적으로 알 수 있다.

따라서 달러 평균법으로 매수·매도하면 절대로 망하지 않는 이유와 효과를 살펴보면,

1) 2월의 최고 매수 가격(2,200원)과 8월이나 10월의 최저 매수 가격(1,400원)의 차이가 무려 36%에 달하지만, 이 사례는 가장 쌀 때에 팔아

도 평균 구입가격(1,748원)이 낮으므로 손실률은 (1,748-1,400/1,748× 100=20%) 항상 20%이다.

손실률이 남들의 36%와 달리 20%이니까, 공포감도 상대적으로 적다. 전체 구입량을 다 파는 것이 아니라 자금이 필요한 수량만큼 파는 것이므로 절대로 망하지도 않는다.

달러 평균법이 아닌 방법으로 투자하던 중에 만약에 자금 부족에 몰려서 8~10월 사이에 판다면 망할 뿐 아니라 원금을 회복할 기회도 완전히 없어진다. 보통 사람들은 주가가 많이 오를 때, 더 오를 것으로 판단하고 사게 되므로 구입단가가 꽤 비쌀 때에 샀을 것이기 때문이다.

또, 대개의 경우 기관투자가나 개인 투자자나 전부 돈이 필요해도 참고 참는다. 그러다가 대개 불황의 끝자락에서 자금이 반드시 필요하게 되어 완전 바닥시세에서 주식을 팔게 된다. 그래서 장기투자하면 완전히 망하는 경우가 훨씬 더 많은 것이다.

그래서 달러 평균법이 아닌 방법으로 장기투자를 하면 대개 불황의 끝에서 매도하게 되므로 결국 완전히 망하게 되는 것이 일반적이다.

항상 어떤 위기가 닥치면 돈이 누구나 필요하게 되어 기관이나 개인 전부가 가장 싼 가격에 주식을 팔게 되는 경우가 거의 대부분이기 때문이다.

설령 8~10월 사이(총 397주, 구입총액 600,200원 평균 매수가격 1,511원)에 팔더라도 달러 평균법으로 투자해 왔다면 손실액이 훨씬 더 적은 것을

[표 4]로 확인할 수 있다. 즉 7월까지의 매수액과 매수수량을 계산하면 (총 747주, 구입 총액은 1,397,250원, 평균매수가격은 주당 1,870원)이 된다.

예를 통해 설명한 사례는 개별 주식종목이어서 가격 기복이 심하지만 KODEX200 ETF는 이렇게 심하지 않아 KODEX200 ETF나 맥쿼리인프라 펀드 등을 달러 평균법으로 매매하면 절대로 망할 수 없다.

이 종목들은 평균적으로 볼 때에는 경제나 기업이 성장하기만 한다면 10년 정도의 평균치 가격은 항상 오르기 때문이다.
KODEX200 ETF는 한국의 상위 200개 기업에 조금씩 분산 투자를 하는 것과 같으므로 우리나라 상장 기업 전체의 평균 성장률보다는 더 성장하고 이에 따라 가격도 항상 더 상승됨은 물론이다.

그러나 펜타곤투자법을 활용한 주도주의 예상 투자 수익률은 2~8배나 된다. 이 방법 즉 펜타곤 투자법에 따른 Dollar Swapping 투자법이 가장 좋은 투자법인 것은 말할 필요도 없다.

단순히 장기투자를 해서도 성공할 수 있는 유일한 투자법은 달러 평균법(Dollar average method)을 활용해서 KODEX 200 ETF나 KODEX200TR ETF, 맥쿼리인프라 펀드에 투자하는 방법뿐이다.

장차 한국도 저성장의 늪에 빠질 것은 확실해 보이지만 그래도 KODEX200 ETF나 KODEX200 TR ETF는 전체 상장기업의 평균보다는 더 좋은 기업을 200개 모아 놓은 것이므로 지금보다는 한국의 경제성장률이 낮아지더라도 한국의 상장기업 전체 평균 수익률보다는 훨씬 더 결과가 좋을 수밖에 없다.

전 세계는 지금 롱텀 디플레이션이 진행 중이므로 한국도 과거 '잃어버린 32년'을 겪은 일본처럼 투자할 자산이 완전히 사라지고 있음을 알아야 한다.

이런 시기에 장기투자로 성공할 수 있는 거의 유일한 투자방법과 투자대상 금융자산은 KODEX200 ETF나 KODEX200 TR ETF, 맥쿼리인프라 펀드 및 S&P500 ETF라고 할 수 있다.

달러평균법에 의한 투자방법으로 이 투자종목들에 장기간 정기적금식으로 투자하면 어린이들을 평생 주식부자로 키워 낼 수 있다. 더 나아가 이 투자법은 60대에 주식투자에 나서도 누구나 다 성공할 수 있는 주식투자 방법이 된다.

미국 非거주자는 반드시 5단계 펜타곤 투자법에 따라 순환투자를 해야 크게 성공할 수 있다. 이보다는 못하지만 그래도 장기적으로 투자자산을 제법 안전하게 불려 갈 수 있는 투자법이 있다.

바로 지금까지 설명한 Dollar Average Method에 의한 KODEX 200 ETF나 KODEX200 TR ETF 투자나 맥쿼리인프라 펀드에 장기투자하는 방법뿐이다.

미국 거주자들은 4단계 펜타곤 투자법에 따라 4가지 투자대상 자산인 주식·아파트·예금·국채에 차례대로 순환투자를 해야 한다.

4단계 펜타곤 투자법을 따르지 않고, 단순하게 S&P500 ETF에 달러평균법으로 장기간 정기적금 식으로 투자하면 미국에서도 역시 어린이 시절이나 60대부터 투자를 시작해도 주식투자로 성공할 수 있음은 물론이다.

한편, 저자는 非미국 거주자에게 S&P 500 ETF의 미국 투자는 권하지 않는다. 2016년부터 전 세계는 상당 기간 동안 롱텀 디플레이션을 겪어야 한다고 본다.

왜냐하면 롱텀 디플레이션 이론에 따라 달러의 지속적인 가격하락은 피할 수 없기에 환차손을 감당할 수 없을 것으로 보기 때문이다. 즉, S&P500 ETF의 매매차익이 발생하더라도 환차손이 매매이익을 상쇄시켜 미래를 예측하기 힘들기 때문이다.

결국, 미국거주자든 미국 비거주자든 단순히 장기간 주식투자를 해도 성공할 수 있는 유일한 방법은 달러평균법을 활용한 KODEX 200 ETF, KODEX200 TR ETF나 맥쿼리인프라 펀드를 통한 주식투자뿐이라는 결론이다.

물론 더 큰 성공 투자법은 펜타곤(Pentagon) 투자법에 따라 재테크 투자대상 자산인 주식·아파트·달러·예금·국채의 5가지 자산에 투자하는 것이다. 순차적으로 마켓 사이클 순환투자 패턴에 맞춰 순환투자를 하는 것임은 말할 필요도 없다.

주식·아파트·달러·예금·국채의 5가지 투자 대상 재산을 마켓 사이클 패턴에 맞춰 순환투자해야 한다. 이 과정 중에, 주식이나 아파트를 반드시 Dollar와 Swap을 해야 하는 것은 절대 잊지 말아야 한다. 이 Dollar Swapping에서 800%나 수익이 발생하기 때문이다.

에필로그

미국 거주자가 투자하는 방법과 미국 非거주자가 투자하는 방법은 큰 차이가 난다는 것을 알 수 있다. 결국 미국식 주식투자법과 비미국식 주식투자법의 차이. 이를 잊어서는 절대로 안 된다. 특히 금융위기나 경제위기 등이 도래했을 경우에는 투자수익면에서 큰 차이가 남을 잊지 말아야 한다.

사랑하는 손자 김시윤 군과 손자 손현배 군이 크고 나서 이 책의 내용들을 전부 깨닫게 되길 바란다. 그러면 내 손자 둘 다 부자로 평생을 넉넉히 살게 된다. 워런 버핏을 보고 주식과 아파트에 장기투자만 하면 성공할 줄 안다면 크나큰 실수가 된다는 사실을 영원히 잊지 말기를 바란다.

미국에 거주하지 않는다면 재테크 대상 5大 자산인 주식·아파트·달러·예금·국채의 5대 자산 간의 마켓 사이클에 맞춰 차례대로 순환투자를 하지 않으면 누구나 다 망한다는 사실을 본 저서를 통해서 꼭 익혀 둘 다 평생 부자로 살길 바란다.

사람들은 30대 초중반이 되면 대개의 경우 약간씩의 돈을 모으게 된다. 재테크를 해야 된다는 말은 주변에서 흔히 듣는 말이어서 이 약간의 돈을 가지고 아무런 생각 없이 주식투자로 재테크를 먼저 시작한다.

이 책에는 처음으로 소개하는 달러 핀테크(FinTech) 기법인 다이아몬드 달러 투자법과 최초의 마켓 사이클 순환투자공식과 Dollar Swap 재테크 기법이 있다.

펜타곤(Pentagon) 투자법은 저자만의 독창적인 것이다. 즉 세계 최초의 마켓 사이클 순환투자 재테크公式이다. 영어로는 『Dollar Swap Fintech make 800%!(Assets Market Rotation investing Formula) Pentagon Investing Method. The subtitle: (Tears of Japan) Why everyone who invests in stocks or apartments for the long term is doomed in the end?』이다. 본 저서는 같은 제목으로 미국국회도서관에서 빌려 볼 수도 있다. 우리나라에만 관련된 챕터 3~4개는 제외하고 편집하였다. 등록번호는 〈Library of Congress Control Number: 2024900197〉이다. ISBN번호와 같다고 보면 된다.

이 저서를 통해서 세계 최초의 마켓 사이클 순환투자 법칙인 펜타곤 투자법을 발표한다. 즉, 전 세계 어느 책에도 달러와 다른 자산 간의 가격 결정 원리와, 달러와 주식이나 아파트를 교체투자를 통해 단기간에 재산을 2~8배로 늘려 가는 방법은 소개되어 있지 않다.
미국에 거주하는 사람들에게 달러는 완벽한 안전자산이다. 그들에게 달러는 그냥 현금이기 때문이다. 하지만 미국에서 생활하는 사람들은 저자가 말하는 기법으로 미국 내에서는 투자 자산을 단기간에 8배까지 불릴 수 없다.

매년 약간의 인플레이션만 감안한다면 달러만큼 안전한 자산은 없다. 물론 지금은 인플레와의 전쟁 중이다. 국가에 따라 다를 수 있지만 지금은 롱텀 디플레이션 중에 잠시 찾아온 인플레이션에 불과하다. 달러는 그냥 전 세계의 현금이니까, 전 세계 어디에서나 통용 가능하며 해외여행 시에 환전도 필요 없어 편리하기도 하다.

지금까지 우리가 읽었던 미국인이 쓴 재테크 이론서들과 이를 추종한 미국을 제외한 나라의 재테크 책들은 크게 다르지 않다. 이들 미국인들이 쓴 재테크 책들을 준용하여 저술했거나 단순한 이 책들의 번역만을 해 왔기 때문이다.

따라서 모든 재테크 책들은 본서와는 크게 차이가 날 수밖에 없다. 본서의 내용들은 거의가 다 독창적이다.
이 책에서는 금융위기나 경제위기가 닥쳐 달러 가격이 급등하면서 위기에 처한 나라들의 자산 가격 급락 현상과 위기가 진정된 후, 달러가 제자리를 찾아가는 동안에 현지의 주식, 부동산, 채권 등 자산 가격이 급등하는 현상을 중심으로 재산을 불려 가는 방법을 자세히 기술하였다. 달러 핀테크 기법들이다.

다시 말하지만, 미국에 거주하는 사람은 이 책에서 말하는 단기간에 재산 2~8배 불리기 기법을 쓸 수 없다. 또 미국에 거주하지 않는 사람들에게는 달러가 항상 안전자산이 되지는 않는다는 사실도 중요하다. 미국 거주자가 아니라면 달러는 한마디로 '괴물자산'이다.

평상시 미국에 살지 않는 사람들에게도 평상시에는 달러가 안전자산이지만, 위기 시에는 최고의 자산 혹은 최악의 자산이 된다. 즉 순간적으로 안전자산이 괴물자산이 되는 것이다. 쓰는 방법에 따라서는 대박자산이 된다는 뜻이기도 하다.

이 책은 미국 달러를 일상의 화폐로 쓰지 않는 사람 입장에서 기존의 모든 재테크 이론들을 새로이 정리해서 쓴 것이다. 또한, 달러 가격의 변동을 이용하여 투자 원본을 기하급수적으로 2~8배로 불려 가는 요령을 소개한 최초의 Dollar Swapping 재테크 실무 이론서이다.

미국 내에서는 이 달러 가격 변동을 이용한 Dollar Swapping 재테크, 달러 핀테크(FinTech) 방법이 크게 유용하지 않다고 볼 수 있다. 그러나 미국 내에서도 재테크 대상 4대 자산 즉 주식 아파트 예금 국채의 순환투자 사이클 패턴 순서는 달걀 이론을 완전히 능가하는 新 이론이다.

그러나 미국 거주자라도 금융위기가 도래해서 달러 가격이 급등한 나라로 달러를 가지고 간다면 대박의 기회를 얻게 된다. 그들도 단기간에 자산을 2~8배로 불리는 Dollar Swapping 재테크가 가능하게 된다.

따라서 국내외 독자들은 이 책을 2~3회 읽고 완벽히 이해하여야 한다. 그리고 미국 밖에 거주하는 투자자들은 기회가 오면 잽싸게 달러와 주식 아파트의 교체매매를 통해 부자가 되는 Start Line에 서야 한다.
경제학, 경영학, 회계학 등 재테크 관련 학과라고 추정되는 경상 계열을 전공한 수많은 투자자들도 투자에서 남들보다 큰 성과를 나타내지 못한다.

즉 재테크는 별도로 공부하지 않으면 경제학 교수도 경영학 박사도 성공할 수 없다. 단지 전공자들은 책을 통한 재테크 기법 습득이 조금 더 빠를 뿐이다.

결국 별도로 재테크에 관한 책을 이용하여 재테크에 관한 공부를 별도로 한 사람만이 성공하는 것이다. 대학교 관련 학과 등에서는 주식이나 아파트 등 돈벌이 공부를 별도로 가르치지 않는다는 것이다.

대학에 부동산 학과가 생겼듯이 이제는 주식학과도 생길 만큼 이론적 바탕들이 갖춰졌다고 본다. 주식학과는 그야말로 종합 과학적인 학과가 될 것이다.

그동안 특정학과가 재테크에 더 유리하지도 않고 돈을 벌 기회는 누구에게나 똑같이 주어졌다는 뜻이다. 학력이 좀 낮은 투자자 입장에서는 너무나 다행스러운 일이었다. 재테크는 누구나 별도로 공부를 별도로 해야 잘할 수 있다. 그래서 주식학과가 생길 명분이 되기도 한다.

대개의 경우 많이 배우면 수입이 많은 직업을 가져 잘살게 된다. 하지만 재테크에서만은 다르다. 별도로 재테크에 관해 공부한 사람만이 투자에 성공한다.

이 책을 3~4번 읽고 체화하여 독자들 전부 재테크에 성공하여 경제적인 자유를 얻기를 바라는 마음이 가득하다. 세계 최초의 **경기순환 사이클 패턴, 마켓 사이클 순환투자법칙.**

저자의 독창적인 핀테크 기법인 펜타곤(Pentagon) 투자법을 잊지 않도록, 수시로 순환투자를 해야 하는 이유와 순서와 기간을 간단히 정리해 놓은 프롤로그를 읽고 기억을 되살리길 바란다.

이 책을 자세히 읽었다면 펜타곤(Pentagon) 투자법을 마스터한 것이며, 이는 자산 시장 사이클 투자 포뮬러이다. 따라서 이제 달러 스와핑 투자 기법을 마음대로 사용할 수 있을 것이다.

미국 외 거주자는 5단계 펜타곤 투자법을, 미국 거주자는 4단계 펜타곤 투자법을 따라야 한다.
항상 독자 여러분의 성공 투자를 기원합니다.

2024.1.4.
판교 우거에서